U0348919

杰弗里·摩尔
管理系列

THE
GORILLA
GAME

Picking Winners in High Technology
Revised Edition

猩猩游戏

高科技潜力股投资指南

〔美〕 杰弗里·摩尔　　保罗·约翰逊　　汤姆·基波拉　著
（Geoffrey A. Moore）　　（Paul Johnson）　　（Tom Kippola）

高媛媛　译

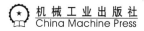
机械工业出版社
China Machine Press

图书在版编目（CIP）数据

猩猩游戏：高科技潜力股投资指南 /（美）杰弗里·摩尔（Geoffrey A. Moore），（美）保罗·约翰逊（Paul Johnson），（美）汤姆·基波拉（Tom Kippola）著；高媛媛译 . -- 北京：机械工业出版社，2022.1

（杰弗里·摩尔管理系列）

书名原文：The Gorilla Game: Picking Winners in High Technology, Revised Edition

ISBN 978-7-111-69518-9

I. ①猩… II. ①杰… ②保… ③汤… ④高… III. ①高技术产业 - 投资 - 指南
IV. ① F264.2-62

中国版本图书馆 CIP 数据核字（2021）第 231653 号

本书版权登记号：图字 01-2021-3039

猩猩游戏：高科技潜力股投资指南

出版发行：机械工业出版社（北京市西城区百万庄大街 22 号　邮政编码：100037）

责任编辑：秦　诗　　　　　　　　　　责任校对：马荣敏
印　　刷：大厂回族自治县益利印刷有限公司　版　　次：2022 年 1 月第 1 版第 1 次印刷
开　　本：170mm×230mm　1/16　　　印　　张：21.75
书　　号：ISBN 978-7-111-69518-9　　　定　　价：79.00 元

客服电话：（010）88361066　88379833　68326294　　投稿热线：（010）88379007
华章网站：www.hzbook.com　　　　　　　　　　　读者信箱：hzjg@hzbook.com

致韦恩和玛丽·安·基波拉，他们曾于20世纪90年代初对甲骨文、微软、英特尔和思科等"估值过高"的股票予以大胆投资，并因此成为第一批猩猩游戏的测试者。

——汤姆·基波拉

致我的妻子帕梅拉，感谢她一直信任我。

——保罗·约翰逊

致我的孩子们：聪慧可人、幽默可爱的玛格丽特；富有同情心和洞察力的迈克尔；善解人意、开心快乐的安娜。你们的陪伴是我快乐的源泉。

——杰弗里·摩尔

前言 | PREFACE

1998 年 3 月《猩猩游戏》英文版首版发行后即成为畅销书，占据当年亚马逊年度投资类图书销售量排名榜首。1999 年 3 月，我们发行了修订版。问题随之而来：既然这本书这么好，为何会在一年之后重新修订呢？优秀的投资类图书的上架时间应当很长啊，难道有了新情况？互联网股票给出了答案。

在过去的一年，互联网股票的升值速度达到了历史最高水平，这令投资者喜出望外，让股票分析师惊叹不已，却使众多股票评论员颇为尴尬，因为他们之前曾发文批评过互联网股票的过热现象，并预测互联网股票的泡沫最终会破灭，但一年过去了，他们预测的局面并未出现。不过，我们之所以关注互联网股票，更重要的原因是它给猩猩游戏投资策略带来了真正的挑战。

猩猩游戏的主旨是：投资者投资高科技股票时，应选择少数竞争优势突出的公司，这样获利的机会才会更大。本书把这类公司比喻为"猩猩公司"，后面几章将详细介绍选择这类公司的标准。

然而，截至目前，没有一家上市的互联网公司符合上述标准，但互联网公司的股票在股市中的表现却远远超过其他股票。读者可能会问：现在又该怎么办，我们的智多星？

对我们来说，最简单的解决方法就是重复股票评论员的观点——我们可以说，互联网股票泡沫早晚会破灭，只是时间问题。"蚱蜢"[⊖]终有一天会后

⊖ 指互联网股票投资者。——译者注

悔他们的选择，而我们"蚂蚁"①则会因为坚持原则而受益（其实也许真正原因是我们过于保守）。多么刚正不阿的立场！但我们认为这种情况不会发生。相反，互联网公司的价值日益突显，其竞争优势越发稳固，绝不会是昙花一现。因此，我们放弃了这个思路。

作为另外一个快速解决问题的方法，我们也可以说："赶快大胆买进互联网股票吧，不要怕，大家都在冒险呢。"如果互联网股票首次公开发行价格为每股20美元，当日成交价格上涨到了70美元，这个建议能有多糟糕呢？但这背离了我们的初衷。我们的出发点是提供一个相对安全且可以预测的投资机制，去帮助那些无力承担财产高风险的家庭获得长期回报。互联网股票投资的收益虽然丰厚，却有着极高的风险，就整体而言，目前互联网股票板块没有被过高估值，许多互联网公司的股价却被高估了，持有这些股票的投资者可能会遭受重大损失。

因此，我们仍面临着一项更为艰巨的任务，即用高科技股票投资及估值的模型评价目前互联网股票的表现。为完成这一任务，我们采用以下两种方法。

首先，我们重新修订了第12章，不再分析如何在互联网股票投资中运用猩猩游戏规则，而是重点关注最受欢迎且表现突出的互联网股票，并新建一个模型来分析这些股票的当前估值和未来估值。我们在第12章最后根据该模型总结出投资策略，并强调虽然这些策略与猩猩游戏规则有明显的相似之处，但实际上适用于另一种"野兽"②。

其次，当其他章节涉及与互联网股票相关的内容时，本书将适时介绍并评价互联网股票的表现，既突出猩猩游戏投资策略的独特性，又关注互联网股票的最新动态。

我们之所以做上述修改，是因为互联网股票升值速度之快、升值幅度之大，使得与高科技股票投资有关的各方都放松了警惕，他们不清楚股市发生

---

① 指互联网股票投资的反对者。——译者注
② 喻指股市中的投资对象。——译者注

了怎样的巨大变化，也不关心事态的发展多么不同寻常。结果，正直的股票分析师在给投资者提建议时明显信心不足，而职业操守不高的分析师却怂恿投资者每90~120天追加一倍投资金额。对于关心股市发展的人而言，这种状况着实令人担忧。

在此背景下，我们认为猩猩游戏投资策略有助于投资者积累财富，因此继续推荐猩猩游戏模型，并建议大家将之用于高科技股票投资中。在我们看来，互联网股票的兴起非但不会降低或者否定这些策略的价值，反而会使其被运用得更加频繁，当然也会带来更大风险。无论投资者面临的风险报酬系数有何不同，在阅读本书之后，都可以了解猩猩游戏投资策略和互联网股票投资策略之间的差异，进而掌握将二者有机结合的方法。我们会向读者介绍有关高科技行业股市动态的基本知识，为此精选了几家拥有数十年成功创造价值经验的公司，其中一家公司的市值甚至超过了其他五家最大的互联网公司的市值之和！

毫无疑问，这种成就非微软莫属。

当真正的个人计算机市场尚未形成时，微软就以个人计算机软件业务起家，在不到20年的时间里快速发展壮大，一跃成为计算机行业实力最强的企业，比尔·盖茨成为世界首富，也成就了一大批"微软百万富翁"。这时一个声音在我们脑海里响起："嘿，我也想拥有100万美元，该怎么做呢？"

《猩猩游戏》的第一个目标就是详细回答这个问题。

另外，在过去10年里企业不断精简规模，并放弃了传统的终身雇用制度和退休保障体制，这给人们敲响了警钟，也推动社会发展模式从"制度性信任"向"自力更生"转变。这种社会发展趋势使人们对股票投资的兴趣越来越浓，并积极参与其中。

这时我们脑海中的声音再次响起："嘿，我明白你的意思，我可能真的需要那100万美元。"

事实的确如此。随着人类平均寿命的延长，社会应对老龄化问题的能力日益下降，人们需要创造比以前更多的财富才能满足自己和家庭的需要，这就要求投资回报率达到前所未有的高度。传统投资方式已无法满足这种要求，因此更多的投资者开始关注高科技板块。"我如何既利用高科技板块的良机获益，又保证全家的经济生活不受影响呢？"

本书的第二个目标就是详细回答这个问题。

这两个目标看上去可能过于宏伟，有人甚至会说我们有吹嘘之嫌，他们可能会马上提出一些关于本书作者的问题，如：

- "你以为你是谁啊？"也就是说，"我们凭什么听你在这里瞎吹啊？"
- "你知道我是谁吗？"也就是说，"这本书是写给谁的？你对读者了解多少？"

所以，我们应该相互认识一下。

先从我们三位作者开始吧。我们三人专门从事高科技股票投资业务，为高科技企业制定或分析商业战略。

杰弗里·摩尔是一名高科技企业商业策略师，也是莫尔·达维多风险投资公司（Mohr Davidow Ventures）的投资合伙人，他出版的两本书《跨越鸿沟》（Crossing the Chasm）和《龙卷风暴》（Inside the Tornado）已经成为高科技风险投资领域的畅销书。杰弗里和汤姆·基波拉依据这两本书中的思想框架创立了鸿沟集团（The Chasm Group）。该框架描述了面对技术采用生命周期（the Technology Adoption Life Cycle）带来的挑战时，高科技市场采用了哪种不同于其他市场的独特发展方式。具体来说，在多数情况下，高科技市场在应对这一挑战时，将培育出生命力旺盛、能够长久保持竞争优势的公司，本书把这类公司喻为"猩猩"，并构建一个完整的投资策略模型，帮助投资者更有效地购买并持有其股票。

鸿沟理论和龙卷风暴理论在高科技行业大受推崇。在哈佛、麻省理工、斯坦福等顶级高等学府的商学院和工程学院，杰弗里的这两本书被定为研究生的必读书目；众多风险投资公司，如机构风险合伙公司（Institutional

Venture Partners /IVP)、梅菲尔德基金（Mayfield Fund）、阿特拉斯风险投资公司（Atlas Venture）、莫尔·达维多风险投资公司等，要求其所投资公司的管理人员必须阅读这两本书；在思科（Cisco）、惠普（Hewlett Packard）、微软、思爱普（SAP）和美国数字设备公司（Digital Equipment Corporation）等公司，它们也是高管们的案头书。同时，多家公司纷纷选择与鸿沟集团合作——除了上述公司，还包括其他《财富》500强高科技公司、众多希望成为下一代高科技行业领袖的新兴公司和小盘股公司。由此，杰弗里和汤姆清楚掌握了高科技市场中竞争优势的动态发展趋势，为本书的完成奠定了基础。

保罗·约翰逊在波士顿罗伯逊·史迪芬银行（BancBoston Robertson Stephens）（一家高科技行业的领先投资银行）任资深科技行业分析师，他与杰弗里和汤姆合作，帮助他们将经营战略框架运用到投资实践中。1990年，保罗成为华尔街第一位为思科系统撰写买入报告的分析师，他的资历由此向前迈出了一大步，之后是他首先建议大家购买凯创公司（Cabletron）、奥升德公司（Ascend）和派尔金公司（Pairgain）的股票，也是他首先概述了网络行业的整合趋势，并解释了这一趋势的意义。

1993年，保罗与同事迈克尔·莫布森（瑞士信贷第一波士顿银行董事总经理）创建了"竞争优势持续期模型"（Competitive Advantage Period model），用来分析股市评估企业竞争优势的方式，之后他用该模型解释为什么"猩猩公司"股票的估值能够远超竞争对手，保罗任哥伦比亚大学商学院金融学副教授时也讲授了这个模型。本书第4章介绍了该模型的主要内容，并结合《龙卷风暴》一书介绍的市场发展模型，解释猩猩游戏的股市背景。

当杰弗里和保罗忙于教学与写作时，汤姆及其家庭成员（也是他的投资伙伴）正悄悄地积累财富。（我们知道他们肯定有投资诀窍，但现在仍然没有领悟到）汤姆没有学过相关理论，却凭直觉悟出了猩猩游戏的基本原理，并将之运用到投资实践中——1990年他成功说服父亲投资7 000美元购买了甲骨文公司股票。第二年，他和其他家庭成员又将同样的钱投资于微软、英特尔、诺威尔（Novell）等公司股票，几年之后又投资了思科和海湾网络（Bay Networks）两家公司的股票。最近，他们把投资重点放在客户支持和销售自动化软件上，汤姆将在第 10 章详细介绍这部分内容。目前汤姆开始关注猩猩游戏的一个新模式，即通过旅行者投资公司（Voyager Capital）和互联网资本集团（Internet Capital Group）两家风投公司，在私人控股公司的早期发展阶段对其进行投资。旅行者投资公司是美国西北太平洋地区一家领先的信息技术风险投资公司，互联网资本集团主要识别、投资、运营和管理 B2B 电子商务公司，汤姆既是这两家公司的投资方，又担任其顾问。1994 年他加入了鸿沟集团，随即成为管理合伙人。

这就是本书的三位作者——一位是高科技行业战略顾问和风险投资者，一位是屡获殊荣的华尔街投资分析师，还有一位是在选择高科技股票方面有着丰富经验的实践家。我们合作完成了这本书，推荐一套完整的高科技股票投资策略，努力使投资策略易于理解，便于操作，安全可靠，帮助你积累财富。好了，现在回答第二个问题：我们心中的"你"是怎样的呢？

首先，我们认为你是一位"潜在的猩猩游戏投资者"，具有图 0-1 中所示的特点。

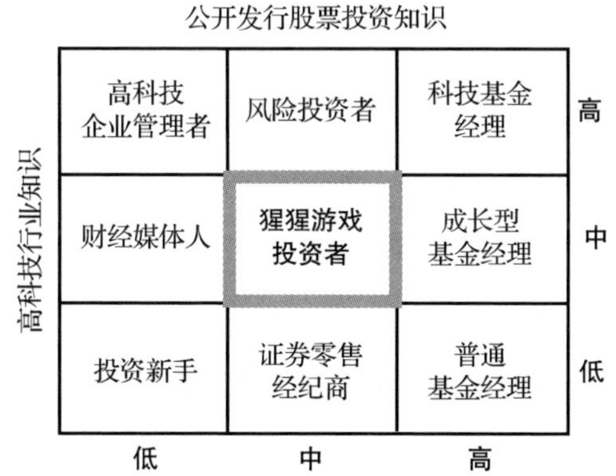

公开发行股票投资知识

高科技行业知识	高科技企业管理者	风险投资者	科技基金经理	高
财经媒体人	猩猩游戏投资者	成长型基金经理	中
投资新手	证券零售经纪商	普通基金经理	低
	低	中	高	

图　0-1

猩猩游戏投资者

作为猩猩游戏投资者,我们认为你已经掌握了或者能够很快学会中等水平的高科技行业知识和公开发行股票投资知识。具体来说,关于高科技行业,你掌握的或能够掌握的知识比证券零售经纪商更专业,但稍逊于风险投资者;关于公开发行股票投资,你了解的知识比大多数财经媒体人更丰富,但比成长型基金经理略逊一筹(如果现在还未达到这个水平,继续阅读此书,你将能够达到这个水平)。

最后一点,也是最重要的一点,我们心中的"你"是一位个人投资者,希望从股市投资中获利,为家人的未来做准备。开始时你不需要太富裕,但我们希望你拥有适量的资本,并非常重视资本的安全。我们会向你推荐一种投资策略,它具有显著的上行潜力但本质保守,有助于实现猩猩游戏的最终目的——帮助个人投资者从高科技股票投资中获益,同时避开股市中令人不安的波动。如果这些是你的关注点,那么我们的投资策略就能够满足你的需求,你就是我们心目中的读者。

我们也关注图 0-1 中第一行的这三类读者,他们和我们一样在高科技行业谋生,希望这些读者具有以下几类人的特点。

高科技企业管理者

希望这些管理者能够喜欢本书提供的条理清晰的理论框架,并用以分析公司战略对股价的影响。股票期权在多数管理层薪酬计划中占的比重越来越大,在新兴科技企业中,股票期权甚至成为高管薪酬的主要组成部分。此外,近年来企业文化不断发展,创造股东价值已成为企业管理的首要目标。在这种背景下,他们需要更加清楚地掌握企业战略和股价之间的相互影响关系。本书提供的模型和相关内容有助于实现这个目标，帮助管理者及其团队更好地与华尔街投资者、公司员工和客户沟通，也有助于实现团队内部的有效沟通。

风险投资者

从某种意义上讲，风险投资者是猩猩游戏中的佼佼者，原因是他们在技术采用生命周期的早期阶段就开始了投资活动，股票的首次公开募股是他们投资的结果，而不是投资的起点。本书使用"猩猩、黑猩猩、猴子、国王、王子、农奴"等形象，表明公司在猩猩游戏中的不同地位，也用来展示估值不同的股票在股市的最终博弈结果，暗指风险投资者对新股发行定价和其他"流动性事件"持有的不同态度。此外，当风险投资者支持的公司被上市公司收购时，如果收购公司是思科等大型公司，那么被收购的股票在锁定期很可能会升值，从而为投资者带来更多收益，否则，在锁定期投资者会感觉像坐牢一样。在这种情况下，风险投资者通常会在"现金"和"股票"之间做出选择。

科技基金经理

科技基金经理的日常工作在很多方面比本书所描述的要复杂得多，但是我们仍然希望他们能从本书中发现有价值的内容，尤其是有关管理行为、市场反应、市场状况与股票价格之间的内在联系等问题的讨论。另外，他们可能会感觉猩猩游戏中的投资规则过于保守，限制太多，但也会发现很多细微的变化，进而扩大游戏范围来获取更多的回报。同时，我们希望与他们保持联系，了解游戏规则在新领域的发展情况。

互联网股票超短线交易者

投资者如果不想放弃超短线交易，就不适合阅读本书。我们认为超短线交易是失败者的游戏，投资者通常只有在牛市中才能获利，但实际上那时大家都在赚钱，投资者如果选择"买入并持有"投资策略，其实能够赚更多的钱。超短线交易就好比每天在一个上涨的股市中为账户再融资，把资本收益作为收入随时取出（当然在股市行情不错时才能这样做）。离开疯狂的牛市，超短线交易的盈利机会不比中长期趋势交易好（当然，也差不到哪里），关键是超短线交易不像是投资，更像是一种赌博，本书所介绍的投资目标或投资方法对其完全不适用。

以上就是前言的主要内容，在进入第1章之前，我们还需要说明一个问题。作为投资策略，猩猩游戏中有一点会让痴心于高科技股票的投资者感到非常沮丧：该游戏从不提倡投资者购买自己感兴趣的股票！猩猩游戏中投资目标的选择标准非常严格，要求投资者筛选出尽可能少的目标公司进行投资。本书第6章和第7章详细介绍了投资规则，并采用非常严格的标准，对8 000只左右的上市公司股票（不包括私营公司）进行层层筛选，最后只有100只左右的股票符合要求，被推荐给个人投资者。

我们也要做出声明：这并不代表其他股票不值得投资，相反，我们相信大众所熟悉的其他数百家高科技公司都拥有光明的前景，它们的股票将（或许能够）带来可观的回报。但就猩猩游戏本身而言，为了满足"规避风险"和投资者"资本受限"的特定需求，我们设定了非常严格的标准，控制了投资目标公司的数量，所以即使这个游戏规则有不足之处，也请读者对此表示尊重。

CONTENTS | **目录**

第三部分 | **案例研究**

第8章 案例1：甲骨文公司与关系数据库领域的龙卷风暴

第9章 案例2：思科公司与网络硬件领域的龙卷风暴

第一部分

背景介绍

THE
GORILLA
GAME

第1章 个人投资者与高科技行业

这个情景可能会出现在你的梦中：你回到了大学校园，正在参加期末考试，但实际上你从未去上过这门课。考试科目是"经济学"，试卷上只有一道题：

> 1998年美国汽车业"三巨头"（通用、福特和戴姆勒－克莱斯勒）共雇用员工1 381 000人，总收入为4 530亿美元，总利润为300亿美元，总市值为2 130亿美元。同年，微软仅雇用员工27 000人，收入达144亿美元，创造利润45亿美元，总市值高达3 420亿美元。换言之，微软的市值超过了三家最大汽车商的市值之和！
>
> 请对该现象进行解释。

你看了眼手表。还好，两个小时后才收卷，我智力过人，肯定能答出这道题。想一想：微软有什么特别之处呢？嗯，这是一家软件公司，汽车属于硬件。对，答案就是它！

别着急，题目中还有第二部分要求：

上述案例中，令人惊奇的是微软的市值与销售额之间的比率（即市销率，P/S）和市值与收益之间的比率（即市盈率，P/E）。通过阅读材料和课堂上的讲解（我当时怎么就没去上课呢？我干什么去了），你已经知道这些比率值越高，投资者从对该公司的投资中获益的机会就越大。当然，微软并不是个例，表1-1统计了1997年高科技行业其他领先公司的股票情况，它们也拥有较高的市销率和市盈率。

表　1-1

公司	收益（百万美元）	每股收益（美元）	股票数量（百万股）	每股价格（美元）	市值（百万美元）	市销率	市盈率
英特尔	26 273	3.64	1 688	118.56	197 762	7.53	32.57
思科	8 459	0.88	1 534	92.19	142 362	16.83	105.47
甲骨文	7 143	0.55	1 466	28.75	42 159	5.90	52.27
奥升德	1 478	1.15	199	65.75	13 103	8.87	57.17
网络联盟（Network Associates）	272	0.47	135	66.25	8 944	32.88	140.96

资料来源：Bloomberg.

请在答题时充分利用以上数据。

好吧。这些都是什么公司啊？我听说过英特尔，但思科是做什么的？难道是潘乔⊖？神谕？升天？⊜难道这些和宗教有关？

这时你感到心跳加快，于是开始深呼吸，让自己冷静下来。不用惊慌，我能搞定这道题。这些都和高科技有关，不是吗？高科技公司赢得市场，非高科技公司失去市场，这就是答案。

⊖ "思科"对应的英文"Cisco"也可理解为人名，源于西班牙语和法语，"潘乔"是其昵称。原文此处意指后者。——译者注
⊜ "甲骨文"对应的英文"Oracle"也可译为"神谕"，"奥升德"对应的英文"Ascend"也可译为"升天"。原文这两处都意指后者。——译者注

你接着把试卷翻到下一页，看到表 1-2 中包含非高科技公司的股票情况，发现这些公司的市销率和市盈率果然低于表 1-1 中的高科技公司，甚至几家管理良好的世界知名公司都在其中，你感到非常高兴。

表 1-2

公司	收益 （百万美元）	每股收益 （美元）	股票数量 （百万股）	每股价格 （美元）	市值 （百万美元）	市销率	市盈率
通用电气	99 820	2.84	3 269	102.00	333 438	3.34	35.92
埃克森美孚公司	117 488	2.64	2 440	73.13	178 425	1.52	27.70
宝洁	37 154	2.74	1 343	91.31	122 669	3.30	33.33
迪士尼	22 976	0.91	2 037	30.00	61 110	2.66	32.97
诺德斯特龙	5 028	1.41	146	34.69	5 073	1.01	24.60

资料来源：Bloomberg.

就是这个！这就是答案。再整理一些这几家成功公司所使用的高科技的东西，我就能答题了。

稍等，这道题还有其他要求呢！（你早就意识到这个梦会没完没了。）你终于翻到了最后一张表（见表 1-3），看到其他几家高科技公司的股票情况，也看到教授列出的其他答题要求。

表 1-3

公司	收益 （百万美元）	每股收益 （美元）	股票数量 （百万股）	每股价格 （美元）	市值 （百万美元）	市销率	市盈率
苹果	5 941	2.34	132	40.94	5 403	0.91	17.49
英孚美（Informix）	735	0.31	168	9.88	1 662	2.26	31.85
赛贝斯（Sybase）	867	-1.15	81	7.41	599	0.69	-6.44

资料来源：Bloomberg.

无须多言，看到这组高科技公司的数据，你就不会误认为高科技等同于股市中的成功。（虽然考试之前你从来没有想过这一点。）现在请解释为何取得成功的是微软和甲骨文，而不是苹果、英孚美或者赛贝斯。

好吧，我放弃了。我还是走到前面，告诉教授我逃了他的课，也没有读他布置的参考书。我还能及格吗？

最后一项要求：请按照九世纪的文体风格和拼写习惯，用阿拉伯语答题。

然后你就醒了，是被阿拉伯语惊醒的。总算松了一口气，我回到现实了，一切还在我的掌控之中。

你的确回到了现实，但并非能够掌控一切。你可以避开阿拉伯语，但如果不能用母语回答上述考题，你还是先不要进行高科技股票交易为好。

速成班

本书的第一个目标是帮助你正确回答这道题目。不用学习一个学期，读完第4章你就能知道答案，那时你能够详细解释为何股市如此青睐高科技行业，为何有些公司能够战胜其他公司成为股市赢家。换言之，你将学会足够的知识来决定是否投资高科技股票。

之后，我们会帮助你在猩猩游戏中运用学到的新知识，遵循稳健而不激进的投资策略，为你自己和家人积累财富，这是本书的第二个目标。我们将在第5～7章教你猩猩游戏规则，帮助你构建高科技行业股市的全景图，然后在里面靠近并捕捉"猩猩公司"。第7章最后部分将总结"猩猩游戏十大规则"，我们希望你能把这些规则复印下来，贴在墙上。（痴心于投资的人甚至打算将它们纹到手腕上，鉴于规则以后还会改进，而文身修改起来太麻烦，建议你不要这样做。）为了帮助你巩固这些知识，第8～10章将分别介绍猩猩游戏的三个案例——一个发生在过去，一个已于近期完成，一个尚在进行中。我们将在第11章结束对猩猩游戏的介绍，这一章将详细介绍猩猩游戏的流程，并向你推荐一些独自操作时所需的工具。

第12章为最后一章，将介绍互联网股票投资情况。本书英文版第1版

5

曾介绍过互联网股票投资中的猩猩游戏规则，我们对此饶有兴趣，但读者反馈这部分内容不够具体。自第 1 版发行以来，读者不断地询问我们："在投资'真正的'互联网股票（如亚马逊（Amazon）、雅虎（Yahoo!）、美国在线（AOL）、亿创理财（E*Trade）、亿贝等公司发行的股票）时，我该如何运用这些规则呢？"我们认为在互联网股票发生大洗牌之前，很难准确判断这些股票的"真正市值"，但我们还是尽力在第 12 章探讨互联网股票投资问题，希望能为读者提供一些参考。

为了探讨互联网股票投资问题，我们构建了猩猩游戏规则之外的投资模型和投资结构，搭建了连通猩猩游戏和互联网股票投资的桥梁。大致上，我们认为这两种投资策略都关注如何避免资本损失，但互联网股票极易发生剧烈波动，现有的投资策略都不适用于这个投资领域（包括猩猩游戏规则）。此外，在互联网股票投资中资本虽然面临巨大风险，但同时也能够带来巨额收益，我们认为今后 10 年内投资者获得收益的机会一直存在，因此归纳了一些标准，以帮助读者判断收益前景较好的互联网股票。

以上就是本书的主要内容。下面我们还是回到那道梦中考题，看看如何解答。

高科技行业为何与众不同

首先澄清一下，高科技行业的独特之处并非在于专业知识与专业技术，因此即使你不是专业人士，也能够理解高科技股票的动态。事实上，高科技行业的独特之处在于"非连续性创新"，第 2 章将详细介绍这一概念。我们都熟悉"创新"的概念，即新产品带来新乐趣，激发顾客的购买意愿，吸引更多的销售者加入。"非连续性"则是一个新概念，意指"突破现有体系"。例如，电动汽车、可视电话、网络电视等新技术都前景大好，但若不改变现有商业模式，它们都无法在生活中付诸使用。新技术的优势肯定会强烈吸引潜在客户，但只有在现有体系改变时，他们才能享受到新技术的红利，但改变势必会在市场中引起一场结果难以预测的战争。

有时旧体系占上风，那么萌芽的非连续性创新技术就会销声匿迹。可以肯定的是，新技术会潜伏起来，以后会再次进入其他产品，但这次采用新技术的产品却永久地退出了舞台，比如之前的八轨道磁带、激光光盘音响、可视电话、笔式输入笔记本电脑等产品。有时新技术在利基市场中取得胜利，老牌技术供应商虽不情愿但也不得不退出利基市场，给新技术让出一定的空间，但在其他市场绝对寸土不让。当苹果公司推出的麦金塔电脑（Macintosh）展示革新的制图技术时，当美国硅图公司（Silicon Graphics）首次推出三维成像技术时，当美国天腾电脑公司（Tandem）改进不间断容错计算技术时，IBM、太阳微系统公司（Sun）和美国数字设备公司（Digital Equipment Corporation，DEC）均选择退出利基市场。如果这些创新技术只是占领了利基市场，如果传统技术还能守住大部分阵地，就不会出现新市场，也不会出现权力更迭，一切如常，这很好，老牌企业松了一口气。

但有时候新技术会从利基市场转战到主流市场，例如，自 1985 年以来，个人计算机、局域网、激光打印机、关系数据库、手机、语音邮件、电子邮件、网络浏览器和网站等创新产品逐步转变为大众产品，人们的消费方式也随之发生巨大转变，一批全新的供应商突然冒了出来，获得巨大的经济利益。换言之，不仅新市场出现了，一个支持新市场的全新商业体系也形成了。学界将这些系统称作"价值链"或"供应链"，即相互依存的公司之间开展合作，为新市场提供所需的各种产品和服务。这是一场革命，老牌技术供应商由于试图抵制新技术，而不是与之合作，因此往往处于不利地位。与此同时，新公司大量出现，开始大幅超越其他公司，凭借突出表现在投资分析师的排行榜上名列前茅。

这就是高科技行业突然繁荣的原因。但为什么是突然繁荣？为什么新技术不是慢慢发展，随着时间的推移逐渐取代旧技术呢？

答案与变化的动力机制有关，特别是"技术采用生命周期"的机制，或者更具体一些，与技术的演变和"间断平衡论"有关。动态系统（该术语常被用来描述自然生态和市场环境）并非呈线性变化。相反，系统会停滞不前，抵制变革，使压力不断积累，直至被新系统打破并取代。之后新系统会快速进入到下一个停滞期，稳定下来，然后新一轮循环再次开启。因此，系统转换时间实际很短，这种快速变化的时期被称为"超高速增长期"，在所有特定物种或特定市场的发展过程中，它只会发生一次。

从经济学的角度看，超高速增长发生时，市场会变得非常活跃，公司的利润和收益会达到顶峰——30%～40%的季度环比增长率相当普遍。当某个市场呈现一直上涨的态势时，股票价格就会一路飙升，这种"弹射效应"会吸引更多的高科技股投资者，也开始让猩猩游戏产生吸引力。

征途并非一帆风顺

当然，超高速增长期也比较混乱，这对投资者来说非常不利。"混乱"被视为动态系统的一种特性，其核心原则是系统中存在的某些差异最初无关紧要，但随后会产生极其不同的结果，而且无法根据投入合理预测最后的结果。为什么IBM能在大型机领域中战胜布劳斯（Burroughs）、通用自动计算机（Univac）、国家收银机公司（NCR）、控制数据公司（Control Data）、霍尼韦尔（Honeywell）等竞争对手呢？为什么我们在电脑上使用微软的 Windows 系统，而不使用 Unix 系统、Macintosh 系统或 OS/2 系统呢？为什么我们选择雅虎搜索引擎，而不选择 Excite、来科思（Lycos）或远景（AltaVista）等搜索引擎呢？

这些都不是学术问题。正如表1-1、表1-2和表1-3所示，如果向高科技行业竞争中的失败者投资，投资者就很容易损失大部分资本，事实上，由于高科技股波动很大，个人投资者如果不了解相关投资策略（如本书介绍的猩猩游戏规则），通常会回避这些股票。我们支持这种选择。如果一家公司的实际收入比预期低了几个百分点，一天内该公司的市值就下跌30%～40%，风险如此之高，回避这些股票难道不是最好的选择吗？所以，我们再来考虑一下这个问题：为什么英特尔的微处理器能够大获全胜，而不是摩托罗拉（Motorola）、美国国家半导体（National Semiconductor）、美普思科技（MIPS）等公司推出的处理器，或者太阳微系统公司的SPARC处理器、惠普的PA RISC处理器呢？为什么人们更青睐甲骨文数据库，而不是安格尔（Ingres）、赛贝斯或英孚美等数据库？为什么思科的路由器更受欢迎，而不是海湾网络公司的路由器？

　　从一定意义上讲，这些问题无法回答。如果有答案，我们三个人可以一开始就预测出哪家公司能够在竞争中获胜，也就不用花时间和精力写这本书。我们可以坐在佛罗伦萨托尔纳博尼大道的高档豪华公寓的顶层，喝着玛歌酒庄的红葡萄酒，研究下面乘船去哪个大陆游览。事实上我们无法这样做，这说明我们无法在高科技市场竞争开始时就预测出赢家。但是，正如电视新闻网在报道大选时可以在最后一次投票之前宣布胜利者一样，在超高速增长的市场中还是有办法尽早预测出竞争结果的。我们相信自己能够做到这一点，也将在后面几章中详细介绍预测方法。

　　这些章节的核心内容概括如下：为了迅速扩大规模，超高速增长中的市场通常会自发地对一家供应商的产品进行标准化规范，进而简化新标准的创建步骤，构建可兼容系统，与之配套的产品和服务供应商随即出现，快速提供所需的解决方案。简言之，市场中更容易形成新的价值链。这家供应商在接受这种自发的标准化行为之后，其产品会受到客户的青睐，市场需求就会激增，相比之下，它的竞争对手必须进行艰难的反击才有出路。因此，市场这一自发行为能够为这家供应商带来巨大的竞争优势。

　　这家供应商的商品在市场中热销一段时间之后，其竞争优势会呈现增强之势，这有点类似于在圣诞节期间人们对"椰菜娃娃、'挠我'埃尔莫娃娃、电力别动队"等玩具的抢购。但圣诞节玩具抢购带来的是短暂的欢喜与时尚，而快速成长的高科技市场却能够使成功的企业保持长期的竞争优势，这些市场的大赢家不仅从需求的迅速飙升中获利，而且在满足了市场最初的需求后，也能够在多年内保持较大的市场份额。

这些市场赢家就是猩猩游戏中的"猩猩公司"，它们的股票拥有世界上最高的回报率，我们的目标是帮你建立由这些股票组成的长期投资组合。

股市投资：深谙其道还是满腹疑团

下面我们进入股票交易。关于股票的说法不胜枚举，会不断有人告诉你别人的观点都不正确，只有他们的理论才有效。如果我们不需要依靠股市投资积累财富、供养家庭，就会发现这种局面相当滑稽有趣，但现实情况却不允许我们一笑了之。

我们认为关于股市的传统理论基本上都是正确的，写作本书是为了在此基础上提出一些新观点，希望不会引起大家的争议或者反感情绪。事实上，如果资深投资者读完本书后能评价一句"嗯，还不错"，我们就心满意足了。

然而，现实情况却是：许多需要投资股票（或者正在投资）的人并不十分了解股市，他们不清楚股市动态变化机制，也就无法判断买进和出售股票的最佳时机。我们认为这种情况极其危险，因此将在第4章详细介绍股票市场，以帮助大家更好地应对股市变化。第4章的内容不容易理解，大家可能需要读两遍，但这总胜过在噩梦般的考试中无法答题，也胜过在对股市一知半解的情况下就进行投资，拿着家人的未来去冒险。

在此我们先简要介绍一下股市：所有公司的股票价格都以其未来预期收益的现值为基础，其未来的利润只是公司股票市值的一部分，股票买卖过程中买卖双方需要就预期收益的现值达成协议，这些协议积累起来就形成了股市，股价代表当前的平衡点，即那些愿意接受更高价格的投资者和那些愿意接受更低价格的投资者之间的平衡点。公司的总价值就是其股票价格（每股的价格）乘以发行的股票数量，即其股票市值。

读完第 4 章，你就能够理解这个现象：以年营业收入为判断标准，刚刚进入超高速增长的新兴高科技市场的公司的股票市值要远高于成熟市场的公司的股票市值。这是因为新兴市场中有大量的新增资金嗷待投资，但可供投资者选择的公司数量有限，如果有一家公司有幸成为"猩猩公司"，那么市场上的大量资金将蜂拥而至，使其价值远远超过所有竞争对手。如果这时由于某种原因，你仍未下定决心投资这家公司的股票，在得知大多数经济专家相信，随着市场的逐步成熟，无论竞争如何激烈，这些"猩猩公司"的盈利能力都将日益增强后，你会毫不犹豫地购买股票。

换言之，这有点像在国际象棋锦标赛中下注，如果你支持的一方有加里·卡斯帕罗夫[⊖]（Garry Kasparov）和 IBM 的深蓝计算机[⊜]，你还能输吗？虽说胜败难测，但投资这样的公司，胜算难道不大吗？

猩猩游戏的精髓

在介绍了理解高科技板块发展的必要背景知识、"猩猩公司"的能力以及股市评估公司能力的方式之后，我们接着探讨如何在投资实践中运用这些知识，主要包括以下五个方面。

- **找到正在进入超高速增长阶段的市场**。这一点听起来难，但做起来相对容易。猩猩游戏的好处是，即使当你进入游戏时市场已经超速发展三至四个季度，你仍然可以获得收益，而且随着时间推移，市场发展速度不会减慢而是逐步加快，因此发现这类市场就变得更加容易。

⊖ 加里·卡斯帕罗夫，俄罗斯职业国际象棋棋手，国际象棋特级大师。——译者注
⊜ 深蓝计算机是由 IBM 开发的象棋电脑，历史上第一个成功在标准国际象棋比赛中打败卫冕世界冠军的计算机系统。——译者注

- **买进所有可能成为"猩猩公司"的公司的股票。**做到这一点需要具体的行业知识，所以这是猩猩游戏中最难的部分，不过现在行业知识早已不是秘密，找到"候选的猩猩公司"名单很容易，而且所有名单都会推荐几家相同的公司，其中就包括"猩猩公司"。再次说明，即使之前几次你都错过了投资机会，你仍然可以从猩猩游戏中获利。

- **"猩猩公司"出现后，出售其他公司的股票，并整合"猩猩公司"股票。**你需要整合股票，而不是分散投资，这是猩猩游戏中不合常规的方面。这一点对投资成功至关重要，我们将在书中详细论述。

- **做好长期持有"猩猩公司"股票的计划。**同大部分成功的投资策略一样，猩猩游戏也采取"买进并持有"策略。你做的决定越少，犯下的错误就越少。与之相反，如果采用"买进并抛售"策略，你得不断猜测最好的抛售时机，而且获益的机会和猜骰子的胜算差不多。

- **只有当出现的新品类会彻底消除掉"猩猩公司"的优势时，才出售所持有的股票。**没有什么是永恒的，"猩猩公司"的优势也会被消除，但威胁通常不是来自公司所在的技术行业内部。在行业之外，新技术会异军突起，其强劲的发展势头让你大吃一惊，也让"猩猩公司"感到措手不及。然而，新技术的发展需要一定时间，在其影响到"猩猩公司"的收入或利润之前，你能够觉察到潜在的危险，然后安全退出股市。现实中，虽然"猩猩公司"抵抗住了新技术发起的挑战，其股票在一段时间内仍能够带来较高的回报，但最大的危险是你对这种威胁反应过激，过早抛售了持有的全部股票。

以上就是猩猩游戏的精髓。

该游戏因具有三个突出优点而受到个人投资者的青睐。

（1）**有巨大的潜在收益。**本书将分享市值增长速度惊人的"猩猩公司"的成功案例，目前（或许永远）最成功的便是微软，该公司于1986年上市，当时市值约为6.7亿美元，10年后增长为13 000亿美元，投资者的收益不是2倍或4倍，也不是10倍或20倍，而是将近200倍！

还会出现第二家微软公司吗？虽然自本书英文版第 1 版出版以来，其他互联网企业的股票升值速度都不及微软公司，但是在互联网板块，收益模型正在形成，而盈利模型还没有踪影，所以互联网股票投资比较特殊，我们暂且不讨论其发展前景。我们主要关注其他"传统"的高科技行业，相信这些行业将来会出现大量的"猩猩公司"，其股票投资收益必定至少是 50 倍。

（2）**不利因素有限。**猩猩游戏不会建议投资者选择风险较高的股票，只有当市场进入超高速增长阶段时，才建议投资者购买市场中"猩猩公司"的股票。在超高速增长的市场中，所有公司的亏损率都很低，因此无论你购买的是"猩猩公司"的股票，还是其他公司的股票，在持股期间股票都会增值。

当然，因为投资组合中也包括一些非"猩猩公司"的股票，所以当它们受到重创时，你会因此亏损，但总体来说，目前"猩猩公司"投资组合是最有弹性的投资方案。

相比之下，互联网投资的不利因素较多。长期处在牛市中，互联网投资者往往变得对风险不太敏感——因为股票还未下跌过，也没有出现下跌的迹象，所以他们开始表现得好像股票会永远升值一样。股市投资中的"博傻理论[⊖]"就起源于这种心理，但这不是猩猩游戏提倡的投资策略。

（3）**随时可以弥补失误。**投资决策过程中错误在所难免，结果也难以预测。任何投资者都会做出错误判断，但是在猩猩游戏中，购买或售出股票时，你不需要每次都准确把握时机，或者必须确保投资组合中的股票都来自"猩猩公司"（虽然最后你能够做到这一点）。换言之，个人投资者还要兼顾生活的其他方面，不能一直关注股票动态，而猩猩游戏能够帮助他们在兼顾生活的同时，仍从股市投资中获益。

另外，在投资发展势头最强劲的互联网股票时，采取长期的"买入并持有"策略也能灵活应对股市发展动态。可持续竞争优势能够保证企业实现长期发展，相对竞争对手而言，拥有这种竞争优势的互联网公司也具备"猩猩

⊖ "博傻理论"是指在高价位买进股票，等价格上涨到有利可图时迅速卖出，这种操作策略通常被市场称为傻瓜赢傻瓜，只在股市处于上升行情时适用。——译者注

公司"的实力，但这是另外一种投资活动，遵循不同的投资策略，本书将在第 12 章中详细论述。

以上就是猩猩游戏最突出的优点，但它也有一些不足，投资者尤其需要注意以下三点。

（1）**投资时需要遵循一定的原则**。如果你打算频繁买进并售出股票，或者进行赌博式投资，或者凭直觉行事，或者不按照常规投资，那么就不要考虑猩猩游戏。该游戏对投资者提出的关键要求是对选定的股票保持恒心，但对你来说做到这一点非常难。

（2）**需要密切把握高科技行业的发展动态**。我们说过你不必具备专业的科技知识，这一点没错，但你需要了解高科技行业的发展动态，这需要做大量的工作。如果你还没有开始行动，那你要做好心理准备。有利的方面是你不用进行多次投资后才能掌握行业动态，现在你很容易就能找到相关资源和学习渠道，本书第 11 章也提供了能够帮助你快速掌握高科技发展动态的工具，但你需要牺牲一些晚间陪伴家人的时间来学习和整理相关信息。

（3）**投资收益无法最大化**。猩猩游戏不是帮助你获得最大的投资回报，而是将家庭积蓄安全地投资到高科技行业，并获得稳定收益。你要尽快适应这一点，如果采用猩猩游戏投资策略，就不要期望会有意外收获。如果你的目标是获得最大收益，那么就选择其他投资策略吧。

总之，如果你是一位个人投资者，力求规避投资风险，但又希望掌握一种非传统的投资方式，以尽快积累更多财富，那么就采用猩猩游戏投资策略吧，你将在后面的章节中找到详细的说明和指导。

同时，我们相信也有很多读者不属于这种情况，尤其是专业投资人士和高科技公司的管理人员。你们可能不会采用猩猩游戏投资策略，但鉴于高科技公司的股价也决定着你们投资的成败，通过阅读本书，你们可以了解制定管理策略与投资策略的模型和具体方法（这些信息超越了行业的界限），进而捕捉高科技行业的动态，更好地做出决策。所以，希望你们也能关注本书的内容，和我们一起开启这次旅程。

与其他投资哲学相比，猩猩游戏有何不同

猩猩游戏的不同之处体现在：它选定的目标市场中投资机会不太多，而且投资者需要清楚了解高科技行业动态，才能更好地开发市场投资潜力。换言之，有时猩猩游戏看起来无异于传统的投资方式，投资者可能会说："啊，我知道该怎么做，我们之前已经做过类似的事情了。"这种观点实际上非常危险，因此最后我们明确一下猩猩游戏和其他投资策略的区别。

- **它并非概念投资**。概念投资和猩猩游戏有很多相似之处：投资目标都是与高科技相关的新兴市场，当旧价值链被新价值链取代时，大量财富便会集中到新领域。但是概念投资旨在等高科技股上市后立即获得巨大收益，此时虽然企业股价迅速上涨，但是没有优秀的财务绩效作为支撑，因而这种"成功"往往较为短暂。

  猩猩游戏与概念投资的显著不同之处在于：猩猩游戏建立在实际财务绩效之上，而概念投资建立在预测的财务绩效之上。虽然两者的目标市场相同，但猩猩游戏进入市场的时间要晚一些，投资以企业的实际收入为基础，而非以未来市场的良好预期为基础，因此投资者可以避免被市场"超高速增长"的假象误导。

  我们认为，概念投资更适合风险投资者，也适合筹集资金购买大量概念股的投资者，因为在发行概念股的企业中，只有少数公司能发展为"猩猩公司"，非专业投资者、个人投资者最好不要冒这种风险。

- **它并非动量投资**。动量投资和猩猩游戏也有相似之处：两者都提倡在超高速增长阶段购买股票，都认为若在这类市场上投资，未来收益潜力会很大，会远超公司目前经营业绩所反映的收益，而且都预测由于股市坚持旧标准，在一段时间内这类股票的价值会被低估。

  动量投资和猩猩游戏的主要不同之处在于：动量投资没有区分

15

"猩猩公司"和它的竞争对手，只是不加选择地购买所有相关股票。猩猩游戏则提议，对于资金有限且对风险高度敏感的个人投资者而言，购买"猩猩公司"的股票最为保险，投资其他公司的风险过高，投资者最终会大失所望。另外，我们将说明哪些超高速增长的市场中根本不会出现"猩猩公司"，个人投资者要避开这些市场。

动量投资是一种高风险、高回报的投资方式，投资者在极其不稳定的市场中随波逐流，希望在其他投资者纷纷跌入悬崖时，自己能够安全脱险，这种投资方式过于冒险。猩猩游戏帮助投资者规避这种投资冲动，引导他们进行安全、理性的投资。

● **它并非主题投资**。主题投资集概念投资和动量投资于一体，其基本思路是识别能够重组全部经济领域的新型品类，然后购买这个品类中的所有股票。例如，电子商务就是这种品类，主题投资者会投资十几家甚至更多从事电子商务的公司，其业务涵盖交易处理、广告、安全、数据库营销等方面。主题投资者试图充分采纳股票预测家的建议，将其转变为成功的投资组合。

主题投资与猩猩游戏也有一个共同点，即都预期市场将大幅、快速增长。二者的主要区别为：主题投资将大量股票纳入投资组合中，而猩猩游戏只选择少数股票进行投资，这就意味着尽管猩猩游戏投资者投入了有限的资本，具备不太广博的行业知识，但仍能从投资中获益。

● **它并非价值投资**。价值投资的基本理念是：某些股票因为不受机构投资者的青睐，其价值在股市中被低估了，投资者通过分析公司的经营状况就可以找出这些股票。价值投资者认为生活中大多数事物的发展都趋向平均水平，他们希望被低估股票的价值也会上涨到更平均的估值。他们努力找出目前价值被低估的股票，在股价较低时买入，在股价上涨趋于稳定时出售，希望通过这类投资策略获益。

表面上看，价值投资与猩猩游戏正好相反，这两种投资策略不会推荐相同的股票，这是因为按照价值投资的评价方法，猩猩游戏选择的股票的价值永远不会被低估，微软公司就是一个很好的例子，截至目前其股价从未达到过价值投资所要求的低值。

与价值投资相同的是，猩猩游戏也认为市场低估了其目标股票的价值，但低估的原因不是没有吸引机构投资者，或是人们未正确判断相关企业的运营状况，而是高科技市场发展的基本动力被忽视了，"猩猩公司"股票价格未能准确反映出其强大的竞争优势。

- **它并非技术投资**。技术投资策略紧密跟随股市价格的变化，这是因为：这种投资方式只遵循价格变化理论，并不关注相关行业的市场动态变化；只关注股市对股价变化做出的反应，不关注股票价值的具体情况。因此，技术投资策略与以上策略都不同，投资者不会将之与猩猩游戏混淆。

那么，什么是猩猩游戏呢？

- **猩猩游戏是一种成长型投资**。与其他成长型投资者一样，猩猩游戏投资者也看重公司所在市场的未来发展动力指标，与当前人们常用的市盈率指标相比，这种动力指标能够更好地显示股票市值未来的发展趋势。总体来说，猩猩游戏与一般成长型投资相比有以下两点不同。

第一，它只投资于高科技行业，特别是生产型企业，这些企业在经历了超高速增长阶段之后，成功进入大众市场。

第二，它采用整合投资策略而非分散投资策略，以降低长期持有股票的风险。

第一点似乎有些过于受限，第二点则有悖常理。为了更好地理解猩猩游戏，我们需要全面认识处在超高速增长阶段的高科技市场的动态，下一章将具体介绍这部分内容。

第 2 章　高科技市场的发展

本书介绍的投资策略以《龙卷风暴》一书中高科技市场发展理论为基础,《龙卷风暴》于 1995 年出版,书中定义的专业术语和理论框架已广泛应用于高科技行业,深受企业管理者、行业分析师以及越来越多的投资分析师的青睐。

本章将简要概括"龙卷风暴理论",以帮助个人投资者识别高科技市场发展过程中的重要时间节点,及时购买和出售股票。在这些关键时间节点中,"龙卷风暴阶段"最为重要。

龙卷风暴阶段指市场集中高速发展的时期,在市场周期中只出现一次,其间新技术在大众市场上开始被广泛接受。在此阶段,一股独特的市场动力得以产生,经常将一家公司推到具有强大市场优势的垄断地位上,这家公司就成了"猩猩公司",其强大的竞争优势能够为投资者带来长期的丰厚回报。猩猩游戏的主要策略就是长期持有这类公司的股票。

为了做到这一点,我们需要关注高科技市场中有哪些动态可以使这种策略成为可能。排在首位的就是"非连续性创新"。

非连续性创新

市场会因不断引入创新而繁荣起来，这是因为顾客对已有产品或服务失去了兴趣，很乐意购买新产品，接受新服务。在多数情况下，大部分产业中出现的创新建立在已有标准和基础之上，属于"连续性创新"，例如新型汽车、新型电视、新口味的麦片、新出版的书籍等，顾客只需购买、使用这些产品，就可以享受到创新的福利。即使在高科技行业，新款电脑、新软件、新监控器、新硬盘驱动，这些都是即插即用的连续性创新——至少人们是这样认为的。

但有时技术的突破会带来一种完全不同的创新，即"非连续性创新"。第一个半导体、第一台个人计算机、第一个电子表格、第一个局域网、第一台传真机、第一个关系数据库、第一个网络浏览器、第一辆汽车、第一台电视、第一台微波炉，这些产品都产生了巨大的全新的效益。为了享受这些益处，消费者必须采用新技术，建立与当时设施不兼容的新基础设施，这就意味着他们不但要学习新知识，还要等相关供应商提供配套的产品和服务，才能使整个体系运行起来。若没有高速公路，谁会购买汽车呢？若没有录像带可租，谁会购买录像机呢？若没有微波餐食或食谱，谁会购买微波炉呢？若没有新游戏，谁会购买新游戏机呢？若对方没有传真机，谁还会购买传真机呢？

换言之，基于非连续性创新的产品和服务会带来滞后的满足感，使顾客犹豫不决，进而做出不同的决定，技术采用生命周期模型能够清楚地解释这一点。

技术采用生命周期模型

技术采用生命周期模型是理解高科技市场的基础，20 世纪 50 年代，埃弗雷特·罗杰斯（Everett Rogers）及其同事基于他们在哈佛大学的研究提出该模型，现在它仍然是"创新扩散"研究的基础，每年为高科技行业的管理者提供必要的业内信息。

该模型预测，当市场中出现非连续性创新时，顾客将自发地呈现五种不同的反应模式，如图 2-1 所示。

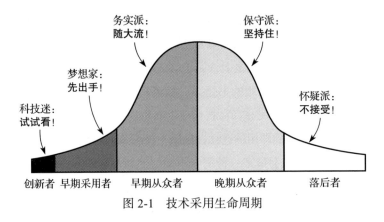

图 2-1　技术采用生命周期

在高科技市场中，这五种反应模式多年来一直保持着一致性，而且每种模式对非连续性创新显示出特定的态度，详情如下所示。

科技迷

科技迷相信技术的内在价值，愿意接受非连续性创新，探索它们的特性，期望从中找到有价值的事物。在《财富》世界 500 强公司里，这些人一般在先进技术部门工作，肩负着使公司紧跟科技发展潮流的重任。这类顾客还包括大批黑客和独立开发人员，他们推动了互联网和其他高科技领域的发展。在消费者市场，这些顾客是新科技产品的爱好者，他们会抢购最新的掌上电脑管理器、多功能外围设备或 mp3 播放录音机，几个月后就会对这些产品失去兴趣，再去抢购更新更有趣的高科技产品。

科技迷的观点在很大程度上影响着早期采用者的态度，所以新科技若想进入市场并取得消费者的信任，必须得到科技迷的认可。尽管如此，科技迷并不能完全代表市场中的消费者，也不能以他们的态度预测主流市场能否接受这些新技术（他们的衣橱里塞满了旧款的激光唱机、八轨立体声磁带、苹果牛顿掌上电脑，这些产品并没有在市场上取得成功，这就是最好的证明）。

　　作为猩猩游戏投资者，你听到这些人谈论一些你从未听说过的东西时，不用担心错过了市场重大最新动向，它离真正的大众市场还有一段很长的距离，因此还有充足的时间去考虑投资决策。

梦想家

　　梦想家通常是企业高级管理者，他们期望创造突破性的竞争优势，成为行业翘楚。因此，他们会认真研究非连续性创新，希望找到新的发展机会，以便彻底重构公司业务流程，早于竞争对手做出行动。此外，一旦发现这种机会，他们便会充分加以利用，例如美国航空公司（American Airlines）开发了 SABRE 预订系统，联邦快递（Federal Express）使用了包裹跟踪系统，亚马逊网站首次利用万维网进行图书销售。梦想家的目标是使自己从大众中脱颖而出（这里的"大众"是指讲求实效的大多数人，他们不会主动接受非连续性创新，而是会跟随其他人做出选择），梦想家喜欢在大众行动之前尝试新事物，因为一旦取得成功，他们就能够远远领先于竞争对手。

　　这类有远见的顾客经常通过商业媒体发表具有前瞻性的观点，帮助解决公司经营中出现的难题，因此他们能够使新技术在进入市场的早期阶段获得较大关注。然而，同科技迷一样，即使他们认可了高科技，也不代表主流市场就会接受它，而且通常他们推崇的高科技产品终于成熟，可以被大众接受时，出现的其他新技术会给这些产品带来了巨大的不确定性，阻碍市场对它们的广泛接受。大规模并行计算机、面向对象的数据库和人工智能等新技术在大众市场推广时，就碰上了这类难题。

　　因此，猩猩游戏投资者通常会饶有兴趣地阅读这类顾客的文章，关注他们推荐的创新产品和服务，但不会轻易打开钱包进行投资，而是等待大众市场的反应。

务实派

务实派就是"大众顾客",只有在市场制定了新标准、彻底改革运行体制之后,他们才会认可新技术的价值,因此他们的策略是:只有别人接受了新范式,他们才会跟上。这就是从众策略,即别人如何做,我就如何做。它是大众市场行为的基础,能够产生集体行动,就像街区投票能够影响选举结果一样,这种反应也会影响新科技产品的市场发展,最终成就或者摧毁一个新品类。

大众决定接受新科技产品时,会同时采取行动,推动市场快速进入超高速增长期,即本书所说的龙卷风暴阶段。超高速增长是猩猩游戏的基本前提,因此只有当技术采用生命周期中的务实派明确表示接受新技术时,猩猩游戏才正式开始。这类顾客的观点和行为是猩猩游戏投资者参考的关键风向标。在后面的章节中,我们将详细介绍如何跟上务实派的行动。

保守派

无论新体系看起来多么优越,保守派都宁愿待在已有体系里,也不愿转换到新体系中。当他们最终决定购买新科技产品时,也只是追随务实派,在较晚阶段购买相同的产品。保守派在技术采用生命周期后期买进产品,就能够充分利用市场上成熟的竞争格局,获得更优惠的价格和更大的价值回报。他们等待的时间越长,获得的性价比越好。

保守派进入市场时,猩猩游戏已经日趋成熟,所投资品类中公司股价的变化更多取决于目前的收益情况,而不是公司的未来发展前景。投资者清楚把握这类顾客的动向,就可以有效增加投资收益,而且与之前高度波动的市值相比,这一阶段股票估值的变化相对较小。

但"猩猩公司"的发展并不遵循这条规则,它的竞争优势能够持续整个技术采用生命周期,良好的表现能够保证市场份额不断增长。优秀的"猩猩公司"绝不会变得懒惰自满,即使在产品生命周期后期,"猩猩公司"股票价值也能持续快速增长,这就是为何我们不仅视"猩猩公司"股票为成长股,也将之视为收益股。

怀疑派

作为潜在的顾客,怀疑派从不购买任何公司的高科技产品,他们认为科技投资定价过高,前景预测过于乐观,他们宁愿把钱花在低成本、非技术性的产品上。他们阻碍了市场对高科技产品的广泛接受,强化了高科技市场发展中必须克服的惯性心理。

作为高科技领域的投资者,你会遇到很多怀疑派,其中一些可能是你的家人和亲属。你唯一的辩解是:"嘿,我不是在用这些东西,我只是在投资。"

综上所述,这些反应模式代表了应对非连续性创新时人们采取的五种基本策略。根据对新技术的态度,人们可能会同时采用所有的策略,如在某个领域是早期采用者,到了另一个领域却成为晚期从众者。然而,在自由市场中,当消费者拥有较大自主权时,这些策略总是出现在自动形成的、能够被准确复制的市场发展模式中,这种发展模式就是猩猩游戏的核心部分,高科技投资者需要对其进行仔细研究。

高科技市场的发展

图 2-2 从左到右,概述了高科技市场的发展进程。具体情况如下所示。

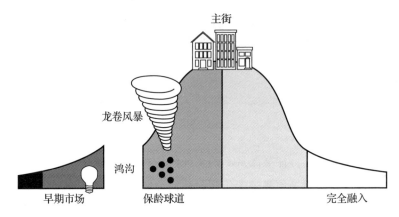

主街

龙卷风暴

鸿沟

早期市场　　　　　保龄球道　　　　　　完全融入

图 2-2　高科技市场的发展

早期市场

非连续性创新技术的第一个商业应用活动通常由梦想家发起，并得到科技迷的支持。他们共同合作，试图利用新技术实现所在领域的突破性变化，以获得巨大的竞争优势。早期的市场开发活动几乎都发生在工业市场中，原因是从成本和可用性的角度考虑，开发新技术项目所需的专业知识定价过高，从事消费者营销业务的公司难以负担。

写作本书时，在处于早期市场阶段的技术中，最引人注目的例子是互联网领域中的电子商务。目前，在美国所有的经济领域中，具有超前理念的公司都在利用互联网重新设计传统的商业模式，以寻求更大的竞争优势，比如戴尔、思科、亚马逊、联邦快递、嘉信理财（Charles Schwab）等公司，它们都已经在自己的领域率先使用了电子商务技术，受到广泛关注。在圣诞节旺季人们大量购买图书和光盘时，便捷的电子商务技术极大地促进了这些品类的销售额的上涨，但由于务实派还在持观望态度，所以电子商务技术仍未进入主流市场。

既然在早期市场阶段务实派还未参与进来，那么猩猩游戏投资者等待即可，原则上我们不需要对这一阶段着墨太多。但是有人会说："不，现在是龙卷风暴阶段，需要购买股票了。"为了帮助投资者更好地理解早期市场阶段和龙卷风暴阶段的区别，我们将继续描述这一市场阶段的特点。

　　早期市场阶段的一个关键特征是，在购买新技术的公司中，大量交易都由高层管理者发起。高层管理者有能力完成高风险的重组计划，也可以获得预算支持，来负担技术生命周期早期系统部署阶段所需的高额成本，包括系统整合费用和技术咨询费用。当读到有关这些交易的故事时，你一定会听到采取新技术的公司开展了大胆的商业行为，其管理团队走在了大众前面。要注意，这些只是早期市场阶段的标志，并非龙卷风暴阶段的标志。

　　这一阶段的另一个关键特征是，市场是围绕个人客户而非细分市场构建的。梦想家并不打算与本领域的竞争对手合作，分享新技术的红利，他们反而希望借助新技术与竞争对手区分开来，并抵制其他新技术的进入，他们也会同领域外的公司合作。因此，在早期发展阶段，采用新技术的公司的客户通常包括多家知名公司，但他们往往来自不同的细分市场。猩猩游戏投资者可以利用这一点判断科技市场的发展阶段。

　　早期市场对顶级服务公司来说很有吸引力，如电子数据系统公司（EDS）、安盛咨询公司（Andersen Consulting）、剑桥技术合作公司（Cambridge Technology Partners）等，同时它也吸引了专门从事业务流程重组和系统整合业务的公司，如新成立的维安特公司（Viant）、施恩特公司（Scient）和沙宾特咨询公司（Sapient）。有远见的公司在率先采用新技术之后，为了获取高额利润，会积极与这些服务公司展开合作，享受它们提供的有深度、有广度和有持久力的服务。市场需求上涨，使得这些专业服务公司在处于早期阶段的市场中占据最大的利润份额。相比之下，当市场发展到龙卷风暴阶段，为了降低成本，高科技产品供应商会尽量减少产品中的服务内容，以更快的速度开拓市场，进而占据整个市场。

　　总之，在引进非连续性创新之后，公司会在早期市场阶段酝酿新发展模式，它们可以在一些高度定制化的项目中证明新技术的可行性，但不会获得巨大的收入或利润。因此，在证实新技术的发展潜力之后，这些公司就会退出早期市场，转向主流市场。不幸的是，两个市场之间存在一个危险的鸿沟阶段。

鸿沟

鸿沟是高科技市场发展的一个间歇期，在此期间很多客户对非连续性创新失去了兴趣。这是梦想家和务实派对立的结果，前者特意赶在大众顾客之前采取行动，而后者坚持同大众顾客保持一致，这两种策略会使他们之间产生并保持一定距离，鸿沟因此出现。下面我们分析一下它的运行机制。

随着越来越多的顾客采用新技术，技术逐步被普遍运用，这时梦想家就会思考该技术是否还能让他们先发制人，抢占真正的竞争优势。换言之，他们担心一些快速跟进的竞争对手会跟上来，削弱自己的先行者优势。因此，在技术采用生命周期的鸿沟期，梦想家开始对新技术失去兴趣。

然而，这时务实派还没有做好采用新技术的准备，他们仍在观望，看其他务实派是否采取了行动，或者采用新技术的务实派是否取得了成功。更具体一些，他们在等跨越了鸿沟的务实派提供成功经验，然而事实上他们无法得到这类经验，只能找到一些古怪的梦想家所做的尝试，这些项目又过于激进，与他们的目标不符，因此他们会选择等待。也许少数务实派会进行几个小型试验，但更多人只是关注事态发展，等待进入的时机。

对新技术供应商来说，虽然客户在犹豫不决，但竞争对手会迅速行动。老牌厂商已经关注到新技术在早期市场中的成功，但他们更愿意维持现状来保护其既得利益，因此他们会挑拨人们质疑新科技公司的财务状况，嘲笑其产品的不成熟，批评系统整合得不完整，联合起来驱逐"入侵者"。因此，如果采用新科技的公司不能迅速在市场上占领一席之地，就会被扼杀在鸿沟之中。

以下这些新科技[⊖]就经历了这样的危险：专家系统[⊜]、笔计算[⊜]、桌面视频会议系统、计算机辅助软件工程工具技术、神经网络技术。曾经有一段时间，对于梦想家来说，这些技术已经不够新颖，无法继续提供持续的竞争优势，但对务实派来说，他们仍然是非连续性创新，这一点就足以让他们望而却步。在多数情况下，采用这类新科技的产品每年产生的成本会大于带来的收入的情形会持续一段时间，最终公司会终止合同，停止销售这类产品，转而销售其他高科技产品，当然之前所有的投资都会化为泡影。

处于鸿沟阶段的高科技产品吸入所有投资，但可能无法带来任何利润，这就是高科技股票投资的最大风险，猩猩游戏投资者要尽量避开这些风险。当然，也有成功的投资者在失败概率大于成功概率的时候采取行动，以较高的折扣价买入这些股票，风险基金投资者尤其喜欢这种方式，他们拥有完善的机制和充足的资金，可以应对其中存在的高风险。个人投资者不具备这些条件，所以需要等市场明显跨越鸿沟阶段之后，再开始投资。

保龄球道

保龄球道是技术采用生命周期的"市场渗透阶段"，位于主流市场的前沿，是鸿沟的另一岸，代表一小批愿意在大众顾客之前采用新技术的务实派。

既然务实派喜欢群体行动，那么它们怎么会提前行动呢？这是因为小部分务实派出于某个共同的原因联合起来，聚集成一个"微型群体"，走在了大众顾客的前面。那么究竟出于什么原因呢？因为他们身陷困境，需要寻找出路，而唯一的解决办法就是新科技产品。

具体来说，在保龄球道阶段，高科技市场以部门职能为基础进行了细分，这些职能部门的经理发现自己背负着解决"关键任务流程中断"的重担。这些中断的流程正在危及公司为客户服务的能力，最高管理层要求部门

⊖　以下五种高科技产品最后都成功跨越了鸿沟，进入了大众市场。——译者注

⊜　专家系统是一种在特定领域内具有专家水平解决问题能力的程序系统。——译者注

⊜　笔计算是指使用光笔或手写笔而不是键盘和鼠标作为主要输入的计算机。——译者注

经理必须解决这个问题，否则后果难料，这就给经理带来了巨大的危机感。他们都是务实派，担心自己会被解雇，于是观察同类公司的职能部门经理，看这些经理是否已经发现了这个问题，或者是否已经找到了解决方法，结果他们发现这个问题过于棘手，还没有得到解决。

20 世纪 90 年代初期就出现了这样的情况。在高科技公司中，顾客不断打来的 800 技术支持电话使客户服务部门经理手忙脚乱，原因是当时的答复系统回答客户的问题时，花费时间太长，根本无法满足高峰期需求，所以顾客通常需要等待 45 分钟才能得到所需服务。公司高层管理者不断收到顾客的投诉，于是严厉训斥客户服务部门经理。客户服务部门经理在咨询其他公司的经理之后，发现这是整个行业的共同问题，新系统太过复杂，没有人能很好地操控该系统。于是整个行业合作起来共同寻找解决方法，他们最终选择了一种全新的客户服务软件，该软件随之成功跨越了鸿沟，进入主流市场。后面章节将详细介绍具体情况。

在以下利基市场中，非连续性创新也成功地跨越了鸿沟：

- 图形艺术家青睐麦金塔电脑中的图形设计系统（旧系统无法满足频繁的变化和快速运转的需要）。
- 药品监管事务部门广泛使用 Documentum 文档管理系统，将收集新药批准申请的时间从一年缩短到六周。
- 好莱坞电影编辑喜欢使用美国硅图公司的图形工作站（在此之前，为了编辑和重拍部分电影，好莱坞曾经投入数千万美元，导致巨额预算超支）。
- 华尔街交易员广泛使用太阳微系统公司工作站和赛贝斯数据库开发的交易系统（交易员总是尽力寻找更快、更具市场反应能力的交易系统）。

在上例中，这些部门都碰到了急需解决的重大业务问题，而且只有非连续性创新才能帮助他们解决这些问题。

当管理者处于这种"流程中断"的压力之下，将率先支持使用新技术，但前提是系统供应商能够承诺为他们的问题提供一站式解决方案。换言之，为了赢得目标细分市场，每个系统供应商不仅要提供一个优秀的产品，还要提供一整套产品和服务，以解决整个目标细分市场的问题。供应商会主动同其他公司合作（因为这些公司具备它们所缺乏的必要优势），从而打造出一条全新的价值链。这样的团队一旦组建，市场将围绕其解决方案共同运作，其他供应商就立即被排除在这个细分市场之外（因为务实派在找到一个可行的解决方案后，喜欢将其标准化）。因此，这些先行者可以在很长一段时间内享受市场领导者的优势。

正是因为具有这种支持"新价值链形成"的能力，保龄球道对猩猩游戏投资者来说具有重要的战略意义。在这个阶段，主流市场以此方式"容纳"非连续性创新，一个新市场逐步形成，是所有处于新市场价值链中的公司无须同老牌供应商竞争，就可以获得快速增长的良机。因此，在保龄球道阶段，高科技公司第一次向客户和市场做出明确的服务保证，并要求它们在未来几年内都支持该公司的发展，如此，高科技公司首次表现出了持续经营的能力。阅读后面章节之后，你会发现这虽然是猩猩游戏中适合投资的最早时刻，但是因为这些公司还会快速增长，尚未到达超高速增长阶段，而且大众市场现象还未出现，所以猩猩游戏尚未开始，还不能开始投资。

这些利基市场的出现之所以被称作"保龄球道"，是因为市场的持续发展遵循了"利基至利基"的模式，即新的利基市场充分利用前一个利基市场的解决方案和客户基础，公司进入新市场时遇到较小的阻力，通过这种机制，公司可以在获得大众市场的广泛支持之前继续扩大市场。在新的利基市场中，所有的务实派都会跟随一小批客户采用新技术，进而开创市场"微观超高速增长"局面，要注意这时整个大众市场还没有接受能够产生"猩猩公司"的高科技产品，因此利基市场还未过渡到"宏观超高速增长"阶段，只有当整个高科技市场过渡到龙卷风暴阶段时，利基市场才能做到这一点。

这种过渡并非一定会发生，实际上许多市场会稳定在一个被称为"永远的保龄球道阶段"，即利基市场永远不会转变成大众市场，而是发展成为另一个利基市场。以下公司都处在这种状态中——地理信息系统领域的地图信息公司（MapInfo）和美国环境系统研究所公司（ESRI），半导体设备领域的美国应用材料公司（Applied Materials）和泛林集团（Lam Research），以及机械 CAD 软件领域的欧特克公司（Autodesk）和参数技术公司（Parameteric Technology Inc.）。如果这些公司永远不能进入真正的大众市场，那么它们只能在利基市场中持续增长，直到不再出现新的利基市场。之后，它们在主街阶段（Main Street）稳定下来，收获高额的产品利润和服务收入，但其市场估值永远无法达到"猩猩公司"的水平。

有些利基市场会在随后的龙卷风暴阶段取得成功。基于麦金塔电脑的图形设计程序最初运用于《财富》500 强公司市场营销部中的图形设计部门，接着拓展到为营销部制作营销材料的广告代理机构，然后运用到处理这些文件的商业打印机中。同时，苹果公司调整应用程序，开发了桌面演示文稿程序，该程序随即被应用到市场营销部的其他部门，然后从市场营销部拓展到销售部。随着更多的人在制作演示文稿时使用 MacDraw 程序、Persuasion 程序、PowerPoint 程序，苹果电脑的图形设计程序市场最终成功征服了这些公司。在利基市场过渡到大众市场的过程中，高科技市场也发展到了龙卷风暴阶段，猩猩游戏正式开始，下一小节将详细介绍该阶段的特点。

龙卷风暴

龙卷风暴是对高科技市场超高速增长阶段的形象比喻，当务实派不再拒绝新技术时，他们便会蜂拥采用新技术，造成需求的大幅上升，所有的供应链也都涌向这个新领域，这种壮观的场面如同龙卷风暴一般。

龙卷风暴代表技术采纳生命周期中的"扩散"阶段，在这一阶段，新范式似乎同时在各地涌现。这种现象起源于之前造成鸿沟的从众效应，不过这时该效应产生了相反的效果：在鸿沟阶段，从众心理使务实者群体畏缩不前，但在龙卷风暴阶段，从众心理诱使他们蜂拥而上。当所有的大众顾客都竞相购买高科技产品时，大众市场在一夜之间被创造出来，进而形成供需的严重倒挂，该产品的所有供应商都会努力提高产能，以充分利用这个发展良机。因此，这种倒挂会反过来刺激龙卷风暴的发展，使市场实现超高速增长，通常所有企业的增长率最初高达 300%，一段较长时间后"放缓"到 100%。

　　龙卷风暴是形成客户采纳率指数 S 形曲线的背后动力，这种曲线不断出现在高科技市场分析师的报告中，描绘电话和电视、传真和手机、电子邮件和语音邮件、文字处理器和电子表格、关系数据库和客户机 / 服务器应用程序等产品的激增过程。我们写作本书时，互联网中的电子邮件和网络浏览技术正处在龙卷风暴阶段，上网数据流量每四个月翻一番，HTML 页面和网站也是如此，尽管主要网络供应商尽最大努力跟上这种快速的变化，网络仍然一度出现突然中断。只要市场供应能够满足积压的需求，这种快速发展的局面就会持续下去，而一旦供应满足了需求甚至再次超过需求，市场将转变为一个更加稳定的状态。在既定的品类中，既定参与者之间会进入到持续竞争期，市场便进入"主街"阶段，超高速增长期到此结束。

　　从投资者的角度看，龙卷风暴阶段之所以重要，是因为它会极大地影响在龙卷风暴内部相互竞争的供应商的相对市场份额。通常在龙卷风暴的开始阶段，几家可能成为领导者的供应商同时出现，它们的市场份额差距并不大，之后，其中一家脱颖而出，迅速与其他供应商拉开距离，在未来的销售中占据最大份额，甚至永远占据本行业绝大部分的未来利润。微软、英特尔、思科、甲骨文等公司（即本书所说的"猩猩公司"）就是这种情况。

　　这怎么可能呢？为什么会出现这种情况？事实证明，这些"猩猩公司"取得成功，主要原因并非在于它们实施了更好的营销方案，或者推出更加优良的产品，或者其他明显的原因。这些因素会有所帮助，但决定因素是市场本身的一个功能，即市场迫切需要制定的技术标准。技术标准将所有大量出现的新产品与现有的系统基础设施结合起来，不过由于市场刚刚起步，尚未形成这样的技术标准，在高速增长阶段也没有时间考虑这些技术标准，因此，市场会参考领先供应商的产品架构，构建统一的技术标准。

这将带来重大改变。一旦供应商有幸成为新市场的标准制定者，就有机会参与合作伙伴提出的所有解决方案。例如，如果被市场选定的公司推出一个新的标准数据库，那么每个硬件供应商都愿意在自己的硬件上运行该数据库，每个软件应用程序供应商也愿意在自己的应用程序下运行该数据库，每个客户都希望获得数据库的使用权，这样可以保证它们的系统能与所有公司的未来版本兼容。换言之，这家公司被赋予了令人敬畏的权力。

当然，新技术供应商非常清楚这个过程，对其后果也了然于胸，所以它们会尽一切可能开展营销传播工作，试图影响市场选择结果，成为标准制定者。这一切都有点像美国的总统选举初选，各方都声称自己会获胜，只要选举结果还未确定，就没有人真正拥有权力。一旦一方明确获胜，其他各方便都想加入他们的团队，竞争就不复存在。正是由于这种跟风效应，市场对"猩猩公司"产品的需求量远远大于供应量，"猩猩公司"产品的销售规模迅速扩大，价格快速上涨，同时由于其他公司都急于支持它们的产品，产品会大幅度增值，最终"猩猩公司"的市场估值达到竞争对手无法企及的高度！

一旦"猩猩公司"的地位得以确立，这个地位基本上就无法动摇了，不仅"猩猩公司"本身变得富有和强大，市场上所有其他既得利益者也都希望它能保持稳固的地位。原因是一个新型大众市场刚刚建立，"猩猩公司"就像市场的基石，在这块基石之上建立了新的生态系统，系统中的每个生物都希望它能一直保持稳定（包括所有顾客）。

例如，IBM 在大型主机市场上轻松击败竞争对手 BUNCH 组合（包括布劳斯、通用自动计算机、国家收银机公司、控制数据和霍尼韦尔公司等五家公司）后，它的"猩猩公司"地位就再也没有受到威胁，这不仅是因为 IBM 本身实力雄厚，也是因为其他公司都希望它能继续保持成功——包括与其合作的所有软件供应商、所有硬件供应商、所有咨询公司、所有使用 IBM 360 和 370 系统的顾客——所以现在已经无法制定新的编码标准。这 5 家公司中有的退回到利基市场，有的彻底消失了，目前只剩下了优利系统公司（Unisys）（由布劳斯和通用自动计算机合并而成），但也是每况愈下。

在龙卷风暴阶段接受新技术的务实派本能地发现了这一机制，过去他们彼此间经常说："没有人因为购买 IBM 产品而被解雇。"现在他们也这样评价其他"猩猩公司"（比如，他们会说："没有人因为购买微软产品而被解雇。"），这些评价出于同一个立场，即"猩猩公司"是唯一持久的投资对象，也是唯一安全的投资对象。因此，在龙卷风暴阶段，一旦"猩猩公司"确定下来，其产品的市场需求量会迅速增长，销售额也急剧上升，竞争者的表现可能也不错，但仍远远落后于"猩猩公司"。

主街

龙卷风暴阶段只持续几年时间（或许 3～5 年），在此期间之前激增的需求被消化吸收，之后市场供求重新达到平衡，我们把这种状态称作"主街"。有人可能认为这时"猩猩公司"的力量会减弱，但实际情况恰恰相反，它的力量会继续增强。

主街代表着技术采用生命周期中的"同化和调整"阶段，在此期间高科技市场将首次表现出与其他行业相同的行为。新科技已经深深融入产品中（如宝马汽车（BMW）中的微处理器），市场不再关注标准的制定，而是开始微调标准，以增强技术的特定应用效果，比如将 15 英寸屏幕升级为 19 英寸，新增 100 001 个剪贴画图像来增强演示软件效果，在笔记本电脑中装入 CD-ROM 驱动器，或者不再为花店、运输、分销、教育等行业提供标准软件，而是开发专门的软件，以满足这些行业的不同需求。行业标准和技术（如操作系统、微处理器、数据库、网络等）已被广泛接受，对其进行微调成为新的市场发展方向。

这就使得价值从产品的内部结构（技术的价格／性能领域）转移到与用户的外部对接（客户满意度领域），关键领域已不再是技术开发，而是变为市场营销。一对一营销和大规模定制流行起来，标准核心产品的外表变得更加美观，公司为目标用户创造更多引人注目的新价值，之前在龙卷风暴阶段出现的消费者市场在这个阶段繁荣起来。

　　主街还代表着战略转型，即从在超高速增长的市场中获取新客户，转向在增长较慢的市场中为现有客户提供服务，换言之，超高速增长阶段结束了。尽管公司仍会努力争取新顾客，但它们也开始注重改善为已有顾客提供的服务，以此来增加收益，所以战略重点由赢得"市场份额"转变为赢得"利润份额"。

　　这一转变隐含着一个股市无法预期的过渡点，在这个时间点上，超高速增长最终会减缓，市场稳定之后的最终规模可以首次被准确预测到，同时，由于之前科技股定价时考虑了市场进一步超高速增长的可能性，而现在这种可能性已经不复存在，科技股股价下跌也就时有发生。虽然股价暴跌，投资者有些犹豫，但这并不代表市场变得动荡不安，与之相反，市场正逐渐稳定下来。猩猩游戏投资者不应将价格波动视为退出投资的信号，相反，他们应该利用这个机会买入更多"猩猩公司"股票，原因如下所示。

　　进入主街后，与竞争对手相比，"猩猩公司"的竞争优势非但没有减弱，反而大大增强。在龙卷风暴阶段，市场将"猩猩公司"的运营框架确立为行业标准，以简化新经营模式的传播过程，到了主街阶段，行业中所有供应商都要接受这一标准才能继续经营。例如，所有基于 PC 的软件都必须与微软和英特尔兼容，即与现在所说的文泰来（Wintel）架构⊖兼容；所有网络解决方案必须与思科的协议兼容，所有打印机必须与惠普（Hewlett-Packard）打印机程序兼容。无论计算机系统还是供应链系统，它们都建立在这些标准之上，不兼容的系统很难进入市场，因此，"猩猩公司"所确立的标准拥有极大的权力。

　　在这种情况下，"猩猩公司"发现稍微调整一下自己的运营框架，将变化限制在顾客和合作伙伴能够消化吸收的范围内，就可以给竞争对手带来巨大的麻烦，如果这些调整正好是竞争对手正在寻求突破的地方，那么麻烦就更大。微软公司就是采用这种策略，在 20 世纪 90 年代初利用 Windows NT 操作系统打败了诺威尔公司，在我们写作本书时，微软正在利用浏览器技术

　　⊖　文泰来（Wintel）即 Windows-Intel 架构，指微软与英特尔的商业联盟，该联盟意图并成功地取代了 IBM 在个人计算机市场上的主导地位，所以也称为文泰来联盟。——译者注

抑制网景通信公司（Netscape Communications Corporation）的发展。这种做法虽然不公平，但很有效。

　　它之所以如此有效，是因为对市场竞争中的第三方来说，仅仅为了使自己的系统跟上"猩猩公司"系统的发展，它们就已经花费大量力气了，因而不愿意转而支持其他替代系统，也许它们会为此感到抱歉，但这种选择有利于自己的发展。DVD 标准比 DVX 好吗？"谁在乎？"合作伙伴回复道："我们只能支持一个，所以就选 DVD，DVX 就算了吧。"无线电话机的 CDMA 标准比 GSM 标准更好吗？"谁在乎？"合作伙伴回复道："我们只能支持一个。"正因如此，高通公司将 CDMA 授予许可给爱立信公司⊖，以推动移动通信第三代标准的形成。微软的浏览器比网景的浏览器更好吗？"谁在乎？"合作伙伴回复道："我们只能支持一个。"目前，这两家公司的浏览器都已被广泛接受，合作公司一般不会再改用其他浏览器，这种均衡的局面恐怕不会被打破，所以 1998 年美国在线收购网景时，并非只是为了依靠浏览器产品线盈利。

　　这里仍然是"猩猩公司"的力量在起作用。微软在互联网领域并不是"猩猩公司"，而是个人计算机操作系统领域中的"猩猩公司"，随着 NT 产品的成功，它也有可能成为互联网服务器操作系统领域中的"猩猩公司"。微软正在利用自己在操作系统中的猩猩权力优势，逐渐使网景陷入困境，它每成功一次，市场中就会有企业放弃对网景的忠诚，微软便会获得一部分新的市场份额，其竞争优势就会相应增强。

　　这种来自"猩猩公司"的进攻很难抵抗，它属于收益递增规律的一部分内容，该规律由圣塔菲研究所的布莱恩·阿瑟（Brian Arthur）和其同事提出。在传统市场中，市场领导者的权力受到收益递减规律的限制，然而高科技市场与传统市场不同，这里没有收益递减现象，因此市场领导者的权力不会受到遏制，反而会日益增强。美国司法部对微软、英特尔和其他类似公司拥有的权力表示担忧，根源就在于此，具体来说，根据之前的竞争规则，企

　　⊖　指爱立信和高通公司达成全球 CDMA 标准协议，用于解决存在于全球各公司间有关码分多址（CDMA）技术的所有争议。——译者注

业只有通过非法的垄断行为才能获得如此大的权力，然而在高科技市场，这些"猩猩公司"的权力来自其竞争优势，并非来自非法行为。基于此，我们仍然提议，在所有的高科技市场中，投资者应将100%的资金投资于"猩猩公司"，它们享有的权利可能不公平，但并不违法，而且能令投资者感到满意。

完全融入与生命的终结

完全融入代表技术采用生命周期的终结，但并不代表产品生命周期的结束。事实上，在大多数行业中，当技术被完全融入了较长一段时间之后，产品的大部分收入和利润才会产生，汽车、电视、微波炉等产品就是很好的例子。图2-3可以帮助我们形象地理解这两者之间的关系：

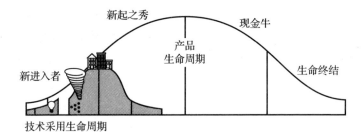

图 2-3　两种生命周期：技术采用生命周期与产品生命周期

如图2-3所示，我们可以得出三个重要结论，第一个与主街有关：

你应当关注主街的长度。

清楚"猩猩公司"在整个主街阶段的竞争优势，弄清楚主街的长度，你就能够理解为何股市如此重视"猩猩公司"股票的价格。

第二个结论可被视为对高科技市场所做的最深刻的分析：

控制整个主街阶段的权力关系建立于龙卷风暴阶段，而且将一直持续下去！

从根本上说，市场权力来源于市场份额。在龙卷风暴阶段，大部分客户第一次购买高科技创新产品，所以他们必须选择一家供应商，一旦选定，他们会逐渐将业务流程与新产品有机融为一体。这将产生转换成本，其他供应商随后可能会推出更有吸引力的高科技产品，但考虑到转换成本，这些客户便不会更换供应商，这就意味着他们会一直同最初选择的供应商合作。这种情况也会发生在合作伙伴关系上，一旦一家公司与另一家公司的合作取得成功，就会产生一种合作惯性，双方都不愿意更换商业伙伴。

因此，在超高速增长阶段，客户选定了高科技产品供应商，高科技产品供应商选定了商业伙伴，各公司的市场份额就确立了，然后在惯性的作用下，市场份额会一直保持稳定。这体现了一个市场规则：在龙卷风暴阶段，如果高科技产品供应商得到一个客户，就会一直与其合作；如果失去一个客户，就再没有合作的可能。只有"猩猩公司"的市场份额会一直增长，这是因为随着实力较弱的公司退出市场，它们的客户被迫寻找新的供应商，这些客户因为曾经没有与市场领头羊同行而备受煎熬，现在它们会一劳永逸地纠正这一错误，坚定地选择"猩猩公司"。

在龙卷风暴阶段，产品市场份额迅速增长，在之后的几十年内，这种市场份额格局会一直存在，比如 IBM 将永远是大型主机领域的领导者，通用汽车（General Motors）永远是汽车行业的领导者，波音公司（Boeing）永远是航空航天领域的领导者，美国电话电报公司（AT&T）永远是电信领域的领导者。在这些例子中，龙卷风暴阶段的市场份额轮廓依稀可见，如同一些很久以前发生的地质运动遗留下的遗迹。虽然这时"猩猩公司"的权力开始衰退，有些开始变得机构臃肿、不思进取，但不要小看它们的实力和优势。少数"猩猩公司"的实力消退，并不意味着"猩猩公司"整体大权旁落。现在已经出现了微软、思科、英特尔和甲骨文等一批新型的"猩猩公司"，它们的增长欲望和权力欲望似乎永无止境，对它们来说，延长产品的生命周期就是延长其作为"猩猩公司"的竞争优势。正因如此，我们建议个人投资者不仅要购买猩猩股票，还要持有这些股票。

最后一个结论：

**同技术采用生命周期的其他阶段一样，主街也有尽头，当一种
新的替代技术进入龙卷风暴阶段后，原先的高科技产品就会终结。**

在多数行业中，这种产品替代在每个世纪就会发生一到两次。在 20 世
纪 20 年代，内燃机驱动的车子进入龙卷风暴阶段，进而取代了马车，也许
在未来的十年里，电动汽车会以龙卷风暴的方式取代今天的内燃机驱动汽
车。这种替代呼应了《竞争优势》一书的作者迈克尔·波特提出的"替代品
威胁"理论，即替代品攻击往往来自技术外部，而非技术内部。然而，波特
主要关注一个成熟品类对另一个品类的替代，比如啤酒替代葡萄酒，或者葡
萄酒替代白酒。与之不同的是，高科技市场中的替代基于非连续性创新，而
且发生的频率非常高，过去 20 年发生的事情足以说明这一点，如下所示。

- 专有小型计算机替代了专用主机，成为主要的服务器平台，而后又
  被 Unix 服务器替代。
- 终端机替代了打字机，成为主要的桌面设备，而后又被个人计算机替代。
- DOS 先替代了 CP/M，成为领先的个人计算机操作系统，之后被
  Windows 替代。
- WordStar 首先替代王安电脑公司（Wang）的文字处理机，成为领先的文
  字处理器，之后被 WordPerfect 替代，最后 Word 替代了 WordPerfect。
- Windows NT 替代了诺威尔公司的 NetWare，成为首选的文件和打印
  服务器，在 21 世纪将挑战 Unix 操作系统的主导地位。
- 在撰写本书时，基于浏览器的"瘦客户端[⊖]"正在替代基于 Windows
  的"胖客户端[⊜]"，成为众多企业应用软件包的技术标准。

⊖ 瘦客户端指客户端 – 服务器网络体系中一个基本无需应用程序的计算哑终端，是低
成本、中央维护的计算机，它没有 CD-ROM 播放器、软驱和扩展槽。——译者注
⊜ 胖客户端是功能丰富的交互式的用户界面，可以在客户机器上安装配置，在本地安
装丰富资源的网络电脑，不像瘦客户端那样把资源分散到网络中。——译者注

替代品威胁在高科技行业中已经司空见惯，而且是一股能够结束猩猩游戏的力量。但只要产品品类存在，"猩猩公司"的力量就会继续存在。

正因如此，20 世纪 90 年代中期，随着万维网的出现，微软公司相信网络浏览器会在未来取代 Windows，成为主要的桌面操作系统，所以彻底重新定义了自己的业务；正因如此，预测到微软服务器操作系统最终将侵蚀 Unix 系统在服务器平台的领先地位，惠普将 Unix 和 Windows NT 服务器部门合二为一；正因如此，英孚美公司（一家关系数据库公司）收购了 Illustra 面向对象数据库，希望借此结束甲骨文公司在关系数据库领域的"猩猩公司"地位；正因如此，尽管英特尔在复杂指令系统计算机（CISC）微处理器领域已经处于领先地位，仍与惠普合作，在下一代英特尔平台中使用惠普的精简指令集计算机（RISC）处理器，以遥遥领先于其他精简指令集计算机处理器。替代品威胁促使"猩猩公司"不断努力，也使得英特尔前总裁安迪·格鲁夫（Andy Grove）说出了"只有偏执狂才能生存"的格言。

最后的演变：从采购产品到外包服务的转变

在主街阶段，随着市场的成熟和产品的商品化，客户开始质疑是否应该继续拥有这些产品，这并非因为这些产品失去了实际价值，而是因为他们希望珍贵的专业知识能够带来更多价值。例如，随着个人计算机和局域网的普及，自动化部门不再具有任何竞争优势，而是成为所有企业的必备部分，但它仍然占用宝贵的内部资源，而且设备的购买和维护也继续占用资金。因此，客户更愿意外包整个业务，这样每月支付一次费用，就可轻松享受优质服务。

同时，我们需要明确一点，外包业务在高科技领域的发展也并非一帆风顺，事实证明，有些外包服务供应商提供的服务并不像他们承诺的那么优质和周到，与之合作的客户很可能会感到不满甚至失望。尽管如此，这种经营方式的转变仍然不可逆转，随着市场的发展，传统高科技企业的收入和盈利模式将日益从以产品为主导转变为以服务为主导。

这对投资者产生两个重要影响。首先，如果"猩猩公司"抓住机会积极转型，就意味着它会无限延长特许经销权。例如，IBM 就明确采用了特许经销策略，相比之下，惠普和康柏（Compaq）迄今未能做到这一点，它们在1999 年第二季度的股价因此受到影响。太阳微系统公司也没有实施这一转变，但该公司的互联网产品仍然处在龙卷风暴阶段，所以理由比较充分。在软件领域，尽管国际联合电脑公司[⊖]（Computer Associates International, Inc.）完全有能力进行转型，但它正在考虑一个更大的问题，即如何从一开始就利用互联网进行外包？所以它尚未将这一策略运用于自己早已成熟的产品组合中。

这就是外包业务带来的第二个影响。互联网股票之所以如此难以估价，原因之一是它可以使客户在技术采用生命周期的任何阶段享受主街阶段的福利！也就是说，它可以帮助客户免除生命周期的影响，客户只需关注交易本身，而不必维护与交易达成有关的基本体系。事实上，在电子商务的早期阶段，很多订单都是手动处理，但没有被网络购物的顾客察觉。现在很多客户在考虑这个问题：为什么我必须购买企业资源计划系统（ERP）、销售自动化系统或其他企业应用程序？为什么我不能租用这些系统？因此，一个新的投资领域正在出现。人们将其称为应用服务提供商（ASP）[⊜]，这类公司在互联网服务提供商（ISP）提供的互联网上运行软件。目前尚不清楚这种模式能否取得成功，这类公司将努力赶在竞争对手之前尽可能锁定更多新客户，所以一旦该模式取得成功，将会引发另一场领地争夺战。

针对这个影响，如果投资者打算购买并持有以产品为主导的高科技公司

⊖ 国际联合电脑公司（Computer Associates International, Inc.，简称 CA）创建于 1976年，总部位于美国纽约长岛，在全球 140 多个国家开展业务，是全世界仅次于微软的第二大电脑软件公司，主要生产和开发企业用的管理软件。——译者注

⊜ ASP 向服务器供应商、网络通信设备供应商、操作系统开发商、数据库系统开发商、网络安全系统开发商、网络管理系统开发商、通信线路运行商等购买或租用各种设备、软件系统与通信线路，以构建应用系统运行平台，然后再租给各个不同的用户使用。——译者注

股票（所有的"猩猩公司"都是如此），当该公司进入到主街阶段时，投资者需要重新审视该公司的商业战略。为了继续获得丰厚的回报，"猩猩公司"必须转为以服务为主导，否则它们相对于竞争对手的利润优势将被削弱，原因不是它们的业务被其他公司抢走，而是它们的顾客正在从支付的利润中减去支持内部员工维护系统的成本。这些客户成本可以而且应该转化为公司收入，为真正强大的"猩猩公司"开辟一条既平坦又宽广的阳关大道。

介绍技术采用生命周期模型之后，本章也完成了对高科技市场发展过程的描述。数代高科技企业管理者证明，该模型卓有成效而且稳定可靠，已成为理解高科技股票投资的重要框架。

技术市场和金融市场之间的关键联系是对权力的共同兴趣：公司管理战略力争获得更多权力，以在市场中获得竞争优势；投资者努力获得更多权力，以从具有竞争优势的公司那里获得更多回报。在下面两章中，我们将详细探讨这种联系，首先研究"猩猩公司"的竞争优势结构，然后探讨这种结构如何转为高股价和高市值。

特此提醒，为了更好地理解这两章内容，读者需要付出大量的努力。权力本身就相当微妙，当与金钱联系起来时，它会变得更加棘手，但这种联系是所有投资的核心内容，因此我们需要清楚地加以理解。

第3章 认识"猩猩公司"的力量：竞争优势的本质

首先我们明确一点：本书中"猩猩公司"的力量是指能够为投资者提供超过平均水平的投资回报的能力。为了做到这一点，"猩猩公司"需要从四个方面开发独特的竞争优势：

- 争取更多顾客；
- 留住更多顾客；
- 降低成本；
- 保持利润增长。

本章将重点说明一点：对高科技领域的"猩猩公司"而言，其拥有的竞争优势不仅远超本领域的竞争对手，也超过了当今自由市场上所有其他类型的公司。

迈克尔·波特在《竞争战略》与《竞争优势》两本书中对竞争优势进行了精辟的阐述，其观点影响广泛，已被众多公司管理者接受，并被用来分析商业领域的竞争动态以及如何构建公司战略来应对动态发展。公司管理者主要采取自己能够直接操控的措施，例如，如何降低成本，如何改进生产方法，如何通过更有针对性的营销活动使自己的产品脱颖而出，如何通过缩短产品迭代周期来击败竞争对手，等等。所有这些措施都能够帮助公司形成更大的竞争优势。

　　然而，近年来在制定商业战略时，公司已经不再将自身定义为一个独立的个体，而是把自己放在了一个更大的生态系统中，这种转变在高科技商业战略中最为明显，原因在于在高科技领域，新市场的创造需要公司之间的紧密合作。有时候多家公司展开合作，向目标顾客提供特定的价值主张，通过采取各不相同但又相互关联的生产经营活动，构成一个创造价值的动态过程，这些公司就构成了价值链。与所有其他机构一样，价值链也需要清晰稳定的权力结构来维持自身的发展，然而，获得优势的公司不仅能够控制价值链，还能够充分利用价值链的力量，换言之，它们不仅利用自己的产品在竞争中获得优势，还利用自己在价值链的主导地位来打败竞争对手。

　　"猩猩公司"就是价值链中的领军企业。如前所述，为了帮助价值链中的各公司快速扩大产品的范围和规模，"猩猩公司"需要制定明确的标准，使价值链中各部分紧密联系、协同合作，以满足龙卷风暴阶段市场超高速增长的需求。市场将价值链中的领先产品标准设定为同类产品的标准，进而成为整个价值链的标准，这就是个人计算机市场兴起时，电脑上的标志"和IBM 兼容"⊖背后的力量，也是现在电脑上的标签"内置英特尔"⊜所展示的力量，当自己的产品标准成为市场标准时，这些公司对市场的未来发展将产生深远的影响。以上就是"猩猩公司"的力量本质。

⊖ IBM 在 1982 年顺应美国政府对其提出的反垄断指控，开放了 IBM 个人计算机标准。这种标准后来成为行业标准，以至于惠普、康柏、戴尔等众多公司只能生产和 IBM 兼容的计算机。——译者注

⊜ 这个标签指几乎每一台电脑里面的中央处理器都由英特尔公司出品。——译者注

"猩猩公司"的优势

下面我们将分析在价值链中,"猩猩公司"如何在商业竞争的四个方面形成巨大的竞争优势。

- **争取更多顾客**。这是一种市场领导者效应,市场上的领军企业会受到最多关注,这是因为价值链中的各方都希望它能获胜,所以领军企业享有更好的报道,其产品也享有更有利的货架空间和更短的销售周期。

  同时,在高科技行业中存在另外一种力量,即业务合作伙伴主动为"猩猩公司"介绍新客户!有时候,这些合作伙伴讨好"猩猩公司",希望受益于同"猩猩公司"的合作关系;有时候,即使合作伙伴对"猩猩公司"心存怨言,它们仍然积极帮助"猩猩公司"达成交易,以保证自己能够得到"猩猩公司"的青睐。究其原因,务实派希望价值链中的参与公司都能接受并遵守行业标准,而且它们只愿意同行业领头企业合作,否则就会顾虑重重,而这种紧张情绪轻则会延长产品的销售周期,重则会搞砸交易。换言之,作为行业标准的制定者,"猩猩公司"得到的交易机会远远多于竞争对手,这意味着它可以出售更多产品,争取更多顾客,使自己的力量变得更加强大。这种发展动态在商业中被称为"收益递增规律"。

- **留住更多顾客**。这是两种力量——进入壁垒和转换成本共同作用的结果,前者将竞争对手挡在市场之外,后者将顾客和合作伙伴团结在身边。投资者要对这两种力量深谙于心。

  "进入壁垒"是指为了使提供的产品质量与其他公司相同,竞争者必须承担的额外生产成本,成本越高,进入壁垒越大。这种力量存在于所有的市场中,但在高科技市场,"猩猩公司"拥有一种特别的优势,使它可以随时为竞争对手制造更大的成本!它稍微修改接口程序,市场其他公司就得随之调整,以与行业标准保持一致。此时,它的竞争对手面临两个尴尬的选择:不跟着调整,那么其产品就不能与市场标准相匹配；跟着调整，那么就只能将资源投入到程序调整中，而不得不放弃之前正在规划的增值项目。无论它们做出哪种选择，"猩猩公司"都能在需要的时候发挥市场内在机制的作用，将竞争对手拒于市场之外。

"转换成本"指当顾客或合作伙伴从一个供应商转向另一个供应商时所产生的成本，顾客或合伙人所做的工作越多，转换成本就越高。这种力量存在于所有市场中，但高科技市场的转换成本非常高，原因有二：首先，各系统之间存在非常复杂的相互依赖性，这使得大规模的系统转换变得非常困难；其次，因为高科技系统新旧更替的速度非常快，公司若花费时间更换到另一个系统，就会消耗新系统发挥作用的时间，因此企业对此没有兴趣。简言之，转换产生的成本很难被转换产生的收益抵消，大部分企业都不会主动寻找新的系统，除非到了不得已的地步（比如为了应对计算机 2000 年问题⊖）。因此，对于"猩猩公司"来说，市场上各公司试图转换系统的努力越小，它们的收益就越大，竞争环境对它们就越有利。同样，投资者也会从中受益，这是因为如果他们已经有了"英吉利海峡"这道天然屏障来保护自己的岛屿，就没有必要斥巨资修建"万里长城"了。

- **降低成本**。要做到这一点，最根本的方法是实现规模经济，购买的产品越多，或者生产的产品越多，分摊固定成本的单位越多，产品的单位成本就越小。这条规律适用于所有市场，但是在高科技市场，这种成本的节省却微不足道，人们采取一种更有效的方式：想买的东西太贵？那就让别人来帮你付钱！"猩猩公司"都热衷于这种降低成本的方法，具体运行机制如下所示。

在价值链中，整个解决方案的成本分摊到所有参与公司身上，

⊖　计算机 2000 年问题，又叫作"千年虫""电脑千禧年千年虫问题"或"千年危机"。是指在某些使用了计算机程序的智能系统中，由于其中的年份只使用两位十进制数来表示，因此当系统进行（或涉及）跨世纪的日期处理运算时（如多个日期之间的计算或比较等），就会出现错误的结果，进而引发各种各样的系统功能紊乱甚至崩溃。——译者注

但是成本和价值之间的关系并不稳定，有些环节成本低但价值高，有些恰恰相反。每个环节都与整个价值链的成功息息相关，缺一不可。如果公司想占据低成本、高价值的环节，该怎么办呢？"猩猩公司"就深谙其道，而且就是以这种方式控制着价值链。

"猩猩公司"从自己主导的价值链中挑选出精华部分，把较差的部分留给合作伙伴。按照客户的新要求，它们需要做一些成本高但价值低的工作时，就会把这个工作转移给合作伙伴，换言之，它们会外包价值低的工作。如果合作伙伴不愿意接受，"猩猩公司"随时可以选择新的合作伙伴，好多公司一直等着同它们合作呢。如果合作伙伴或者竞争对手意欲抢夺"猩猩公司"对高价值工作的控制权，"猩猩公司"就会通过修改行业标准来击败这家公司。

这种权力使得价值链中的其他公司都非常憎恨"猩猩公司"，它们不讨厌"猩猩公司"中的人，而是痛恨"猩猩公司"压榨它们的血汗，获取更高利润的行为，但它们对此也无能为力，只能忍气吞声。

● **保持高利润**。前文已经讨论了实现这一目标的方法，即只要以较低的成本争取新顾客、留住已有顾客，专门经营高价值、低成本的产品，公司很快就能获利。同时，"猩猩公司"借助产品享有的更高价值，形成了更大的竞争优势。

其实不仅产品某方面具有更高价值，与竞争对手相比，"猩猩公司"的整体产品都具有更高价值。"整体产品"指顾客的购买意愿被某种价值主张激发后，需要购买的全部产品和服务。当其他公司与"猩猩公司"展开竞争时，它们会哀叹：尽管自己的产品质量优于"猩猩公司"，但在销售中处于劣势，它们通过大幅打折才能增加销量。究其原因，是它们整体产品的竞争力不足。

"猩猩公司"整体产品之所以具备更高的价值，是因为其产品拥有更大的市场份额，能够带来更高的投资回报，所以每个潜在合作伙伴会优先选择同它们合作。"猩猩公司"借机获得更多更好的资源支持，也就能够在不增加成本的情况下为顾客提供更具价值的产品。这种赚钱方法相当神奇，是吧？

如果你对此不以为然，那是因为你已经失去了对奇迹的感悟力，需要再读一读《彼得·潘》（Peter Pan）。这种优势就像是精灵之尘，能让"猩猩公司"获得魔力，得以快速发展。这也是我们推荐你投资这类公司的原因。

或者因为你属于理智型，无法理解这种丰富的想象力，那么就让我们深入讨论"猩猩公司"优势的核心部分，帮你更好地理解这种优势吧。

具有高昂转换成本的开放型专有架构

"猩猩公司"的权力建立在对价值链的控制之上，这种控制以高科技行业中的架构为基础，下面我们将详细介绍这种架构。当架构由单个供应商（此处指"猩猩公司"）控制时，就是"专有的"；当"猩猩公司"发布其架构的接口程序，并鼓励其他供应商将自己的产品与"猩猩公司"的产品整合起来，为目标顾客提供整体产品时，这种架构就是"公开的"；在价值链形成之后，如果将之替换需要较高的成本，而且公司一般不会加以考虑，那么这种架构就拥有"高昂的转换成本"。整个体系拥有高昂的转换成本的开放性专有架构便是"猩猩公司"力量的核心部分，它保证"猩猩公司"能够成功地将各个合作伙伴集合在一起，围绕该架构创造一个价值链，随即推动它们所在的市场进入超高速增长阶段。

架构理论主要来源于查尔斯·弗格森（Charles Ferguson）和查尔斯·莫里斯（Charles Morris）合著的《计算机战争》（Computer Wars）一书，在书中他们首次详细论述了对市场权力进行"架构控制"的重要性，其观点简明扼要、通俗易懂，以下便是架构理论的主要内容。

架构是指系统中各部分相互连接、保证系统正常运行的方式，一旦一个架构被广泛接受，其他架构就很难与其竞争，所以架构创建至关重要。例如，如果某个国家已经形成了靠左行驶的习惯，那么基本上就不会再改为靠右行驶，原因是基础设施都已经按照靠左行驶的习惯建立起来。因此，获得对这种形成性架构的控制权，是所有猩猩游戏的关键一步。

架构可由一家公司单独控制，被称为"专有架构"，也可由众多公司集体控制，如由标准组织或者联营企业控制。若"猩猩公司"在龙卷风暴阶段就控制了某个专有架构，就代表其权力达到了巅峰，微软、英特尔、甲骨文等公司都拥有这种控制权，它们的股票市值就是最好的证明。

架构可以是"封闭的"，也可以是"开放的"。如果架构的核心内容被严格控制，只有获得许可的公司才能利用这种架构开发和生产产品，那么它就是封闭的，任天堂公司（Nintendo）就是利用封闭性架构进入了电子游戏业，宝丽莱公司（Polaroid）也是依靠这类架构积累起了财富。如果架构协议被公开发布，任何公司都可以使用架构开发产品，那么这种架构就是开放的，英特尔、微软和甲骨文这三家公司就是在开放性架构的基础上发展起来的。

在超高速增长市场中，市场发展战略的首要目标是消除发展中的瓶颈，因而开放型的专有架构在这类市场中扩展最快，这一点已经得到证实。这种架构的优势在于能够快速地适应市场发展，并且保持长久的生命力，微软操作系统在与 Unix 操作系统竞争时就具备这种优势。这种优势也使得众多供应商可以同时为市场开发产品，个人计算机市场在龙卷风暴阶段的发展情况就是最好的例子：IBM 坚持要求英特尔将其 8086 芯片架构授权给第二方，虽然英特尔开始时对此表示反对，但最后却从中获益颇多，这是因为芯片市场以惊人的速度快速发展，从而使英特尔的架构制度化，成为行业标准。

如果专有架构是开放的，其他公司就可以利用"猩猩公司"主导的市场中存在的快速发展机会，提高自己的销售额，同时提高"猩猩公司"产品的价值。事实上，只要拥有专有的开放式架构（比如 Windows 操作系统架构或甲骨文数据库架构），"猩猩公司"就能够在超高速增长的市场中占据最强势的地位。随后，市场退出超高速增长阶段，此时顾客已被锁定在架构中，各供应商的支持已经不再像以前那样重要，因此在主街阶段，"猩猩公司"能够从容应对市场上的所有业务需求，这时它们就会限制架构许可的数量，以便巩固自己的竞争优势，如英特尔在 1994 年后试图撤回或限制克隆其芯片的权利，就很好地说明了这一点。

Unix 操作系统的供应商强调该系统采用的是开放型的架构，但实际上这是一种"团体控制"的架构，属于专有架构，并不是真正意义上的开放型架构。在高科技行业人们经常混淆这两类架构。团体控制的架构可以为客户和合作伙伴提供一种最佳战略：在选择组件产品时，它们可以自由地选择供应商，而不再受限于一家供应商。

然而，团体控制的架构有着严重缺陷。首先，它缺少统一的实施机制，各供应商可以自由地诠释构建标准，这就使得避免转换成本的期望化为泡影。其次，这些架构大多由某些团体控制，团体变革速度通常很慢，尤其组成团体的公司之间是竞争对手时，变革速度会更加滞缓。高科技市场进入龙卷风暴阶段之后，只有产品和技术及时迭代更新，公司才能从中获得最大利益，所以团体控制的架构无法与专有架构抗衡。

这也是太阳微系统公司、网景、甲骨文等公司联合起来与微软竞争时，仍然无法争夺其市场领导地位的原因。这些公司组成一个联盟，承诺要通过合作摆脱微软的控制，对计算机行业的其他公司来说，这个承诺很有吸引力，原因是微软和英特尔在提高自己的利润率的同时，一直通过边缘化其他公司来压制其利润的增长。因此，当被打压的公司有机会制定未来的行业标准时，它们都被吸引了过来，以期保护自身利益。然而，它们很难采取进一步的行动，Java 联盟的发展历程就是很好的证明。

毫无疑问，Java 联盟组成的目的就是摆脱微软公司的控制，同时，为了避免出现一个"新微软"，它们不断给太阳微系统和网景施加压力，要求这两家公司必须统一行动。然而，这两家公司与微软公司争夺顾客时，微软并没有这样的压力，可以灵活应对挑战。结果，太阳微系统和网景不再同联盟中的其他公司保持一致，而是以极快的速度在产品中增加了独特的功能，反微软联盟的基础也随之被打破。与此同时，微软公司许诺与另一个企业联盟分享 Web、Active X 等核心技术的控制权，这就进一步削弱了 Java 联盟的力量。所有这些冲突都引出一个问题：在这场竞争中哪一方的架构是专有型的呢？

显然，所有联盟参与者采取的行动都是为了满足自己的利益需求，如果可以，它们也愿意成为架构的专有控制者；如果做不到，它们就会阻碍其他公司做到这一点。所以，猩猩游戏投资者需要明确一点：当"候选的猩猩公司"控制了开放型的专有架构时，这类公司就是最好的投资目标，大胆投资即可。

专有架构与高昂的转换成本

若一家公司控制的产品专有架构要求高昂的转换成本时，它就到达了"猩猩公司"权力的顶峰，如图 3-1 所示。

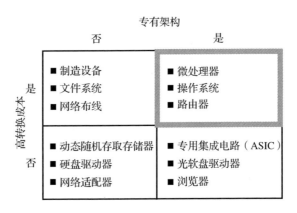

图 3-1　超高速增长市场中的权力

为了帮助你充分理解"猩猩公司"的权力，我们将分别讨论图 3-1 所列产品的供应商的情况。

右上角：转换成本较高的专有架构

这是猩猩游戏的主要领域，这些公司不仅掌握着自己的命运，也控制着合作伙伴的命运。前面我们已经详细描绘了它们的情况，此处不再赘述。

左上角：转换成本较高的非专有架构

前文所举例子已经表明，很多顾客或合作伙伴在购买高科技产品时，由于没有专有架构的帮助，往往陷入某种困境之中。比如，若芯片制造商改变了制造设备，就要修改制作工艺特性，而这将直接影响总产量。又比如，改变文件系统，或者仅仅升级文字处理程序，都会增加计算机的宕机时间，而改变系统或升级程序带来的新增收益并不能够弥补宕机带来的新成本。你听说过有谁愿意重新布置墙壁和天花板里的电线吗？道理是一样的。

与其他公司相比，左上角框中的公司借助这种转换成本，能够更好地留住既有顾客，但在争取新顾客方面它们不具备特别优势。因此，尽管它们拥有长期稳定的业务，但获得的商业利润有限，其股价也远低于 "猩猩公司" 股票。

右下角：转换成本较低的专有架构

拥有这类架构的产品能够借助专有属性获得高额附加值，但若放到更大的系统中，则很容易被替代。例如，专用集成电路（ASIC）赋予每个设备独特的个性，它们会随着产品的更新发生变化。作为终端用户产品，艾美加（iomega）磁盘驱动器和网景浏览器现在是热门产品，但当用户能够从另一个供应商那里获得更好的产品时，就会毫不迟疑地将它们替换掉。

当公司产品采用转换成本较低的专有架构时，其优势是由于转换成本很低，顾客不需要做出长期使用承诺，因此更容易尝试它们的产品，但同时这也会成为它们的劣势，只有这些公司提供最佳产品时才能获得较大收益，所以它们需要不断更新产品以留住顾客。因此，它们的市值往往弹性较大，当能够提供热门产品时，其市值就会飙升，否则市值就会缩水。与之相反，无论 "猩猩公司" 能否提供最佳产品，市场都要大量购买它们的产品，所以"猩猩公司" 股票价值能够一直保持稳定。

左下角：转换成本较低的非专有架构

在拥有这类架构的商品市场中，竞争异常激烈。对公司来说，其优势是市场对产品的需求巨大：随着软件占用更多个人计算机中的内存，用户需要更大的动态随机存取存储器（DRAM）；用户创建的文件越多，对硬盘驱动器的需求就越大；随着互联网的快速发展，个人计算机需要更多的网络适配器。

然而，这类市场的利润率却差强人意。原因是公司无法持续创造高于平均水平的收益，尤其当政府愿意为一家公司的某些竞争对手承担大量运营成本时，收益率更低。无论公司的规模大小，即使与最小的"猩猩公司"相比，这些公司的股票溢价都微不足道。

因此，"猩猩公司"权力的关键点存在于图3-1的右上角方框中，即转换成本较高的专有架构。下面我们将讨论"猩猩公司"如何在产品竞争中行使权力，击败其竞争对手。

"猩猩公司""黑猩猩公司"和"猴子公司"

如本章所述，市场为了建立行业标准架构，会特别关注领先公司的发展，并赋予该公司"猩猩"的权力和高额的收益。那么，市场对同一品类中的其他公司有什么期望呢？

总体上，市场为这些公司提供了两个机会，使之能够与"猩猩公司"并存，即成为"黑猩猩公司"和"猴子公司"。在市场发展过程中，"猴子公司"出现的时间迟于"黑猩猩公司"，而且起到的作用更容易理解，所以我们先分析一下这类公司的特点。

"猴子公司"完全复制"猩猩公司"的架构，出售的产品与"猩猩公司"的产品100%兼容，而且价格更低，因此它们更容易吸引那些买不起"猩猩公司"产品的顾客和无法引起"猩猩公司"关注的顾客。与英特尔公司相比，超威半导体公司（Advanced Micro Devices，AMD）是个人计算机微

处理器行业的 "猴子公司"；与莲花公司的 Lotus 1-2-3 电子表格软件相比，宝兰公司（Borland）公司的 QuattroPro 电子表格软件是 "猴子公司" 产品；与微软公司相比，阿姆达尔公司（Amdahl）在大型主机领域也是 "猴子公司"。

"猴子公司" 的特点是：它们处在弱肉强食的竞争之中，一家 "猴子公司" 倒闭了，另一家就会顶替它的位置。它们无权修改行业标准，也无法开创新市场。另外，当 "猩猩公司" 修改标准架构时，它们只能停止手头的业务，按照新标准重新改造产品，使之与新架构完全兼容。因此，"猴子公司" 采用了 "照抄和反应" 的发展战略，无法超越 "猩猩公司"。

正因如此，在投资领域，因为短期机会主义者喜欢短线投资，即快速买进并尽快抛出股票，所以他们会重点关注 "猴子公司" 股票。"猴子公司" 的优势是：它们不创造架构，也不需要投入精力维护架构，可以轻松自如地利用 "猩猩公司" 开创的巨大市场。其劣势是无法创造可持续的进入壁垒，即 "猩猩公司" 随时可以进入 "猴子公司" 的市场并抢占其市场份额，而后者对此毫无办法，也就无法保持稳定的市场份额。因此，由于这个内在原因，"猴子公司" 的市场地位永远无法稳定下来。

然而，在龙卷风暴阶段，"猴子公司" 能够创造大量的收益和利润，因而能够吸引短线投资者。但个人投资者最好进行长线投资，不要经常购买和抛售股票，所以对他们来说，"猴子公司" 不是理想的投资目标，也不属于猩猩游戏的投资目标。

在龙卷风暴阶段出现的另一类公司是 "黑猩猩公司"，它们努力成为 "猩猩公司"，对自己的产品架构投入了大量的财力和人力，希望它能够成为市场标准，但该架构根本无法同 "猩猩公司" 的架构兼容，所以最终未被市场选择。

这种架构不兼容的特点极大地影响了 "黑猩猩公司" 的发展战略，也给它带来了与 "猴子公司" 完全相反的发展难题："猴子公司" 占有一定市场规模，但缺少市场进入壁垒；"黑猩猩公司" 设置了市场进入壁垒，但没有形成市场规模。换言之，"黑猩猩公司" 凭借自己的专有架构能够赢得并保留顾客，这一点与"猩猩公司"相似，然而，由于"黑猩猩公司"的架构不能与"猩猩公司"的架构兼容，而市场已经选定后者为行业标准，同时顾客轻易不会选择与行业标准不符的产品，业务合作伙伴也不希望为支持第二个架构而增加额外的费用（尤其当领军企业的实力非常强大时），所以"黑猩猩公司"很难争取到大量的顾客。

因此，"黑猩猩公司"面临着两条发展道路：

（1）继续与"猩猩公司"竞争，从其手中抢夺大众市场的控制权。

（2）退回到利基市场，成为该市场的"本地猩猩公司"。

高科技市场过去十年的发展历程证明，第一个战略是致命错误。如前所示，在龙卷风暴阶段，市场必须制定统一标准才能扩大产品范围，提高其销售量。"猩猩公司"的产品架构就是统一标准，任何事物或任何人威胁到了该架构，实际就威胁到了整个市场，因此当"黑猩猩公司"攻击"猩猩公司"时，整个市场（包括顾客、服务供应商和补充产品供应商）都会做出相同的反应："开枪打死这只黑猩猩！"

如果把 IBM 的 OS/2 操作系统的发展历程拍成电影，"开枪打死这只黑猩猩！"就是最佳电影名，它生动描绘了该系统的遭遇。IBM 从未想过自己会成为"黑猩猩公司"。它已经在 OS/2 操作系统上花费了巨资，而且是它发明了个人计算机，所以绝不允许微软公司控制电脑程序市场，于是它向微软的 Windows 系统开火了。但问题是，它不仅在向比尔·盖茨开战，也向所有已经接受了个人计算机 Windows 系统的公司开战，向所有决定使用 Windows 信息系统（IS）的企业管理者开战，向所有在 Windows 中找到解决方案的外围设备制造商开战（采用该系统，它们就不必为多个应用程序编写多个设备驱动程序，进而降低了成本）。简言之，IBM 在向自己培育的市场开战。市场对其进行反击，由于 IBM 过去总是对其顾客和合作伙伴实行专有控制，所以无法理解市场的这种新动态。它继续对 Windows 发起攻击，并坚持主张 OS/2 才是最好的操作系统，这种努力一直持续到了 1996 年上半年。为了更好地理解实现这个目标是多么困难，让我们思考另一个问题：现在如果把 Windows 系统逐出市场，需要花费多少资金呢（答案：这就如同要求司机改变驾车习惯，由靠左驾驶改为靠右驾驶，难度可想而知）？同样，在这个星球上，目前还没有人能负担如此巨额资金，来撼动文泰来架构所确立的标准。

因此，"黑猩猩公司"最好不要进攻"猩猩公司"（至少不要直接进攻），而是选择第二条发展道路，即关注被"猩猩公司"忽视的利基市场中存在的特殊需求，快速进入并控制这些市场。"黑猩猩公司"可以在利基市场确立非标准架构，满足市场的特殊需要，为顾客提供高附加值服务。同时，它们仍然可以在大众市场上树立更加仁慈温和的公司形象，争取更多新顾客，这是因为在大众市场中，有些顾客被"猩猩公司"设定的高昂的价格和傲慢的态度激怒，在怒火积累到一定程度之后，它们可能会改变务实派的行事风格，转向与"黑猩猩公司"合作。

总之，在市场的龙卷风暴阶段，"黑猩猩公司"的目标是占据可观的市场份额，最好在大众市场中位居第二，在利基市场中位居第一。成为利基市场的领军企业之后，它们就可以建立行业架构标准，赢得整个市场的尊敬，成为利基市场内部的"猩猩公司"。如果表现出色，它们在利基市场的地位会稳固下来，甚至变得无懈可击，这时如果"猩猩公司"马失前蹄，它们在大众市场还有机会卷土重来。

在 20 世纪 80 年代末期和 90 年代初期，作为"黑猩猩公司"，苹果电脑公司就采用了这种发展战略。在个人计算机市场发展到主街阶段之后，苹果公司遇到了大量的发展问题，从投资者的角度看，问题主要体现在两方面：一是当时大众市场上的"猩猩公司"一直运营良好，二是苹果公司自身失去了耐心，不再局限于既有辖区，开始利用自己最具优势的公司信息系统向"猩猩公司"发动进攻。不幸的是，由于苹果公司的信息系统架构需要合作伙伴的全面支持，而后者无力承担所有必要软件调整带来的成本，这种进攻最终失败了，而且微软 Windows 3.1 系统的图形用户界面成功与 DOS 兼容之后，作为"猩猩公司"，微软公司就没有任何内在弱点可以被苹果利用。结果苹果电脑公司在自己的城堡外部被捉住、击败，失去了方向，在我们写作本书时，该公司仍在思考自己在个人计算机行业的发展方向。

当"黑猩猩公司"发展到主街阶段，这类问题势必会发生，原因不是既有顾客背叛了它们，而是新顾客将"猩猩公司"的产品视为行业标准，并努力加入"猩猩公司"阵营，假以时日，"黑猩猩公司"的市场份额必然会减少。之后，虽然合作伙伴很享受在"黑猩猩公司"价值链中的优势地位，但它们无法从中获得更多新收益，于是开始终止与"黑猩猩公司"的合作，这会进一步削弱"黑猩猩公司"产品的价值，进而加速其市场份额的萎缩，最终形成一个恶性循环。因此，从短期看，"黑猩猩公司"可采取的正确战略是开发新的利基市场，但这类市场通常很难找到。从长期看，它们应采取的正确战略是寻找新的处在龙卷风暴阶段的市场。

了解苹果公司的经历之后，我们就可以把"黑猩猩公司"排除在猩猩游戏的投资目标之外。这样做并非因为它们的股票不能被长期持有（事实上它们的股票能够产生可观的长期收益），而是它们的竞争优势从未稳定下来，因而很难管理。如前所示，"黑猩猩公司"应该利用目前的竞争优势在新的领域展开攻势，努力成为该领域的"猩猩公司"，例如惠普在专有小型计算机市场是"黑猩猩公司"，但却成为操作系统市场中的"猩猩公司"。在这种情况下，按照猩猩游戏的投资策略要求，只有当"黑猩猩公司"在新市场的龙卷风暴阶段有望成为"猩猩公司"时，投资者才对它们进行投资，在此之前投资者还是出售"黑猩猩公司"的股票，将钱投资于"猩猩公司"股票吧。

高科技市场的特殊情况：缺少"猩猩公司"的龙卷风暴阶段

如前所示，市场必须发展到龙卷风暴阶段才能产生"猩猩公司"，但是如果大众市场以非专有架构为基础，有时候即使发展到了龙卷风暴阶段，"猩猩公司"也不会出现。例如，传真机、显示器、键盘、磁盘驱动器、鼠标、DRAM

存储器、扫描仪、个人计算机卡（PCMCIA card）、调制解调器（modem）等产品，它们开始在大众市场上出售时，所用技术的标准不受任何一家公司控制，但它们的市场需求量急剧飙升，并得到了顾客的广泛认可和接受。

由于这类市场的发展不受专有架构的限制，所以没有一家公司对市场拥有永久控制权。例如，希捷公司（Seagate）控制了 5.25 英寸硬盘产品，而康诺公司（Conner Peripherals）控制了 3.5 英寸硬盘产品，但这两家公司都没有在各自领域形成专有控制优势，当硬盘产品完全商品化后，希捷公司便收购了康诺公司。再例如，东芝公司（Toshiba）控制了一代动态随机存取存储器，三星公司（Samsung）可能控制下一代，而德州仪器公司（Texas Instruments）有可能控制第三代，但这三家公司都无法强迫其他公司接受它们的标准。

在强大的领军企业的带领下，这类市场仍然会发展壮大，但由于领军企业无法借助专有架构控制将来的行业标准，也就无法抑制竞争对手的发展壮大，无法设立高昂的转换成本。它仍然可以占据有利的竞争地位，但同"猩猩公司"相比，其竞争优势要弱一些，持续时间更短。

这就为投资者带来了一个难题：在市场逐步发展到龙卷风暴阶段时，他们很难预测"候选的猩猩公司"能否建立专有架构，进而控制行业标准。结果，投资者可能最后选择了两类不同的领军企业，两者的市场份额相同，但竞争优势地位截然不同。为了描述两者之间的区别，我们选用另一组类似于"猩猩公司、黑猩猩公司和猴子公司"的术语——"国王公司、王子公司和农奴公司"。

"国王公司""王子公司"和"农奴公司"

本书中这三个术语分别用来指代高科技市场中的领导者、挑战者和跟随者，且这类高科技市场中没有任何一家公司具备专有架构优势。

- "国王公司"即为行业的龙头公司,其优势要远大于最有竞争力的对手。这类公司的领先优势可以有所波动,但如果其竞争优势下降程度过于严重,就会由"国王公司"降为"王子公司"(下文将详细介绍),市场随之失去领导者。

  "国王公司"享有类似于"猩猩公司"的优势,比如规模经济、有利的分销条件、与客户和合作伙伴之间紧密的关系、良好的公共关系等。然而,由于它们没有形成专有架构优势,设定的转换成本较低,所以不能给竞争对手带来太大压力,无法形成类似于微软、英特尔和思科等公司的市场控制力。因此,"国王公司"一直如坐针毡,难以享受片刻的安宁。

  康柏公司一直是个人计算机服务器行业的"国王公司",尽管其领先地位一直不稳固,但其发展速度是惠普公司和 IBM 的两倍。同样,希捷公司在硬盘领域、3COM 在以太网(Ethernet)领域、美国机器人技术公司(U.S. Robotics)在调制解调器领域、摩托罗拉在手机和传呼机领域都是领军企业,但它们都未能操控技术标准,也未设定高昂的转换成本。因此,尽管摩托罗拉在手机市场占有 50% 的份额,仍面临着来自蜂窝网络接入系统供应商的巨大利润压力,当摩托罗拉的竞争对手允许这些供应商的顾客免费使用它们的手机时,供应商就会选择与其竞争对手合作。

  1997 年,美国机器人技术公司为了重新确立架构控制,向整个调制解调器行业发起了战争,希望借此设定 56kbps 调制解调器架构的未来标准,从而实现从"国王公司"到"猩猩公司"的提升。本书最后一章将详细介绍具体情况。同一市场的其他公司得知美国机器人技术公司的目标和所做的努力之后,感到异常震惊,而且多少都有点后悔没有率先确立行业架构控制地位。

- "王子公司"即为市场中的挑战者,当市场中不存在"国王公司"时,"王子公司"就是潜在的领导者,通常这类公司的市场份额在 10%~15% 之间。例如,惠普公司在个人计算机市场上就是一个典型的"王子公司"。惠普在服务器市场向康柏 33% 的市场份额发起攻击，并以 19% 的份额与 IBM 并列第二。随后，惠普公司利用其打印机产品在代理商中的影响力，进军个人台式计算机市场，迅速跻身前五名。然而，如果第二年惠普公司的服务器和打印机跌出市场份额前十名，恐怕只有其股东和员工会关注这些变化。

　　1997 年，在个人计算机市场上，戴尔电脑公司表现异常突出，但也仅是一位"王子公司"。它凭借卓越的分销能力改变了市场竞争局面，但由于没有机会设置架构壁垒以阻碍竞争对手进入市场，也未能设立高昂的转换成本，所以戴尔电脑公司只能一直在激烈的竞争中努力挣扎。

　　"王子公司"同"黑猩猩公司"形成了有趣的对比。"王子公司"的劣势是不能凭借架构进入壁垒来阻挡竞争对手，优势是其竞争对手（即使是"国王公司"）也同样无法凭借架构进入壁垒阻挡它们的进攻。另外，"黑猩猩公司"之间的架构互不兼容，因而无法通过合并产生协同效应，例如，尽管惠普公司收购了阿波罗电脑公司（Apollo Computing）的 Unix 操作系统工作站，但仍无法动摇太阳微系统公司在操作系统领域的"猩猩公司"地位。但与"黑猩猩公司"不同，"王子公司"在相同的架构标准下运作，它们之间可以更有效地进行自由合并，进而增强竞争力。虽然在个人计算机行业尚未出现有影响力的"王子公司"之间的合并（日本电气股份有限公司（NEC）于 1995 年收购了佰德公司（Packard Bell）的股份，但现在看来这个收购并不成功），但根据"国王公司 / 王子公司 / 农奴公司"模型推测，成功的"王子公司"合并案例最终会出现。

- "农奴公司"是市场中的失败者，通常只占 1% 或更少的市场份额，靠着机会主义销售策略勉强维持。单独而言，这些公司微不足道，但整体上看，它们填补了低端市场的空白，满足了那些无法获得"国王公司"或"王子公司"关注的客户的需求，因此在龙卷风暴中扮演着关键角色。

当产品的利润较小、销量有限时，这类商品市场就无法吸引"国王公司"或"王子公司"，"农奴公司"却可以在其中大显身手，成为领导者。屏幕保护程序、剪贴画和自由空间指针等产品就属于这种情况，它们通常会在更新1至2代之后，融入所服务的系统中，这时"农奴公司"可能会随着系统被其他公司收购，这对它们而言是最好的出路；否则，它们就只能退回到出发地，寻找下一个合适的商品市场。

拥有"国王公司—王子公司—农奴公司"的"王族结构"的市场，与拥有"猩猩公司—黑猩猩公司—猴子公司"的"灵长类结构"的市场正好相反，前者容易误导猩猩游戏投资者。严格来说，"国王公司/王子公司/农奴公司"并不属于猩猩游戏的投资范围，但是市场在不断发展变化，可能有一天投资者会不得不在这些公司中进行选择，这时他们需要记住"国王公司"的权力不如"猩猩公司"那般持久强大，他们需要小心谨慎，而且需要密切关注"国王公司"权力被削弱的情况。本书第9章（网络硬件领域的龙卷风暴）以及第12章（互联网股票投资）会详细探讨这一问题。

股市中互联网板块的"猩猩公司"

互联网板块中也有"猩猩公司"吗？如果参考前文的标准，还真没有，这是因为互联网系统是公开的，互联网行业中不存在专有架构控制。尽管如此，有些公司享有与"猩猩公司"类似的权力，第12章将详细描述具体情况，这里我们先做简单介绍。

让我们回到竞争优势的四个方面，即争取更多顾客、留住更多顾客、降低成本和保持高利润率，分析在互联网行业领军企业如何从这四个方面开发自己独特的竞争优势。

- **争取更多顾客**。在互联网行业，领军企业经常利用良好的口碑和品牌实力，向实力相当的竞争对手发起进攻，以此赢得更多顾客。务实派（即大众市场中的大众顾客）喜欢顺应市场的选择，所以在做决定前他们会四处打听，并了解到以下信息：若要买书，就选择亚马逊网站；若要下载音频文件，就登陆 mp3.com 网站；若要搜索资料，就使用雅虎搜索引擎；若要进行股票交易，就与嘉信理财和亿创理财这两家在线券商机构合作。

  然而，目前还不清楚的是，当一些大型价值链需要借助领先网站的某些功能才能蓬勃发展时，这些网站能否加入价值链中。特别是网站功能都隐藏在系统之中，领先的互联网公司不能与顾客面对面交流，因此在向顾客提供服务时，它们的竞争优势并不强于竞争对手。猩猩游戏与之不同，如果没有英特尔芯片或微软操作系统，个人计算机就无法被生产出来，所以"猩猩公司"占有强大的竞争优势。

- **保留更多顾客**。由于公司与顾客之间的关系迟早都会遇到障碍，因此公司是否能够留住顾客，在很大程度上取决于其转换成本的高低：如果公司能让顾客牵肠挂肚，它们还能轻易把该公司抛在一边吗？在互联网领域，表面上看转换成本并不存在（也许有人会说："傻瓜，只需移动鼠标，点击网址，你就换到其他网站了！"），但是网站所有者并不傻，他们会尽一切所能来设立转换成本。例如，随着免费电子邮件的兴起，一旦用户在某个网站上开通了电子邮箱，短期内就不会换用其他网站的邮箱。第 12 章将具体介绍转换成本创造策略，但要注意，虽然在互联网行业中转换成本真实存在，而且可以被设定得很高，但它们并不像在传统的猩猩游戏中那样一成不变，这一点使得传统投资者对互联网领军企业的竞争优势表示担心，对是否可以购买其股票心存疑虑。

  互联网行业中最大的进入壁垒是品牌知名度，主要表现为在竞争中脱颖而出的能力、与价值链中的关键成员建立合作关系的能力、获得最多顾客的能力。若某家公司首先获得了这些能力，形成了人们常说的先行者优势，那么其他公司基本上就无法逾越进入壁垒。另外，由于品牌知名度形成的进入壁垒是虚拟的、无形的，所以这种先行者的品牌优势与"猩猩公司"的力量类似，但也存在不同。

- **降低成本**。到目前为止，互联网公司的成本降低在很大程度上是节约产品成本的结果，例如，由于不需要租赁实体店面，亚马逊公司在与巴诺公司⊖（Barnes & Noble）的竞争中占了上风。再如，美国著名的汽车电子商务网站 Autobytel.com 在转售价值链中盈利的同时，不需要保留任何的库存。

这些结果带来了一个问题：随着互联网市场的成熟，这种降低成本的方式是否仍然有效。互联网公司的竞争对手不是来自传统的行业，而是来自互联网行业内部。可以预测，这种竞争局面将推动另一轮基于成本的竞争，但有一点尚不明确，即领先的互联网企业能否从其价值链中的其他成员那里获得额外的成本优惠。因此，从这个角度看，还没有一只互联网股票能与猩猩游戏中的目标股票相媲美。

- **保持高利润率**。迄今为止，几乎所有成功的互联网公司都故意控制利润的增长，其目的是把产生的闲置资金再次用于投资，抢占更多的市场份额。我们赞成这种发展战略，但也不禁要问：这样做会带来怎样的影响呢？事实上，当投资者试图用未来盈利模型分析 1999年第二季度的互联网股票的估值时，他们都会产生这个疑问。

我们将在第 12 章详细讨论这个问题，在此强调一点：目前还没有出现成熟的模型，能够判断在互联网行业成熟、竞争大量出现之后，领先的互联网公司是否能够（或者如何）维持自己的利润。我们认为很多互联网公司会表现得更像"国王公司"而不像"猩猩公司"，做出这样判断不是因为互联网行业中不存在转换成本，而是因为互联网

⊖ 巴诺公司是美国最大的实体书店，也是全球第二大网上书店，仅次于第一名亚马逊。——译者注

市场进入壁垒非常低，即在当前的网络书签列表中添加一个新网站所需的成本非常小，顾客会经常收藏并浏览新网站。另外，由于目前互联网公司尚未形成品牌力，我们认为它们的首要任务是采取"农奴公司"的战略，即向顾客提供不可持续的破坏性定价，以便在短期内迅速扩大市场份额，当然一旦报价被撤回或另一个"农奴公司"提供更具破坏性的报价，它们几乎会失去所有的市场份额。这种战略可能不会帮助互联网公司成功地扩大长期的市场份额，但可以在"农奴公司"与"国王公司"的竞争中给领军企业带来定价压力，进而损害其利润率。再次声明：现在谈论这种游戏规则还为时过早，但是目前互联网市场上所能预见的风险水平清楚地表明，互联网股票在风险方面仍然逊色于传统行业中的"猩猩公司"的股票。

如前所示，在互联网行业中，先行者在龙卷风暴中被赋予巨大的竞争优势，其股票表现与其他行业中的公司截然不同，因此它们的股票估值较高是合理的。目前有一点尚不明确：随着其他互联网公司加入竞争，领军的互联网公司能否在新出现的第二轮产品竞争中仍然保持其先行者优势。这是造成互联网股票波动的主要原因之一，也代表了互联网股票投资和猩猩游戏之间的显著差异。

从竞争地位到行业地位

以上就是对专有架构和高昂的转换成本的介绍，它们是使"猩猩公司"比其竞争对手更有优势的核心力量，也是本地市场支配力的核心部分。下面我们将关注一组能够确立"猩猩公司"行业地位的力量，这些力量决定了"猩猩公司"之间的排名，是"猩猩公司"在全球产业中的核心力量。

"猩猩公司"的行业地位、社会地位以及对其他"猩猩公司"的影响力，与受其影响的顾客的购买力成正比：在"猩猩公司"的影响下，顾客的购买力越大，该公司拥有的权力就更大，其股票估值就越高，在同其他"猩猩公司"的竞争中获胜的可能性越大。猩猩游戏投资的核心就是投资于这种"猩猩公司"的权力。若要理解一家"猩猩公司"对于其他"猩猩公司"的影响力,第一个原则是分析它们各自在整个产品的整合过程中所扮演的角色。图 3-2 说明了所有高科技产品中包含的基本层次。

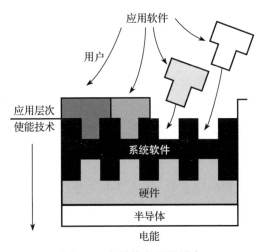

图 3-2   高科技产品的层次

本书涉及的所有高科技产品都以电能为基础,终端用户位于高科技系统的顶端,无论是否接触该系统,这些用户都会从中受益。如图 3-2 所示,在计算机行业,电能将依次通过四个层次——半导体、硬件、系统软件和应用软件,最终为人类创造有用的价值,下文将介绍每一层次增加的产品价值。

- **半导体**。它们是促进高科技行业发展的动力,也是该行业创造的所有财富的根本来源。半导体把电脉冲转化成无数个 0 和 1[⊖],但对投资者来说,它们的真正意义在于每 18 个月构成半导体的芯片的价格和性能就会翻一番(这就是著名的摩尔定律[⊜],以英特尔的创始人之一戈

⊖ 在数字逻辑电路中,通常用电信号的电压幅度来表示逻辑 0 和 1。——译者注
⊜ 摩尔定律的核心内容为:集成电路上可以容纳的晶体管数目在大约每经过 18 个月便会增加一倍。换言之,处理器的性能每隔两年翻一倍。——译者注

登・摩尔命名）。这种情况之所以会发生，是因为任何一个芯片的成本与工厂生产的芯片数量密切相关，而这个数量又在很大程度上与芯片的大小密切相关。即芯片越小，工厂生产的芯片越多，成本就越低。半导体行业不断缩小芯片的尺寸，和其他领域一起分享所节省的成本，这就是高科技行业赖以快速发展的最终动力。

- **硬件**。半导体必须和其他材料结合起来组成硬件系统，才能发挥作用，比如电脑、电话、工厂设备等硬件。在高科技行业，过去硬件定价极高，而软件往往被免费赠送，到了 20 世纪 90 年代，这种情况扭转过来，现在商品化趋势给硬件供应商带来了很大压力，而且降低了硬件的收益率。为了降低这种趋势的不利影响，硬件供应商正在将越来越多的软件内化到自己的产品中（如果软件固化到芯片中，就成为"固件"）。

- **系统软件**。软件通常包含给硬件所下的指令，而系统软件专门负责运行计算环境。系统软件协调计算机上的各种功能，如来回移动文件、共享内存、分配资源、保存时间和日期等，也协调计算机与同一网络上其他计算机的交互。实际上，网络本身被认为由系统软件本身和运行软件系统所需的硬件组成。在过去十年里，硬件供应商的大部分权力都转移给了系统软件供应商，尤其是那些拥有领先的研发计算机和开发网络操作系统的公司。

- **应用软件**。应用软件指同终端用户交互的程序，该程序向用户提供信件、电子表格、订单交易、图表和报告等信息。应用软件把过去毫无意义、枯燥乏味的信号系统转换为意义明确、颇有价值的信息和娱乐内容。因此，应用软件客户能够实际看到，同时，其价值被认可且在潜在的龙卷风暴市场取得成功的可能性大。如果一个应用软件的巨大成功能够推动整个市场进入到龙卷风暴阶段，该程序就被称为"杀手级应用软件"。

后面章节将详细介绍计算机行业各组成部分中相关公司的分类情况，这里我们重点区分计算机行业中的使能技术（即半导体、硬件和系统软件）和应用软件。与应用软件领域相比，使能技术领域中的猩猩游戏更容易出现赢家通吃的结果，这主要源于计算机行业中组成技术的各层次之间产生的相互影响，具体情况如下文所示。

应用软件与使能技术

由于使能技术具有插件结构，因此技术标准的确立在使能技术层中至关重要，但在软件应用层中重要性要稍差些。换言之，虽然所有软件应用程序要和同一套基本使能技术相配套，但是这些应用程序之间并不需要交互，因此与基于基础设施的技术标准相比，基于应用程序的技术标准产生的影响力不够广泛。

下面我们对比一下"猩猩公司"的市场份额。

图3-3从"网络效应的影响"的角度阐述了强者如何变得更强。

应用软件　　　　　　使能技术

图 3-3　强者如何变得更强：网络效应的影响

图3-3中，左侧饼图代表应用软件领域，高度的复杂性使其软件产品不容易被商品化，也不能广泛扩展，软件系统之间不能开展紧密的交互操作。因此，应用软件供应商只能同与其联系密切的公司（如数据库供应商、硬件供应商和系统集成商）产生网络效应。

相比之下，在右侧饼图展示的使能技术的模式中，产品的商品化程度非常高，因此其产品的扩展范围很广，而且能够产生高度的网络效应。这反过来又给整个市场带来了压力，迫使市场将一组技术设定为行业标准，帮助英特尔和微软等行业龙头公司取得巨大市场份额。

如前所示，"猩猩公司"通过操控行业标准，能够获得极大利益，将这一原则与图 3-3 所示内容结合起来，我们得出两个结论：

（1）与使能技术领域中的"猩猩公司"相比，软件应用领域中的"猩猩公司"享有的权利更小一些。

（2）使能技术领域中的"猩猩公司"在猩猩游戏中享有最高形式的权力。

根据第一条结论，我们可以做出如下推断：与使能技术领域中的"黑猩猩公司"相比，在软件应用领域中，"黑猩猩公司"对"猩猩公司"的畏惧感要弱得多。这一点很重要，而且在现实中已经得到证实：在使能技术领域，"黑猩猩公司"受到"猩猩公司"权力的严重冲击，但在软件应用领域许多"黑猩猩公司"伴随着"猩猩公司"茁壮成长。例如，在客户机 / 服务器财务系统市场中，思爱普公司（SAP）是"猩猩公司"，与此同时，仁科（PeopleSoft）、甲骨文财务管理软件（Oracle Financials）、J.D.Edwards、罗盛软件（Lawson Software）、美国系统软件联合公司（SSA）、海伯利安（Hyperion）、铂金软件（系统）(Platinum Software)、邓白氏（Dun&Bradstreet）和软件 2000（Software 2000）等"黑猩猩公司"也可以获得大量业务，而且在多数情况下这些公司的业务能够迅速增长。这意味着，与使能技术领域相比，投资者在软件应用领域能够更加自由地选择"黑猩猩公司风险"。后面章节将详细分析这一发现的意义，这里我们需要指出：在软件应用领域，投资活动应当开始于市场发展的保龄球道阶段，但在使能技术领域，投资者行动要晚一些，等龙卷风暴开始后再进行投资。

第二条结论：使能技术领域中的"猩猩公司"在猩猩游戏中享有最高形式的权力，启示投资者重点关注这些"猩猩公司"。从积极的角度看，这些公司支撑起整个行业，所有高层供应商都受益于与它们的合作，投资者的投资组合中如果不包括这些"猩猩公司"，那么投资活动就失去了意义。然而，从消极的角度看，这些"猩猩公司"给使能技术领域中的其他公司带来了威胁，包括一些投资者打算持有其股票的公司，这是因为"猩猩公司"能够随时利用自己控制的低层次的架构创造出高层次的产品，与之前的合作伙伴展开竞争。总之，市场上其他供应商的成功都依赖于"猩猩公司"，并且极易受到它们的攻击，所以即使投资者不打算对"猩猩公司"进行投资，也需要每天关注其动态变化。

综上，我们得到主要结论，应该对使能技术领域中的"猩猩公司"进行投资，原因如下。

- 它们拥有巨大的权力；
- 只要公司战略正确，这种力量会急剧增长；
- 在任何情况下投资者都必须密切关注这些公司；
- 猩猩游戏投资组合必须以使能技术领域中的"猩猩公司"为中心。

猩猩游戏投资者注意到，随着时间的推移，使能技术领域不断扩大，他们对此欣喜不已。换言之，在使能软件层的底部（即操作系统）和表层（即软件应用程序的接口）之间，存在大量的其他使能技术层，如数据库软件、通信软件以及其他各类保密性较强的软件等，它们被称为"中间件"[⊖]。尽管这些技术的信息不对外公开，但随着分布式计算方法变得日益复杂，中间件源源不断地涌现出来，而且这种趋势在短期内没有减弱的迹象。这些中间层软件的发展方式类似于深层次的使能软件层，最终培育出占主导地位、市场份额不断扩大的"猩猩公司"。

然而，与此同时，猩猩游戏投资者不应忽视应用软件吸引力较强的独有优势。与使能技术领域的产品不同，应用软件产品是终端用户唯一能够真正看到的产品，因此，使能技术产品具有最大的行业影响力，但是应用软件产品具有最大的顾客影响力。

当市场尚未进入到龙卷风暴阶段时，顾客影响力尤其重要，如果公司能

⊖ 中间件是介于应用系统和系统软件之间的一类软件。——译者注

够直接与顾客联系并激发顾客对其产品的需求，这种能力就会转化为竞争优势，甚至使能技术领域中的大型知名的"猩猩公司"也想涉足这个新市场。因此，在处于保龄球道阶段的市场中，应用软件供应商拥有的权力要大于使能技术供应商，等到市场和基础设施都已经进入到龙卷风暴阶段，顾客的需求逐步开始不再受到如此大的重视时，使能技术供应商的权力才会逐步增大。

基于此，我们总结出投资于应用软件领域中的"猩猩公司"的理由，详情如下。

- 因为它们领导着新市场的发展；
- 因为它们受益于"猩猩公司"的所有发展动态（尽管获得的利益少于使能技术领域的"猩猩公司"）；
- 因为与使能技术"猩猩公司"的股票相比，购买并持有它们的股票面临的风险更小（因为同使能技术领域的"猩猩公司"相比，应用软件领域中的"猩猩公司"消灭其他品类的能力没有那么可怕）；
- 因为应用软件领域中的"猩猩公司"必须是猩猩游戏投资组合的一部分，事实上，它们可能是投资组合的主要部分。

我们之所以说"可能是主要部分"，是因为这些"猩猩公司"中很多公司表现得相当好，而在使能技术领域表现较好的公司相对较少，所以从投资组合多元化的角度考虑，我们认为应用软件领域的"猩猩公司"有助于有效降低投资组合的风险。

技术各层次之间的竞争

关于技术的四个层次，另一个关键点是各层次之间相互竞争，争夺为终端用户提供更大价值的机会。在特定市场中，一个或多个技术层次在竞争中占据上风后，会利用这一优势获取最多利润，如下例所示。

- 在大型主机市场，硬件供应商从一开始就占据了主导地位，其中IBM 占据了市场的大部分份额，国际联合电脑公司排名第二，后者起家于系统软件领域，然后扩展到了应用软件领域。与之相反，应用软件整体上进入电脑主机市场的时间较晚，而且从来没有获得真正的优势。同时，半导体在产品的硬件系统中处于从属地位。

- 与大型主机市场相反，在小型计算机市场上，数据库供应商（系统软件层的一个组成部分）处于主导地位，领军的数据库供应商是甲骨文公司，其战略是将数据库安装到所有硬件供应商的电脑上。这种战略使得数据库软件成为行业标准制定者，并将硬件和操作系统转换成基本的商品。当小型计算机供应商在其所有的平台中都统一使用Unix 操作系统时，这种现象变得更加明显（第 8 章将详细介绍数据库领域的龙卷风暴）。总之，凭借技术底层的支撑平台（包括半导体、硬件和系统软件），应用软件供应商进入到辉煌时期，但此时半导体仍然处于从属地位。

- 随着网络在全球的普及，人们选择电脑硬件时变得更加挑剔，甚至在选择电脑主机时，也会非常重视其中的网络硬件（使能硬件的一个组成部分）的质量。伴随着互联网的崛起和电子邮件（杀手级应用软件）的普及，在网络硬件领域掀起了一系列的龙卷风暴，第 9 章将详细介绍具体情况。其中比较奇怪的一点是，虽然电子邮件这种应用软件属于杀手级应用软件，但它自问世之日起就已经商品化。此外，随着越来越多的网络硬件由商用芯片组装而成，半导体开始变得重要起来。

- 在客户机 / 服务器领域的龙卷风暴中，应用软件供应商成功地将支撑其软件产品的数据库加以商品化，从而在本行业脱颖而出。目前对于商业系统而言，顾客首先考虑的已经不再是硬件系统或者数据库，而是应用软件，这使得应用软件供应商成为行业领军企业（至少在与

顾客的关系方面），比如思爱普公司在适用于企业的商业软件领域就
是这样一个"猩猩公司"。另外，一系列新的应用软件龙卷风暴即将
来临，其中就包括客户服务软件，第 10 章将详细介绍具体情况。

- 此外，由于互联网的出现，以服务或网页内容为主的一整套新的品
类已经形成，该品类正在与以产品为主的传统的高科技品类展开竞
争、争夺投资资本。那么新品类的力量从何而来？它是组成技术的
新层次呢，还是另外一种形式的应用软件？第 12 章介绍互联网股票
投资时将详细分析这些问题。

- 最后，在微软公司和英特尔公司主导的个人计算机市场上，在技术
组成层次中硬件层的商品化程度最高。硬件品类完全依赖英特尔公
司来保持自己在性价比方面的优势，因此半导体在该行业占有非常
重要的地位。另一方面，微软公司的操作系统在使能软件层占有重
要地位，这就为微软带来了源源不断的发展动力。应用软件在 20 世
纪 80 年代占据了主导地位，现在日益变得商品化，微软公司随之在
主街阶段改变了公司战略，将应用软件商品整合到自己的办公软件
套装中，借此占据了主导地位。

技术各层次之间的竞争具有深远的意义，它们影响了"猩猩公司"的整
体竞争优势，进而影响"猩猩公司"全部股票的市值。当竞争对手之间的差
距较大时，竞争带来的影响不会太大，但是当相互竞争的"猩猩公司"的实
力相当时，这些公司都想扩张到竞争对手的地盘上，竞争就会变得非常激烈，
"猩猩公司"之间权力的转移也会对投资者所持股票的市值产生重大影响。

"猩猩公司"之间的竞争

当一家公司成为"猩猩公司"之后，就可以在所在市场中享有全面的竞
争优势（如前所示），只要该市场与其他市场相互隔离，这些优势就会产生巨

大的竞争力，使该公司创造的价值远远高于同类公司。如果"猩猩公司"所在市场发展较快，"猩猩公司"得以上市，那么投资者就可以将猩猩游戏的投资策略应用到对该公司的投资中，获得丰厚的回报。

剩下的问题是"猩猩公司"如何保持长久的生命力。只有当"猩猩公司"所在市场与其他市场保持隔离时，这些公司的竞争优势才能持续下去，但这会使两个因素产生冲突：第一个是扩展能力，即市场范围和市场规模的扩张能力；第二个是进入壁垒，即市场保持与其他市场隔离的能力。"猩猩公司"若要持续保持高额的股票估值，必须同时具备这两个因素。然而，"猩猩公司"的市场扩展能力越强，就越有可能涉足另一个"猩猩公司"的地盘，那么防止其他公司进入自己所在市场的任务就越艰巨。相反，保护市场的进入壁垒越高，"猩猩公司"的解决方案就越复杂，以至于变得难以复制，"猩猩公司"也就难以扩大市场规模。所以，公司需要在扩展能力和进入壁垒之间权衡利弊。

当这种两难抉择出现时，短期来看，选择进入壁垒更为安全，但长期来看，选择扩展能力更为重要。原因如下：强大的进入壁垒将始终保护"猩猩公司"的竞争优势不被剥夺，但也可能会限制其进入新市场、实现增长的能力。因此，随着市场变得饱和，"猩猩公司"行使的进入壁垒权力将达到极限，之后它将无法找到新的增长领域来发挥自己的竞争优势，其市值也将逐渐减少。

在这种情况下，"猩猩公司"股票就进入一个奇怪的不稳定的状态。如果它们的产品品类仍然不同于所在市场的其他产品，那么这些公司的股票仍然可以提供较高的回报率，投资者可以继续持有这些股票，电气制图软件领域（Electrical CAD）的楷登电子公司（Cadence）和机械制图软件领域（Mechanical CAD）的欧特克公司就是这类公司。但是，当其他"猩猩公司"意欲扩张时，就会选择这些公司为进攻对象，然后凭借商品的扩张能力进入这些公司所在的市场（这类市场之前一直被视为具有高价值的利基市场），例如，当英特尔公司不断提升个人计算机的图形性能时，作为高端的三维可视化系统领域（3-D visualization systems）中的"猩猩公司"，硅图公司感受到了来自英特尔公司的威胁。

相反，当一家公司所在的市场具备较强的扩展能力和较低的进入壁垒时，会很容易吸引许多危险的竞争对手（甚至有些竞争对手的地位远远高于该公司）进入市场，该公司将被迫与这些竞争对手展开竞争。在竞赛开始之初，任何失误都可能是致命的，该公司的"猩猩公司"地位处于极大的危险之中。然而，该公司保持领先的时间越长，市场将其产品的标准设定成行业标准的可能性越大，它享受的"猩猩公司"优势就越多，市场进入壁垒就越大。因此，随着时间的推移，"猩猩公司"面临的风险会逐步降低，市场发展空间会逐步扩大，其市值也会继续增加。投资者不要过早地出售这类公司的股票，而是应当长期持有其股票。

玛林巴公司（Marimba）就是一个很好的例子。它借助在推送技术的领先地位进入了互联网市场，同时借助在数据流技术上的优势进入了渐进式音频技术市场（现在还很难判断这两个市场是否已经跨越了鸿沟阶段）。不管在哪个市场，只要"猩猩公司"能够以较快的速度超越其他公司并保持领先地位，就能取得胜利。但随着其他"猩猩公司"最终进入它的地盘，它同样有可能被更大的公司吞并，这时对它来说，最保险的战略是在核心技术处在价值最高点上时卖掉技术，例如维米尔公司（Vermeer）就将自己的FrontPage 网页设计技术卖给了微软公司。同时，如果投资时机把握得当，猩猩游戏投资者也可以从这些并购中获得较大收益。

"猩猩公司"之间何时开战

当较小的"猩猩公司"被一个较大"猩猩公司"吞并时，如果是出于良好的战略考虑，两家公司的股东都会受益。事实上，这是较小的"猩猩公司"对超高速增长的市场采取集中战略后所收到的回报，这也是"猩猩公司"

之间碰撞产生的良好结果。

这种碰撞也会产生不好的后果。当两家"猩猩公司"在市场扩张的过程中相遇并决定决一死战时,通常会发生三种情况,其中前两种情况比较糟糕。

(1)**你投资的"猩猩公司"被其他"猩猩公司"打败了**。这时失败的"猩猩公司"就在一个范围更大的猩猩游戏中变成了"黑猩猩公司",你所持有的股票将在股海深处潜航[⊖]。例如,在1996年,3COM在局域网交换机(LAN switching)市场的市场份额从50%下降到17%,而思科的市场份额从0%上升到38%;希瓦公司在远程访问服务市场中被奥升德公司打败,每股价格从80美元降为8美元。在这两个例子中,3COM和希瓦公司就由"猩猩公司"变成了"黑猩猩公司"。

(2)**两家"猩猩公司"打成了平手**。很明显这两家公司都无法将市场扩展到对方的领地,这时股市会削减两家公司的市值。或者,如果它们坚持战斗,激烈的竞争会导致其产品价格大幅下跌,公司收益减少,市场估值随之下降。总体上看,当竞争的结果尚不明确时,"猩猩公司"之间的竞争不会对其股票产生灾难性的下行影响,但确实会开始限制其未来的上行潜力。欧特克公司与参数技术公司在机械制图软件市场上展开竞争时,就出现了这样的结果,而且后来当奥升德与思科在远程访问服务市场上展开竞争,或者惠普和施乐(Xerox)在打印机/复印机市场上展开竞争,或者微软和英特尔在"超越个人计算机"项目中展开竞争时,同样的结果会再次上演。

另一种情况,"猩猩公司"之间的竞争也会产生一个好的结果。

(3)**你投资的"猩猩公司"获胜了**。该公司会随之掌控一个新市场,新产生的价值添加到之前已经很高的股票市值中,你的投资组合的价值也会急剧上升。例如,当思科(路由器市场上的"猩猩公司")与海湾网络(集线器市场上的"猩猩公司")对决并获胜时,这两家公司的股票市值都发生了变

⊖ 投资者经常把股票市场称作股海,在股海深处潜航的个股一旦遇到合适时机,往往会变成拔地飞升的优质投资标的。——译者注

化——思科的股票市值大幅增加，而海湾网络的股票市值大幅减少。

总的来说，因为无法预测"猩猩公司"之间的竞争结果，所以这些公司之间的冲突给猩猩游戏提出了最艰难的挑战，它就如同混沌函数，当输入的数字发生些许变化，就会出现极其不同的结果。对投资者来说，有时候最安全的做法是同时持有相互竞争的两家"猩猩公司"的股票，既收获利润又承担损失，用收益来抵消损失；有时候他们最好放弃一家"猩猩公司"的股票，持有另一家的股票；有时候他们最好同时放弃这两家公司的股票。第 7 章将重点分析如何买卖"猩猩公司"的股票，这里先不具体展开，投资者警惕并密切关注"猩猩公司"之间的竞争和冲突即可。

叱咤风云的"猩猩公司"的权力：以英特尔公司为例

如前所示，"猩猩公司"的权力由两个因素决定：一是该公司在市场中的竞争优势，二是与其他"猩猩公司"相比在行业中的地位。行业地位属于一种静态权力，以"猩猩公司"对当前合作伙伴和客户的影响力为基础，但当"猩猩公司"不仅在当前市场中享有竞争优势，而且在进入新市场能力方面也具有战略优势时，就占据了最强大的行业地位。目前使能技术领域中领军的"猩猩公司"就占据了这种地位。

英特尔公司就是最好的例子。该公司成立于 20 世纪 60 年代，是世界上利润率最高的公司之一，曾经创下了历史上最高年利润的记录。这些成绩的取得来源于英特尔公司在 20 世纪 80 年代采取的"战略取胜"的策略，其微处理器随后被 IBM 选中，成为后者新型个人计算机的核心部分。英特尔的 8088 型和 8086 型中央处理器（CPU）在全球迅速被大多数个人计算机供应商定为行业标准（日本市场例外，日本电气股份有限公司的中央处理器是该市场的行业标准）。

因为大多数使能软件（包括微软的操作系统）专门为英特尔的中央处理

器编写，所以英特尔的标准架构带来了如天文数字般的转换成本，试想一下，为了重建现在已经齐备的基础设施，我们需要投入多少资金，就可以理解该转换成本多么巨大。可以肯定的是，美国数字设备公司已经获得了微软对其 Alpha 芯片的支持，但摩托罗拉的 PowerPC 处理器却没有得到这种支持。但在将来的操作系统领域，随着苹果公司与微软的 Office 系统合作，美国数字设备公司恐怕将无法与苹果公司抗衡。总之，市场份额会遵循自己的运行规则发生变化。

凭借标准架构设定者的市场地位，英特尔确保了长期的竞争优势，也摆脱了来自"黑猩猩公司"的竞争压力，但未能摆脱来自"猴子公司"的竞争压力。美国国家半导体公司在收购赛瑞克斯（Cyrix）之后，和美国超威半导体公司（AMD）一起成功地克隆英特尔处理器产品，英特尔公司的利润率受到了挑战，同时，由于无法发挥"猩猩公司"的威力，英特尔只能像"国王公司"那样进行反击。不过，这种影响程度有限，英特尔公司仍然享有强大的市场份额优势，仍然能从推出的新产品中获得高额利润。

英特尔之所以能够取得如此神奇的成就，是因为它能够将标准架构优势扩展开来。它已经将其原有的 8088 型 /8086 型中央处理器产品系列开发为非常成功的产品系列：从 20 世纪 80 年代中期的 80286 型开始，接着开发出 80386 型、80486 型、奔腾、奔腾 Pro 和奔腾 II。每一代中央处理器产品都按照精心设计的顺序，依次进入自己的龙卷风暴阶段，上一代产品的龙卷风暴阶段即将结束时，下一代就开始了。这种"龙卷风暴序列"使英特尔公司能够长久处在龙卷风暴中，为其产品的持续超高速增长提供了长期稳定的条件。英特尔公司凭借与惠普公司共同开发的下一代微处理器，有望将连胜势头至少持续到 20 世纪末。

然而，英特尔公司的影响力不仅体现为其高性能的中央处理器能够更新换代，也体现为它能够兼收并蓄其他种类芯片的功能。个人计算机的主板——主电路板由英特尔中央处理器和几十个其他支持芯片组成，而支持芯片由众多其他芯片制造商设计和制造。然而，每一代英特尔中央处理器逐步将这些支持芯片的功能融入自己的中央处理器中，最终不再需要这些支持芯片。例如，在从 80386 型升级到 80486 型的过程中，英特尔公司将浮点处理程序纳入其中央处理器，从竞争对手手里夺回了利润。最近，该公司对图形协处理器也发起了类似的挑战。

正因为英特尔公司能够利用自身优势开发其他支持芯片的功能，许多公司将英特尔中央处理器戏称为个人计算机主板的"黑洞"。如今，个人计算机中的许多支持芯片具有的功能都可能纳入英特尔未来版本的中央处理器中，比如用于声音、多媒体、通信和视频会议的芯片。借用一句俗语，如今提供这些芯片的供应商是"在蒸汽压路机前捡硬币"，虽然捡硬币很容易，但早晚它们得给"蒸汽压路机"⊖这个大块头让路。

似乎仅仅拥有主板的"黑洞"还不够，英特尔公司还利用自身优势进军个人计算机主板制造业，目前已成为全球第一的电脑主板制造商。当英特尔公司在电视广告中声称"给电脑一颗奔腾的芯"时，这不是一句玩笑话，大多数个人计算机制作商实际上已经降级为组装者——把英特尔的主板（电脑的核心部分）、微软的操作系统以及能为这些公司带来附加值的产品组装在一起。太阳微系统公司总裁斯科特·麦克尼利经常开玩笑说，他的公司对个人计算机业务不感兴趣，因为个人计算机制造商"只是英特尔和微软的转售商"。

和猩猩游戏投资者所期望的一样，多年来英特尔公司利润一直飙升，股价也不断攀升。从 1990 年初到 1996 年底的 7 年间，英特尔股价上涨了 1 200%，年平均复合收益率为 44.3%。同期，英特尔公司的主要竞争对手美国超威半导体公司（在克隆并销售英特尔中央处理器方面做得很好的"猴子公司"）股价上涨了 212%，年平均复合收益率为 17.7%。虽然美国超威半导体公司的收益也不错，但与英特尔相比就相形见绌，毕竟只有"猩猩公司"才能获得"猩猩"级的收益。

⊖ 喻指英特尔公司。——译者注

"猩猩公司"受到的攻击及反击

这时你可能在想："猩猩公司"看上去具有不可抗拒的力量，是不可撼动、不可毁灭的，我就不要再投资指数基金了，直接把钱都投资给熟悉的"猩猩公司"股票，然后回家等着收钱就行了。如果不考虑猩猩游戏中的另一种力量——未来的非连续性创新带来的替代威胁，也许你可以这样做。

Lotus 1-2-3 曾是电子表格软件市场中的"猩猩公司"产品，后来非连续性创新技术 Windows 出现之后，Lotus 1-2-3 不得不让位于微软的 Excel；美国数字设备公司曾是小型计算机市场中的"猩猩公司"，在非连续性创新技术 Unix 操作系统出现后，该公司的地位就被太阳微系统公司和惠普公司取代了；在可安装于 IBM 主机中的公司财务系统领域，邓白氏公司曾是"猩猩公司"，但在客户机/服务器系统出现后，思爱普公司取代了邓白氏公司的地位。总之，技术层面发生任何变化，猩猩游戏中的权力宝座都有可能易主，当这种情况发生时，往往现任"猩猩公司"会身陷困境，而其他公司幸免于难。

过去，"猩猩公司"会泰然镇定地坚守自己的传统市场，并坚决捍卫作为行业领军者所享受的丰厚利润，这意味着它们每年都会放弃一部分市场份额和市场力量，将之拱手让给攻击其特许经营权的新一代"猩猩公司"，投资者也可以随之转换投资对象。现在这些"猩猩公司"已经意识到这种战略的负面影响，不再"平静地接受死亡"[⊖]。

为了保持自己的"猩猩公司"竞争优势，成功的高科技公司现在意识到它们必须积极面对来自非连续性创新的攻击，并采取一切手段进行反击。它们通常放弃传统战略中的核心原则，如下文三个案例所示。

（1）20世纪 80 年代中期，太阳微系统公司凭借 SPARC 处理器、惠普公司凭借 PARISC 处理器、美普思科技公司（MIPS）凭借 R3000 处理器，并

⊖ 该句出自英国作家、诗人狄兰·托马斯的诗《不要踏入静谧的良夜》。——译者注

联合其他处理器供应商，向英特尔的微处理器霸权地位提出挑战，它们宣称精简指令集计算机（RISC）架构将传统的复杂指令集计算机的芯片的性价比提高了 10 倍，包括英特尔公司的芯片。但是它们的挑战被英特尔公司成功打退了，后者采取了以下方法。

1）立即运用一些娴熟的公关机巧，对新产品采取"恐惧，不确定性和怀疑"（FUD）[⊖]心理进攻策略。

2）随后，持续将精简指令集计算机的特性纳入自己的复杂指令集计算机的芯片中。

3）最后，与惠普合作共同开发英特尔的第七代中央处理器，其中一部分以惠普的 PARISC 架构为基础，最终完全同化精简指令集计算机架构。

此例中，英特尔公司充分发挥了"猩猩公司"的竞争优势。

（2）当路由器面临被局域网交换机取代的危险时，为了巩固自己在局域网交换技术领域的优势，思科收购了科锐先达通信公司（Crescendo），然后为了保护自己在电话广域网（WAN）领域的利益，又以 47 亿美元的价格收购了斯特塔公司（Stratacom）。如前所述，3COM 公司曾是局域网交换机市场的早期领导者，后来思科公司借助科锐先达公司的现代技术和自己的强大的市场控制力将其打败。如果"猩猩公司"能在对市场失去控制（即一个稳定的新"猩猩公司"出现）之前采取有力措施，通常能扭转败局，这是因为市场太依赖"猩猩公司"了，其他公司很少有成功的机会。

（3）当用户打开电脑，首先看到的是网景的浏览器时，微软公司意识到它对桌面系统市场的控制已经岌岌可危，同时为了适应市场的变化，微软公司对整个公司进行了重组，并在浏览器大战中获得了巨大的市场份额。随着新版本的 Windows 桌面系统的不断发布，微软公司逐渐兑现了在操作系统中嵌入浏览器的承诺，成功瓦解了网景公司带来的威胁。这个例子再一次

　　⊖　原文中 FUD 是一种心理策略，指通过直接恐吓对手或胆敢与对手合作的公司，同时利用各种手段动摇竞争对手客户的信心，使其先产生动摇、进而产生怀疑的心理，从而打败质量和技术优于自己的产品，使其难以有效形成市场力量，确保独家垄断。——译者注

证明"猩猩公司"能够成功保卫自己的既得利益免受潜在的新行业标准的冲击。

如上例所示，"猩猩公司"即使面对被替代的威胁，也能采取有效的战略进行反击。过去，"猩猩公司"过于迷恋自己的高利润率和有利的市场地位，以至于无法对新竞争对手的挑战做出积极的回应，最终被竞争对手取代。新一代的"猩猩公司"吸取了过去的经验教训，已经克服了这个弱点，因此，其他公司若想凭借新技术突破"猩猩公司"的垄断，将面临更加严峻的挑战。

"猩猩公司"的力量对投资者的意义

如本章所示，"猩猩公司"凭借在技术市场上的动力优势，所享有的持久的竞争优势远超同类公司，这意味着投资者期望通过持有"猩猩公司"股票收获更大的回报，并预期这些股票会享有高额的市值溢价。

虽然"猩猩公司"已经孕育出一大批优秀的当代高级管理者，但推动其持续取得成功的主要力量不是卓越的管理者，而是整个市场的默契支持。事实上，许多后起的"猩猩公司"的管理非常糟糕，但仍然成功地渡过了难关。市场根本不希望"猩猩公司"失败，这是因为如果它们失败了，所有依赖于其架构的公司都必须重新设计整个技术层，只有这样才能回到原来的状态，所以"猩猩公司"必须留下来。

这就是"猩猩公司"力量的本质所在，也是"猩猩公司"成为优秀投资目标的原因所在。我们已经以高科技市场为背景详细阐述了这一观点，下面将从金融市场的角度来展开分析，所以我们将离开高科技市场的主街，动身向华尔街出发。

第 4 章 了解股票市场：评估竞争优势

我们在第 2 章和第 3 章分析了高科技市场进入龙卷风暴阶段之后，"猩猩公司"如何在短期内获得强大的产业力量，以及能够做到这一点的原因。在高科技板块中，"猩猩公司"股票也拥有惊人的市值，正如股市的行话所言，"猩猩公司"看起来像热门品类中的热门公司，其股票价格被哄抬得太高了。

然而，我们认为股市仍然低估了"猩猩公司"的影响力，当然这也是我们建议投资者购买"猩猩公司"股票的原因，但是我们同时承认"猩猩公司"股票价值表面看上去并没有被低估（它肯定不会吸引价值型投资者），因此投资者需要了解它们在股市中的运行模式。

我们在本章提供一个简单明了的模型，以期能够帮助投资者了解这一情况。该模型表明：当公司在主要市场上具有强大的竞争优势，该优势被广泛认可时，这家公司的股票就具有较高的市值，反之，当这家公司缺少竞争优势时，股票市值就比较低。我们将用这个模型分析高科技市场的整体发展动态和"猩猩公司"个股的发展动力，以此证明猩猩游戏是符合传统投资理论的，同时希望能够引导投资者远离一系列复杂的问题，我们认为这些问题不会帮助投资者做出正确的投资决策，反而会使投资活动看上去令人生畏。

在进入正题之前，我们先看一段来自杰弗里的特别公告：

20 世纪 80 年代，名为《DOS 傻瓜书》（*DOS for Dummies*）的书出版了，此书立刻成为畅销书，其他"傻瓜书"接踵而至，罗斯博士甚至还出版了《性傻瓜书》（*Sex for Dummies*）（她感觉我需要补习一下，所以送了我两本），所以这一章可以取名为"股市傻瓜书"。

完成一本好的"傻瓜书"需要三方合作：一位领域专家（本书的领域专家是保罗）、一位现实世界中的实践者（本书的实践者是汤姆）和一位指定的傻瓜（就是我）。我负责撰写本章剩下的部分，并且保证所写内容是深思熟虑的结果，我个人对此完全满意。

所以，如果你和我一样，对股市这个话题有点胆怯，那么就从最简单的内容开始吧，你会发现股市理解起来没有那么困难。你可能需要读两遍才能理解本章内容（当然我读了不止两遍），但会受益良多，如果你想做出正确的投资策略，就需要清楚理解本章内容。

好了，现在让我们言归正传。

首要原则

投资的首要原则是：如果你购买了某家公司的股票，这些股票就必须物有所值。这是为何呢？

原因在于人们专门为这些股票设立了交易市场，比如纳斯达克股票市场（NASDAQ）、纽约股票交易市场（New York Stock Exchange）等，而且别人会在这些市场购买你手头持有的股票，所以这些股票物有所值才会有人愿意购买。但是为什么这些股票对他们来说如此重要呢？股票交易中的奥秘究竟是什么？

答案是，购买一家公司的股票就是购买其一部分未来的税后利润，无论这些利润是以股息的形式被分配，还是作为留存收益被保留下来以备未来投资之用，你都已购买其中的一部分，而且这部分利润取决于股市对该公司未来利润的数量和获得利润的时间所做的预期。

因此，有关股市的第一个要点是：股价以股市对公司未来营业利润的预期为基础。"预期"和"未来"这两个关键点内涵很深，需要特别关注，我们先分析一下"未来"的含义。

"未来" 意味着什么

你有 1 美元，假如你今天把它借给了我，十年后我还给你 2 美元，这个交易划算吗？你该如何判断呢？

这个交易反映了投资交易的根本内容，我们需要具备一些基本知识才能加以理解。会计行业其实已经提出了"现金流贴现分析法"（discounted cash flow），可以用来判断这个交易是否划算。该方法听上去非常专业，实际操作很"会计化"，但它的核心原理其实很简单，即未来的 1 美元不如现在的 1 美元值钱，你可以计算出两者的差值。

未来美元之所以会贬值，是因为以下两点。

（1）某些风险可能会导致你失去所拥有的全部或一部分美元。

（2）把钱用于无风险的投资中，你就可以在这段时间额外赚取一笔钱。

为了减少风险因素，公司必须向投资者承诺一个足够高的回报率，以吸引投资者，并保证抵补他们可能损失的部分或全部资金，而且公司的回报必须高于他们投资债券得到的回报（购买债券属于无风险投资）。换言之，如果我购买了政府债券，获得 5% 的收益，这时如果有人建议我投资一家私人

公司，那么后者的回报率必须高于 5%。风险越高，收益就越大，无风险回
报率和风险调整是决定投资者全部收益的两个核心因素。

　　假设一项投资的回报率是 15%，我接受了这个投资项目，根据"现金流贴
现分析法"，会计会说：啊哈，如果未来 1.15 美元的价值等于今天 1 美元的价
值，那么未来 1 美元的价值就等于现在 1 美元的 100/115，即 87 美分。这就是
第一年回报率的计算方法，即把未来美元的价值折现为当前美元价值的 87%。

　　那么下一年的回报率是多少呢？好吧，下一年我没有使用这笔钱的计
划（这一年我本可以把钱用于其他投资项目），而且，自己的钱放在别人手
里的时间越长，出现亏损的风险就越高，所以第二年的回报率肯定不如第一
年高。这时会计又说：这个可以用"现金流贴现分析法"计算出来，即保持
贴现率不变，回报率进行累加，则第二年的回报额是第一年的 87%，即 87%
乘以 87%，第三年是第二年的 87%，依此类推。

　　具体情况如图 4-1 所示。

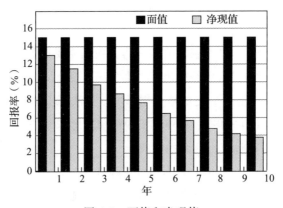

图 4-1　面值和净现值

　　如图 4-1 所示，左侧柱形图表示每年的股票预期回报率，本例中连续十
年预期回报率都为 15%，代表投资者得到的股票回报率的面值。右侧柱形图
表示 15% 的预期回报率给投资者带来的净现值。投资者投入 100 美元，第
一年回报所得的 15 美元换算成净现值为 13.04 美元，第二年为 11.34 美元，

第三年为 9.86 美元，依此类推，时间越长，预期所得的投资回报换算成净现值时折扣就越大，所以，如果每年预期得到投资回报 15 美元，那么十年后预期得到 150 美元，但是换算成净现值仅为 75.28 美元。总之，未来预期能赚到的钱（林中的鸟儿）不如现在手里的钱（手中的鸟儿）值钱，不过投资者在未来还是能够获得一些投资回报的，利用"现金流贴现分析法"，他们可以计算出未来回报的净现值。

股市的运行方式也是如此。股票是公司未来收益的一部分，股票价格以市场对这些未来收益的净现值所做的预期为基础。其中部分收益可能来自一次性交易，例如，一家公司的财务主管可能会将一部分收益投资于大额定期存单（Certificate of Deposit，CD）或其衍生品，但股市并不关注这种交易，而是关注公司运营带来的收益，即公司管理层所说的做生意赚的钱。在这一背景下，公司的市值（计算方法为其每股价格乘以流通股总数）就是股市对该公司所有的未来税后营业利润的净现值所做的最大估算。

我们重新修订本书时，思科公司的市值超过了 1 500 亿美元，英特尔公司的市值超过了 2 000 亿美元，微软公司的市值超过了 4 000 亿美元。现在我们知道这些市值都已被贴现，这些公司的预期营业利润之大也就可见一斑了。也就是说，这些市值并不代表所有预期的未来利润的总和，而是代表所有预期的未来利润的净现值之和。这些公司到底能赚多少钱呢？恐怕没有人清楚。

考虑预期因素

图 4-1 中用来解释净现值的柱形图简单明了，其中每年预期回报既具体又稳定：下一年你再给我投资 100 美元，我就返给你 15 美元。这种情况适用于贷款和债券投资，但并不适用于公司股票投资。股票的预期回报不仅不具体，还经常变化，实际上公司管理者也不清楚自己能够给投资者带来多少收益，他们只能做出最好的预测，并尽力为投资者兑现其预期的回报。换言

之，他们只能估计股票的预期回报。

反过来，投资者会认真分析公司管理层提供的材料，比如公司每个季度的运营情况报告，然后结合获得的信息和相关人员的观点，判断公司的预期营业利润。基于这些预期，他们再决定是否竞购该公司的一部分未来营业利润，其出价直接反映了他们对这家公司的未来利润净现值的估计（无论他们自己是否清楚这一点）。

当然，股票交易离不开买卖双方的参与。如果买方接受了股价，就说明他们认为预期的净现值高于或者等于股票价格，这也意味着卖方的预期与买方不同。个人而言，卖方会出于不同的原因售出股票，比如他们提前得知公司要倒闭了，或者他们想折现投资资金来买房子，也可能出于其他原因。但从总体上看，在充满大量买方和卖方的股市中，个人动机会被抵消掉，如同物理和化学规律，市场运行也会遵循自己的规律，使买卖双方所做的预期在一个平衡点上交会。

股市充当投资者之间的经纪人，为股票买卖提供平台。每笔交易都代表买卖双方的预期达到了一个平衡点，即至少一家买方和一家卖方的估值达到了双方满意的水平。这个价格被记录下来，并成为下一笔交易的参考价格。在一个信息传播广泛、交易成本低、法律制度能够强制执行的市场中，价格往往会快速稳定下来，然后一直保持下去，只有在对股票回报的预期改变时才发生变化。

对预期的形象展示

为了加深你的理解，我们将上述观点用图形表示出来，图 4-2 展示当公司在较长时期稳步增长时，投资者对公司回报的预期情况。

图 4-2 中，纵轴代表投资回报（即利润或收益除以投资金额的结果），横轴表示时间，曲线表示随着时间的推移，不断变化的回报净现值。随着公司

的不断成长，营业收入不断上升，公司收益也会增加，所以这条曲线在最初几年保持上升趋势。尽管人们预计公司不会停止成长，但投资者对它的信心会随着时间的推移而降低，这时曲线会逐渐变平，直至开始下降。最终，当投资者的信心降至零点时，曲线即回落到基线，这并非因为投资者对公司管理、公司战略或市场前景有任何怀疑，而是因为经过某个时间点之后，投资者认为继续投资风险会加大，投机性太强。

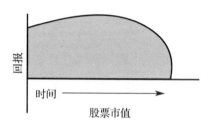

图 4-2　对成长型公司所做的估计

曲线下的阴影区域表示根据股市预测，公司所有的未来回报折算成的现值，阴影部分的面积等于公司的股票市值，购买公司股票实际上就是购买这部分现值。阴影部分的面积越大，说明公司的价值越高，股价上升幅度就越大。图 4-2 适合分析在非超高速增长的市场中取得成功的非"猩猩公司"。

这时，公司管理者会争辩说："赚钱不仅需要资金，还需要时间。在一段时间内，公司致力于开拓市场、扩大产能，可能会有所亏损，但随着市场蓬勃发展起来之后，早期购买我们公司股票的投资者将赚得盆满钵满。"图 4-3 曲线图即展示了这种情况。

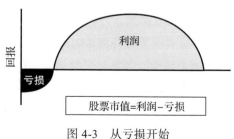

图 4-3　从亏损开始

图 4-3 中，水平线下方区域表示亏损或负收益。计算公司给投资者的回报的净现值时，必须从未来利润或收益中减去这些亏损。因此，公司股票市值等于水平线上方的面积减去水平线下方的面积（水平线代表零值）。

图 4-3 描绘了初创企业和风险投资所支持公司的典型特征。投资这类公司时，投资者面临的最大挑战是对公司的回报预期抱有信心。风险投资者通常会担心四大风险因素带来的不利影响，即技术风险（这种技术能起作用吗）、市场风险（顾客会购买这些公司的产品吗）、金融风险（包括损失期在内，我们有足够的钱或能赚到足够的钱来支付费用吗）、人力风险（这些人能胜任自己的工作吗）。相比之下，猩猩游戏投资者只投资超高速增长市场中的成熟技术，所以他们从不需要担心前两个风险。

最后，有时候运营良好的公司也会陷入困境。例如，在高科技领域，公司的现有技术可能会被一些新的非连续性创新取代，从而被市场淘汰。图 4-4 为这种情况的预期曲线图。

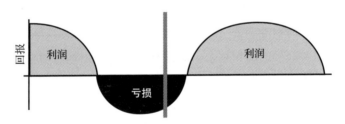

图 4-4　走向衰落：管理层的观点

公司管理层会请求投资者坚持到底，不仅在投资的开始阶段和结束阶段收获利润，也陪伴公司度过中间的亏损期。他们认为该曲线的后半部分同图 4-3 一样，最终公司会度过亏损期，为投资者带来巨大利润。但问题是要获得这些未来的利润，投资者需要等待很长时间，而且他们对公司股票的回报期望所持有的信心会逐步减少。考虑到风险的时间因素，图 4-5 中的曲线图更准确地展示了这些未来利润的实际净现值。

如果投资者这样看待公司股票的预期回报，他们恐怕现在就会抛售手中的股票。即使管理层的预测是正确的，对投资者来说，现在抛出股票也更有利，然后在纵轴显示的回报达到较高点时再买回股票，这时如果管理层的预测得以实现，图 4-5 中右边的利润将重新增长到原来的规模，才会产生类似于图 4-3 的曲线。

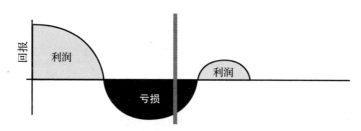

图 4-5　走向衰落：投资者的观点

1998 年中期，投资者对赛贝斯公司的运营情况的预计即如图 4-5 所示。管理层面临的问题是：如果投资者都打算现在抛出股票，后期再买入，公司将如何得到足够资金来度过亏损期呢？答案是：公司得不到任何资金资助，至少得不到管理层需要的资金数额。所以，当公司陷入困境时，它们无法通过非连续性创新来解决困难，这是因为即使它们有能力带着新技术跨越鸿沟阶段，创造一个龙卷风暴市场，也已经无法获得足够的资金和时间。

对"猩猩公司"的形象展示

以上 5 幅图展示了对公司未来营业利润的不同预期，下面为了使大家清楚理解"猩猩公司"的实力，我们将普通公司的市值图表与"猩猩公司"的市值图表相叠加，进行对比分析，如图 4-6 所示。

浏览过图 4-6 之后，你可能不禁要问：与普通公司的股票市值曲线相比，"猩猩公司"的股票市值曲线明显更高、更宽，那么增加的这些股票市值来自哪里呢？

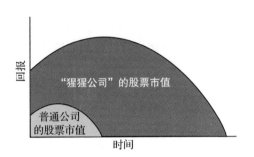

图 4-6 "猩猩公司"和普通公司

如图 4-7 所示,股票市值曲线的高度代表与竞争对手相比,公司拥有的竞争优势,即公司在提供优质产品的基础上产生优质收益的潜力,本书把各公司在这方面的差距称为"竞争优势差距"(GAP)。

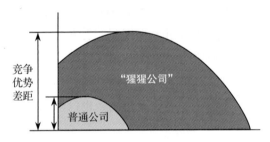

图 4-7 "猩猩公司"和普通公司的竞争优势差距

诸多原因造成了"猩猩公司"与普通公司之间的巨大竞争优势差距,第 3 章已经具体讨论过这些原因,此处我们简单总结一下。

(1)"猩猩公司"的高科技产品已经进入龙卷风暴阶段,大批新顾客会主动购买并愿意随时更新这些高科技产品,因此,"猩猩公司"所在的高科技市场赋予该公司巨大的竞争优势。

(2)因为"猩猩公司"是市场的领军企业,所以当务实派的顾客在龙卷风暴市场中选择高科技产品供应商时,会首选"猩猩公司"。

(3)"猩猩公司"设定了行业技术标准,因此,与竞争对手相比,它们拥有巨大的竞争优势,而且在自己所创造的价值链中,它们能够控制其他参与公司。

（4）"猩猩公司"能够吸引最大数量、最具影响力的合作伙伴加入其创造的价值链，因此，即使竞争对手提供的单个类别的产品具有较强的竞争力，"猩猩公司"创造的整体产品仍然具有更高的价值。

正是由于这些因素，"猩猩公司"的所有产品都具有巨大的竞争优势，给投资者带来惊人的投资回报，普通公司无法望其项背，如图 4-6 中纵轴对应的数值所示。

图 4-6 中，股票市值图的宽度代表公司竞争优势的可持续性，本书将之称为"竞争优势持续期"（CAP），如图 4-8 所示。

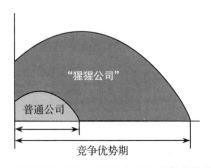

图 4-8　"猩猩公司"和普通公司的竞争优势持续期

当普通公司获得竞争优势时，其他公司会采取相应的措施来削弱这种优势，因此，虽然普通公司享有的优势是真实的，但维持的时间比较短。投资者也承认普通公司享有这一优势，但对它们股票的长期估值持谨慎态度。这种情况会缩短普通公司的竞争优势持续期，也就限制了其股票市值。

与之相反，"猩猩公司"享有较长的竞争优势持续期，具体原因已在第3 章讨论过，此处我们只做简单总结。

（1）"猩猩公司"的高科技产品在开创龙卷风暴市场之后，随即进入了第一个超高速增长期，这个阶段会持续 3～5 年，这期间"猩猩公司"会一直享有巨大的竞争优势。

（2）但这只是开始。之后高科技产品进入主街阶段，在此期间"猩猩公司"会一直保持着巨大的竞争优势，直到该产品的生命期结束！

（3）在高科技产品的整个生命周期中，所有替代产品越来越难以在市场上占有一席之地，因此，"猩猩公司"的竞争力非但没有减少，反而会不断增加。

（4）最后一点，"猩猩公司"之所以能够长期保持惊人的竞争力，很大一部分原因在于，不管目前"猩猩公司"的竞争力水平如何，一旦其他公司参与到它创造的价值链中，这些公司就都会尽力帮助"猩猩公司"发展壮大，因为只有"猩猩公司"不断增强竞争力，它们自己才能快速发展。

总之，"猩猩公司"高额的股票市值由两个因素决定，即较大的竞争优势差距和较长的竞争优势持续期。"竞争优势差距 × 竞争优势持续期＝股票市值"，投资者只要牢记这个公式，就可以获得丰厚的投资回报。

竞争优势差距／竞争优势持续期图

我们把"竞争优势差距"和"竞争优势持续期"这两个概念与用于股市估值的"经济附加值"（economic value added，EVA）概念结合起来讨论。"经济附加值"已由美国思腾思特管理咨询公司（Stern Stewart & Company）注册商标名称，它所体现的理念极大地影响了投资者和管理团队对待股东价值的态度。我们之所以这么做，是想说明一点：猩猩游戏策略与经济附加值理论完全一致，前者是后者的一个特殊例子而已。

为了更好地理解这一点，我们先分析竞争优势差距／竞争优势持续期图，如图 4-9 所示。

请注意：图 4-9 是本书最具技术性的图释，难度可能超出了你的预期，但后面我们解释对你来说比较陌生的信息时，会使用该图作为参考，所以你一定要尽力理解图 4-9 中的内容。

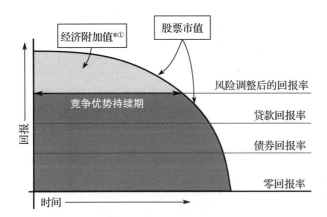

图 4-9　竞争优势差距 / 竞争优势持续期图

① "经济附加值"是美国思腾思特管理咨询公司注册的商标名称。

图 4-9 的主题是"为投资者的资本争取权利"，旨在为投资者提供各种参考点，帮助他们决定是否向某个公司进行投资。这些参考点的具体内容如下文所示。

- 底部的横轴表示投资回报率为零，相当于把钱放到了床垫下面。看上去你没有任何经济损失（听起来是好消息），但是由于通货膨胀，实际上你损失了一些钱，而且也未能为自己和家人的未来准备额外的财富。在强盗和恐怖分子横行的世界里，零回报率被认为是好的，至少你能保住自己的钱；在诈骗肆虐的世界里，你不得不支付额外的保护费，才能保住自己的钱；但在自由市场中，对大多数人来说，零回报率是最低层次的财富管理方式。

- 横轴上面的第一条横线代表对资金进行"无风险"投资（如国债或大额定期存单）可获得的回报。这种投资方式也很安全，类似于将钱放到床垫下面，同时还可以为将来的生活准备一部分财富。这种回报也许不足以实现大多数投资者的财务目标，但它设定了一个投资基准，即任何有风险的投资的回报率必须超过这个数值才值得考虑。

93

- 横轴上面的第二条横线代表贷款人（如银行）向公司贷出运营资金时，要求公司支付的回报。由于公司可能会拖欠贷款，所以这种投资方式的风险要高于债券，但由于银行可以得到公司的抵押担保，所以这种投资方式的风险要低于股票投资。私人投资者无法得到公司的抵押品，因此只有股票投资的回报率超过贷款回报率时，投资者才可以进行投资。

- 最上面的横线代表风险调整后的最低回报率，只有当公司提供的回报率高于这个水平时，投资者才会将资金投给公司。这是因为回报率低于这个水平，投资者就会遭受经济损失；只有高于这个水平，他们才能盈利。风险调整后的最低回报率是衡量公司业绩的真正基准，换言之，如果公司的回报率低于这一水平，投资者不会相信该公司能够给他们带来任何收益。如果公司提供的回报率高于这个水平，其股价就会开始上涨；如果回报率低于或者看起来将要低于这个水平，其股价就会下跌。正因如此，我们将这条线设为竞争优势差距／竞争优势持续期图的基线。对于这条基线，我们还要注意一点：现实中我们可以获得图 4-9 所示的其他回报率，但是无法找到风险调整后的最低回报率，任何报告都不会提到这个数值，也无法通过报告中的其他数据将之计算出来。事实上，所有投资者都已经达成共识，即这个回报率只能使用间接方法推算出来。

- 最上方的曲线是预计收益曲线，曲线最左端与纵轴相交的点表示公司最近一个季度的实际盈利。随着时间的推移，曲线向右移动，其高度取决于管理层和分析师对公司未来几个季度的业绩情况所做的评估。他们做评估时，采用的主要参考标准为：公司的竞争优势如何；公司的收益率高于风险调整后的回报率时，能够利用多大的竞争优势差距；随着时间的推移，公司的竞争优势能够维持多长时间。

- 这条预计收益曲线会逐步下降，原因是预计的未来收益会随着时间的推移逐渐被贴现，以贴合以下两种效应：

（1）净现值效应，即未来账面上的美元不如当前手中拥有的美元值钱。

（2）未来的不确定性效应，即投资持续的时间越长，投资者对这个投资项目的信心越不足。

在这两种效应的影响下，公司的预期收益率迟早会低于风险调整后的收益率，这时投资者就会停止投资项目。

- 曲线与表示风险调整后的回报率的横线相交为一点，该点代表将来的某个时刻，而且在这个时刻之后，该公司就不再具有竞争优势。现在到将来这个时刻之间的阶段就是竞争优势持续期，按照投资者所做的预测，在竞争优势持续期，该公司将比其他同类公司享有更大的竞争优势，使投资者得到的利润足以抵消投资风险可能带来的损失。因此，竞争优势持续期代表投资者预测的竞争优势差距的可持续性。

- 曲线下方的阴影部分表示市场预测公司的未来利润所折算的净现值，该公司的利润率超过了风险调整后的最低回报率，该净现值即为经济附加值®。阴影部分面积的大小代表公司股票回报给投资者的利润的大小，我们认为阴影部分面积的变化显示了公司股票市值及股价的主要变化。

总结以上内容，我们可以得到竞争优势差距／竞争优势持续期理论的两个关键内容：

（1）公司股票能否溢价发行，取决于该公司的经营收益率能否超过风险调整后的回报率。

（2）公司的经营收益率能否超过风险调整后的回报率，取决于该公司在主要市场中的竞争优势。

由此可见，投资活动实际就是了解目标公司的竞争优势，这也是猩猩游戏的基本观点。

这样说来，猩猩游戏似乎有点让人望而生畏，毕竟高科技市场极其复杂，只有少数个人投资者具有行业背景，能够梳理竞争优势的细微差异。如果有这种担忧，你可以回看图 4-6 中对"猩猩公司"和普通公司所做的对比分析，然后就会发现"猩猩公司"和普通公司之间绝非只存在细微的差距：思科公司的股票市值是奥升德公司的数十倍，英特尔公司的股票市值也远超美国超威半导体公司。所以，玩猩猩游戏时，你根本不需要"显微镜"来看清楚竞争优势的细微差异，如前所示，你牢牢盯住"猩猩公司"和普通公司之间的明显区别即可。

使用竞争优势差距/竞争优势持续期图剖析股市

现在，我们将使用竞争优势差距/竞争优势持续期图来分析股市如何对所有高科技股票进行估值，包括"猩猩公司"的股票、"黑猩猩公司"的股票和"猴子公司"的股票。开始分析之前，为了让大家更熟悉这种方法，我们将首先说明该图如何展示那些能够引起整个股市变化的因素。

利率的影响

我们先分析一下竞争优势差距/竞争优势持续期图如何展示利率的影响（见图 4-10）。

利率变化对所有的股票产生同样的影响，即它不会改变任何股票的竞争优势差距或竞争优势持续期，但同其他投资方式相比，它会改变所有股票的竞争优势差距和竞争优势持续期的累积。利率下降，股票价值就会上升，原因如下所示。

贷款利率与风险调整后的回报率之间的差额，被用来衡量无担保投资所带来的增量风险，利率不发生变化，这个差额就不会改变，因此，如果利率下降（如图 4-10 中箭头 1 所示），那么风险调整后的回报率也会下降（如图 4-10

中箭头 2 所示），但随着利率的下降，预期回报率（之前未随利率变化）与基准线（即风险调整后的回报率）之间阴影部分的面积会增大。增加的阴影部分面积代表增加的经济附加值，也意味着股票市值的上升和股价的上涨。

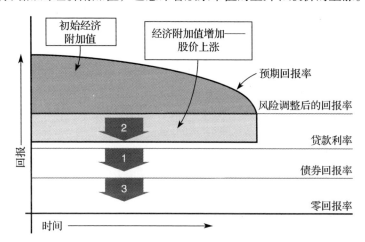

图 4-10　利率下降的影响

　　利率下降也会导致债券价格上涨，原因与此类似。有担保的贷款利率和债券利率之间存在差额，该差额代表与投资者相比，贷款人承担的额外风险。如果贷款利率下降（如图 4-10 中箭头 1 所示），风险差异不变，那么债券的利率也应该下降（如图 4-10 中箭头 3 所示），然而，由于债券的回报率由合同确定，不能降低，所以最终结果是债券价格上涨。例如，按合同约定，一张 1 000 美元的债券每年回报 100 美元，即回报率为 10%。作为一项无风险投资，随着利率的下降，实际上债券的回报率降至 9%，即债券只需要回报 90 美元，投资者就可以获得较大利润。然而，该债券仍然履行合同条款，每年回报 100 美元，在这种情况下，该债券的实际价值升至 1 111 美元，市场会立即对该债券进行重新定价，以反映其新价值。

　　这就是为何随着利率下降，股票价格和债券价值都会上升。理解了这一点之后，我们将不再考虑利率、债券利率、零回报率等因素，将风险调整后的回报率设为基准线。

税收上涨

在分析利率带来的影响之后，我们将分析税收上涨给公司利润带来的影响。税收上涨将影响整个股市，竞争优势差距／竞争优势持续期图也会发生改变，情况如图 4-11 所示。

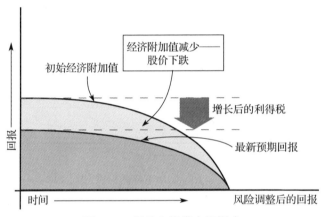

图 4-11　税收上涨带来的影响

同利率带来的变化一样，税收的变化也不会改变某家公司的竞争优势差距或者竞争优势持续期，但会改变所有股票的竞争优势差距或者竞争优势持续期（与其他投资方式相比）。税收上涨会带来不利影响：政府收走本应该属于股东的利润，进而减少未来营业利润的净现值（如图 4-11 中浅色阴影区域所示），未来利润的减少也将导致经济附加值的减少（如图 4-11 中深色阴影区域所示），股票市值随之减少，股票价格也会下跌。

更好的执行力：竞争优势差距带来的影响

许多商界人士认为商业的成功与企业战略没有太大关系，而是主要来自更好的执行力。当市场稳定时，企业战略即使发生改变，也不会带来太大影响，因此，他们持有这种想法不会造成什么损失。公司执行力得到改善时，竞争优势差距／竞争优势持续期也会随之变化，如图 4-12 所示。

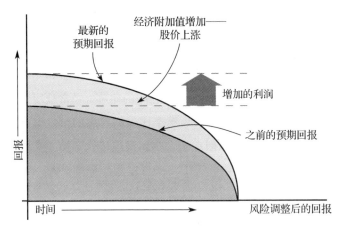

图 4-12　执行力提升带来的影响

　　如图 4-12 所示，即使竞争优势差距发生了改变，竞争优势持续期也没有任何变化。换言之，最近一个季度内该公司的回报上涨，说明该公司正在超越其竞争对手，所以竞争优势差距增加。同时，根据该公司业绩报告的内容，这个成绩并非以可持续的战略优势为基础，因此竞争优势持续期没有任何变化。这也提醒投资者，尽管公司的短期业绩表现不错，但仍要坚持对其长期发展趋势展开评估。总之，公司的执行力提升之后，竞争优势差距增大，但竞争优势持续期保持不变，在相同的竞争优势持续期内公司能够带来更大的回报。

　　这个发现有助于理解当高科技公司取得瞩目的成绩时，股市做出的反应：虽然高科技行业中竞争机制没有出现明显的变化，但是公司股票价格上涨了，这说明股市调整了对该公司的未来现金流量所折算的净现值的预期。由于竞争优势持续期没有改变，所以股价上涨幅度不会太大，因此，高科技公司的管理人员可以获得这样一个关键信息：

更好的执行力的确可以带来股票价格的上涨，但由于竞争优势持续期没有改变，上涨的幅度不会太大。

你无法以自己的方式定义微软、思科或英特尔的股价。只要这些公司的竞争优势持续期与该行业的其他公司相同，这些公司就可以通过提高回报率来增加曲线下方的区域（即提高股价）。

这一点可以解释在高科技行业中各公司的价值为何会如此不同。市销率（即公司的股票市值与前四个季度的收入之间的比率）经常被用来衡量这种不同，尤其在超高速增长的市场中，市销率比我们熟悉的市盈率更能准确地反映各公司之间价值的不同。原因在于，在超高速增长市场（或动量投资中潜在超高速增长市场）中，竞争优势主要来自市场份额的扩大，而且公司运营收入与市场份额的相关度远远高于收益与市场份额的相关度。

1999 年 4 月，《上扬》（*Upside*）杂志的"股票行情"板块刊登了个人计算机行业中五个执行力突出的公司的市销率，详情如表 4-1 所示。

表　4-1

公司	股票市值 （百万美元）	前四个季度的收入 （百万美元）	市销率
苹果	5 575	6 073	0.9
康柏	80 963	27 633	2.9
戴尔	127 100	16 807	7.6
捷威	12 054	7 139	1.7
坦迪（Tandy）	5 406	5 287	1.0

目前在个人计算机行业，公司之间开展的竞争属于"王族游戏"，而且"国王公司""王子公司"和"农奴公司"还没有最终形成。这种竞争主要依靠公司快速的执行力取胜，这也是康柏、捷威和坦迪这三家公司股票市值和收入如此不同的原因。苹果公司依靠其麦金塔电脑，将主要业务放到了操作系统领域，但是其操作系统已经完全进入主街阶段，所以苹果公司现在也开始依靠优异的执行力获得竞争优势。这四家公司目前在竞争优势差距和竞争

优势持续期方面都享有中等优势。

戴尔公司的业绩却让人刮目相看，该公司的市销率达到了7.6，表面上看该成绩的取得依靠其优异的执行力，但实际上并非如此。21个月前，我们对这五家公司进行第一次对比分析时，戴尔公司的市销率仅为2.4，当时该公司具备强劲的执行力，与竞争对手相比，竞争优势差距突出，竞争优势持续期并没有发生改变。那么之后发生了什么呢？

就在那时，戴尔公司宣布其执行系统在发展战略方面具有较强的竞争优势，但同时它的三个主要竞争对手（康柏、IBM和惠普）也宣布将采取措施，开发类似于甚至更优于戴尔公司的执行系统，因此，当时市场对戴尔公司的这种战略上的竞争优势反应不太积极，戴尔公司的竞争优势差距的确改变了，但竞争优势持续期并未发生任何变化。然而，在随后的21个月里，那三家竞争对手均未兑现它们的承诺，这时市场开始做出积极的反应：好吧，也许我们低估了戴尔公司的可持续竞争优势。结果戴尔公司的竞争优势差距继续增加，而且竞争优势持续期也得以延长。这是戴尔公司的市销率达到7.6的真正原因。

下面，我们看一下来自网络设备行业的另一组公司的市销率（见表4-2），并将之与来自个人计算机行业的数据进行对比。在网络设备行业，竞争优势主要来自专有技术，所以该行业公司之间开展的竞争属于"丛林游戏"，游戏最终将决出"猩猩公司""黑猩猩公司"和"猴子公司"。

表　4-2

公司	股票市值 （百万美元）	前四个季度的收入 （百万美元）	市销率
奥升德	18 941	1 479	12.8
凯创	1 792	1 378	1.3
思科	175 489	9 178	19.1
朗讯	147 892	30 147	4.9
3COM	16 836	5 572	3.0

表4-2中最引人注目的是思科公司的市销率达到了19.1，要了解这一数

字有多惊人，我们可以将之与 IBM 和惠普公司对比一下。在高科技行业，IBM 和惠普公司这两家公司声望颇高，管理良好，属于领先企业，但其市销率通常也只在 1.0 到 2.0 之间波动。投资者和其他公司的确很尊重思科公司的管理体制和管理团队，但公司的执行力不是思科公司获得如此高的市销率的主要原因。

事实上，思科公司的市销率反映了"猩猩公司"的竞争优势，即同时具备较大的竞争优势差距和较长的竞争优势持续期。3COM 公司与思科公司相反，虽然它在以太网接口卡和拨号调制解调器两个市场中属于领先企业，但不拥有转换成本较高的专有架构优势，因此，它在这两个市场都面临着直接残酷的竞争，在以太网接口卡市场中，3COM 公司的主要竞争对手是英特尔公司，在拨号调制解调器市场中，其主要竞争对手是罗克韦尔自动化公司。因此，3COM 公司本质上参与的是"王室游戏"，并非猩猩游戏，其市销率达到了 3.0，也算不错的业绩，但是与"猩猩公司"思科公司的市销率相比，尚无法望其项背。这种远远落后于"猩猩公司"的尴尬境地，不仅困扰着 3COM 公司的总裁埃里克·本哈默（Eric Benhamou），也困扰着安格尔的总裁保罗·纽顿（Paul Newton）（安格尔公司被甲骨文公司远远赶超），以及史蒂夫·乔布斯（Steve Jobs）（他在个人计算机市场的竞争中被比尔·盖茨打败）。然而，虽然远远落后于思科公司，但同凯创公司相比，3COM 公司取得的业绩仍然不容忽视。

表 4-2 中另外两家公司同思科公司形成了有趣的对比，即奥升德公司和朗讯公司。奥升德公司的市销率达到了"猩猩公司"的水平，但同一个市场中只会出现一家"猩猩公司"，奥升德公司是如何做到这一点的呢？实际上，奥升德公司主要经营在电话网络交换机之间传输语音通信的设备，但思科公司的最初业务是在公司网络中传输数据。一直以来，这是两个完全独立的市场，因此，奥升德公司和思科公司是不同市场中的"猩猩公司"，奥升德公司拥有如此高的市销率也就不足为怪。然而，随着语音传输市场和数据网络市场开始融合，这两家公司中其中一家的市销率可能会下跌，事实上，正是

出于这层考虑，奥升德公司在 1999 年接受了朗讯公司的收购计划。

下面我们分析朗讯公司。朗讯公司是语音交换技术市场上的"猩猩公司"：它经营的语音交换设备在无数的企业转接中心中运行，将人们的通话进行转换后，再通过电话网络相互交换，当然电话网络设备主要来自奥升德公司。此外，朗讯公司利用其语音交换技术，在融合后的语音/数据市场中占有较强的竞争优势，收购了奥升德公司之后，这一竞争优势得以增强。事实上，大多数分析师认为未来"猩猩公司"地位的竞争将在思科和朗讯这两家公司之间展开。那么，为什么朗讯公司的市销率没有达到 19.1 呢？

三个因素阻止朗讯公司的市销率达到如此高的水平，每一个因素都有助于理解"猩猩公司"的竞争优势和与其相对应的市销率，具体情况如下所示。

（1）虽然朗讯公司是"猩猩公司"，但它所在的市场正在失去生命力。展望未来，在融合的语音传输/数据网络市场中，数据业务将使语音业务相形见绌，因此，语音优化设备将让位给数据优化设备，因此，朗讯公司也将在竞争中惜败思科公司。

（2）朗讯公司的核心企业文化是在它占据市场垄断地位后发展起来的，而思科公司的企业核心文化起源于激烈的市场竞争。可以肯定的是，朗讯公司后来大幅调整了管理结构和企业战略，但企业文化根深蒂固，而且许多竞争大战是在中层管理层面打赢的，所以调整起来难度很大。虽然奥升德公司的企业文化中也存在问题，但目前股市似乎在说："我们认为收购之后，朗讯的规模更大，其企业文化会占上风，将克服奥升德企业文化中的问题。"总之，这意味着思科公司将凭借着更加适应市场发展的企业文化，在竞争中占有优势。

（3）小数定律（law of small numbers）在此发挥了作用。请注意，朗讯公司的规模是思科公司的三倍，随着利润的增长，朗讯公司的业务组合势必会变得更加多样，但是并非所有业务都能产生"猩猩公司"般的回报，所以对朗讯公司来说，保持惊人的市销率变得越来越困难。与此相反，思科公司没有这类问题，所以能够获得较高的市销率。

虽然上面所做的讨论很有意义，但我们已经有点离题了。让我们回到之前的观点，即思科、朗讯和奥升德这三家公司获得的市销率并非来源于良好的执行力，原因是"猩猩公司"并非只是扩大竞争优势差距，它还会尽力延长竞争优势持续期。

提高可持续性：竞争优势持续期的影响

为了更清楚地理解竞争优势持续期的影响，让我们先考虑一个例子，其中竞争优势持续期发生变化，但竞争优势差距没有发生显著变化。也就是说，随着市场的发展，一家公司的竞争优势并没有增强，而是有了新的生机。这种变化可以用竞争优势差距 / 竞争优势持续期图展示，如图 4-13 所示。

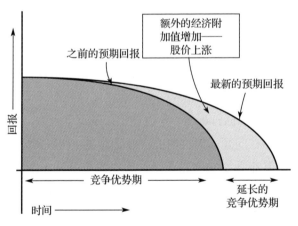

图 4-13　延长竞争优势持续期产生的影响

图 4-13 展示了 1996 年至 1997 年间 IBM 股价的变化情况。1996 年初期，IBM 的市销率徘徊在 0.8 左右，到 1997 年中期，市销率升到了 1.1，这意味着股票市值增加了 200 亿美元。在这期间，改变最大的不是 IBM 的执行力，而是 IBM 所在的企业计算机市场的竞争动态。具体来说，在企业计算机市

场中，新标准（即客户机/服务器架构）在新的表现形式（网络计算技术）中，远远没有像人们预期的那样取代大型主机，而是延长了大型主机的使用寿命，因此大型计算机的竞争优势持续期发生了变化，而且 IBM 在该市场中已经占据了无可争议的主导地位，所以其市销率随之上涨。

这个结果对 IBM 来说是一个意外的惊喜，这个惊喜没有体现为收益的增加，而是体现为竞争优势的明显增强（当然，这个增强的竞争优势肯定会在未来创造更多收益）。当这些变化发生在由一个年事已高的"猩猩公司"控制的市场中时，势必会给"猩猩公司"注入更多生命力，但这些变化不同于在龙卷风暴市场中竞争优势在公司之间的转移，所以市销率的上涨幅度不会太大（下一小节将介绍在龙卷风暴阶段，市销率的急剧增长情况）。同时，竞争优势持续期延长后，公司的净现值会增加，股价也随之上涨。

龙卷风暴产生的影响

下面，我们使用竞争优势差距/竞争优势持续期图，分析进入龙卷风暴阶段后市场中的竞争动态，如图 4-14 所示。

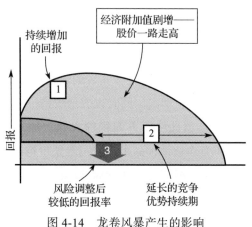

图 4-14 龙卷风暴产生的影响

如前所示，在龙卷风暴阶段，顾客对某一品类的需求会急剧增加，远超市场的供应能力。反过来，市场会以最快的速度提升供应能力，但无论速度有多快，都无法满足快速增长的需求。由于公司无法部署更多投资，利润增长曲线因此受到限制。在这种情况下，投资者投入资本后就能获得丰厚的回报，在图4-14中表现为纵轴的起点很高（见图中标注"1"的区域）。

与此同时，随着龙卷风暴的来临，新品类作为一个整体正在从一些旧品类手中接管市场。我们设想这种竞争发生在品类之间，而不是发生在公司之间。与被替代的品类相比，新品类拥有独特的竞争优势差距和竞争优势持续期，也就是说，新品类借助所使用的技术，能够为顾客创造更多价值，所以几乎所有生产该品类的公司都能获得巨大利润。因此，在龙卷风暴的初始阶段，所有"候选的猩猩公司"都表现优异。

市场同时预测，新品类所在市场将首先吞噬旧品类的所有业务，这些业务将使新品类市场在未来的十年内快速发展，然后进入主街阶段，并享有绝对控制权，直至被新出现的非连续性创新替代。主街阶段也许会持续十年，也许更长时间，总之，在高科技行业中这个阶段很长（见图4-14中标注"2"的区域），"猩猩公司"享有的较长的竞争优势持续期就处于这个阶段。

最后，借助品类竞争优势持续期和品类竞争优势差距的力量，新行业中所有股票在未来将享有较低的资本成本（见图4-14中标注"3"的区域）。这是因为，同其他市场发展阶段相比，在龙卷风暴阶段，投入的资本亏损的风险要低得多，较低的风险意味着风险调整后的收益率降低，在图4-14中表现为经济附加值曲线下方面积增大，同时也表示股票价格将上涨。

总的来说，经济附加值曲线下方面积的大幅增加，代表在龙卷风暴阶段，似乎一夜之间，所有经营某种品类的公司股票价值迅速飙升，这种情况在其他阶段几乎不会发生，所以处于龙卷风暴阶段的市场对投资者具有强大的吸引力。

所以经营该品类的公司都能够实现股票价值的上涨。正因如此，我们主张投资者一旦发现了龙卷风暴市场，不要考虑哪家公司最有可能成为"猩猩公司"，而是购买一揽子经营相关品类的公司的股票。在龙卷风暴阶段，即使购买较小公司的股票也几乎没有什么坏处，但若错误地将随后成为"猩猩公司"的公司的股票排除在外，则会失去获得巨大利润的机会。

由品类价值到公司价值

图 4-14 展示了龙卷风暴对整个行业的影响，行业中每个公司都以某种方式参与新品类的经营，我们称之为"品类资本化"。然后，市场在这些公司之间配置资本，增强它们的竞争力，这些公司同时开展竞争，相互抢占市场份额，以利用龙卷风暴带来的机会快速发展。

起初，市场倾向于根据这些公司各自的市场份额"分配"品类估值，如图 4-15 所示。

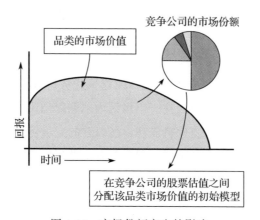

图 4-15　市场份额产生的影响

这样做的道理很简单。为了使所有经营新品类的公司都受益，该品类将使用新架构替换现存架构，新出现的竞争对手可能会进入龙卷风暴市场，但市场的快速发展速度会减缓它们进入的速度。相反，"先行者"享有较大优势，而且这一优势将推动市场形成市场份额等级体系，包括实力强大的"候选的猩猩公司"，也包括一些"黑猩猩公司"和/或者"猴子公司"。之后，每家公司的价值将根据它相对于竞争对手的表现而发生变化。

从整体上看，为了跟踪这场市场之争，理想的方法是统计所有经营该品类的公司的市值变化情况。然而，许多公司不止经营一个品类，因此其市值的变化中仅一部分来源于这些公司在该品类中的经营情况。相反，若公司只经营一个品类，该公司在品类总市值中所占的份额就能够清楚地展示它在猩猩游戏中的地位，也能够说明猩猩游戏的进展情况。

图4-16能够展示"猩猩公司"的竞争优势持续期与品类的竞争优势持续期。

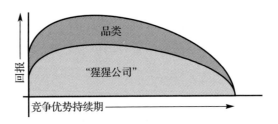

图4-16 "猩猩公司"的竞争优势持续期与品类的竞争优势持续期

请注意，图4-16中"猩猩公司"的竞争优势持续期的长度与品类的竞争优势持续期完全相等。原因在于市场认为"猩猩公司"凭借其突出的竞争优势，对品类的经营会一直保持成功，所以它的竞争优势持续期即为该品类的竞争优势持续期。只有"猩猩公司"具有这种独特的特点，也只有"猩猩公司"可以免遭市场的淘汰。

另外，请注意"猩猩公司"在经济附加值总量中所占的份额。市场认为，"猩猩公司"凭借其竞争优势，获得的利润能够超过所有的竞争对手，因此在图4-16中，其经济附加值曲线不仅是最长的，而且下方的面积也是最大的。

下面，我们对比一下"猩猩公司"和"黑猩猩公司"的竞争优势持续期，如图4-17所示。

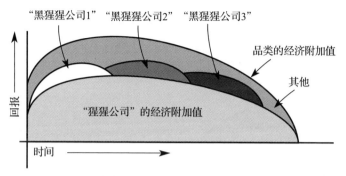

图 4-17　"猩猩公司"的竞争优势持续期与"黑猩猩公司"的竞争优势持续期

　　如图 4-17 所示，"黑猩猩公司"不得不在"猩猩公司"的经济附加值曲线上方被挤压的区域内寻找容身之地，所以它们的经济附加值曲线比较平坦，说明其竞争优势差距较小，竞争优势持续期也较短。这种结果之所以出现，是因为"黑猩猩公司"的战略无法保持长期稳定，在使能技术领域更是如此，另外，由于"黑猩猩公司"的架构与"猩猩公司"的架构不兼容，所以如果它们不能及时采取行动进入到新品类中，并靠新品类来巩固自己的价值，那么它们迟早都会从自己开拓的利基市场中销声匿迹，最后不得不回到大众市场，再次成为"猩猩公司"主导竞争优势的牺牲品，最终被逐出市场。

　　如果我们单独分析图 4-17 中三家"黑猩猩公司"的经济附加值曲线，就能得到三个不同的发展故事，如图 4-18 所示。

　　"黑猩猩公司 1"与"猩猩公司"同时进入市场，它努力争取"猩猩公司"的地位，但在竞争中被打败了。随着"黑猩猩公司 1"失败格局的明朗化，市场撤回了对它的支持，该公司的经济附加值也随之崩溃。"黑猩猩公司 2"进入市场的时间较晚，但凭借第二代创新技术，它向"猩猩公司"提出挑战，并获得一定收益。与此同时，"黑猩猩公司 1"崩溃之后，"黑猩猩公司 2"吸收了它留下的部分经济附加值，实力有所壮大。但最终"猩猩公司"会对"黑猩猩公司 2"的创新技术做出反击，通过设定行业标准来阻止后者的发展，"黑猩猩公司 2"也被打败了。"黑猩猩公司 3"一直存在，它既没有"黑猩猩公司 1"的先行者优势，也没有"黑猩猩公司 2"的技术优势，但随着前两家"黑猩猩公司"的消失，"黑猩猩公司 3"崭露头角，但它一直处在"猩猩公司"的严密监控之下，随时都可能被"猩猩公司"击倒。

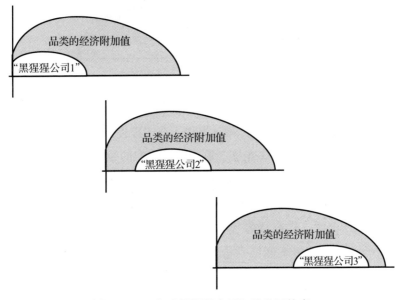

图 4-18 三家"黑猩猩公司"的发展故事

当然，这个例子只是一个假想的故事，但在股市中类似的事情经常发生，第 6 章将详细介绍在关系数据库市场中"黑猩猩公司"的发展历程。这里我们想强调一点：与"猩猩公司"相比，"黑猩猩公司"的竞争优势差距／竞争优势持续期图更短、更平缓，但在某个时期，"黑猩猩公司"的发展速度会超过"猩猩公司"，而且在此期间，股市有时会赋予"黑猩猩公司"更高的市销率。这时"黑猩猩公司"通常会吸引大量投资者的注意，但令人遗憾的是，就在他们打算购买"黑猩猩公司"的股票时，它却失败了。对"黑猩猩公司"的发展动态的误解，是高科技股票发生波动的一个主要原因。

猩猩游戏的优势

迄今为止，猩猩游戏的每个原则都建立在这个假设之上：股市按照正常的轨迹运行，投资者需要找到一个合适的模型，来更好地理解股市的运行规律。这也是我们设计竞争优势差距／竞争优势持续期图的目的。然而，如果投资者打算在股市投资中获利，还需要掌握股市中一些隐含的规律。在猩猩游戏中，投资者需要掌握以下两类隐含的规律。

（1）由于"猩猩公司"的竞争优势差距不同于其他行业的领先企业，所以股市将低估它们在龙卷风暴市场中所能获得的回报。

（2）由于"猩猩公司"的竞争优势持续期不同于其他行业的领先企业，所以股市将低估它们的竞争优势持续期的持续时间。

当然，市场最终会意识到自己的错误，并加以改正，但是这个过程会断断续续地发生，有点像昆虫的蠕动，如图 4-19 所示。

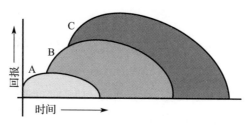

图 4-19　"猩猩公司"股票的发展：价值被连续重估

如图 4-19 所示，投资者首先意识到一家公司进入了超高速增长期，其股票能够带来丰厚的回报，如 A 区所示。投资者精确地追踪到了龙卷风暴的早期阶段，但没有继续关注这只股票，这是因为他们根本不相信龙卷风暴能够持续，也不相信"猩猩公司"最终会变强大。但是他们预测失误了！"猩猩公司"的股价持续上涨幅度超出了投资者的预期，于是投资者又预测了一个新的竞争优势差距／竞争优势持续期图（如 B 区所示）。但投资者又一次低估了龙卷风暴具有的长久影响力，他们认为 B 区的面积已经是 A 区的三倍了，如果"猩猩公司"最初的股票市值为 5 亿美元，那么现在增长为 15亿美元，增长幅度已经够大了。但这还不是最大的增长幅度！该公司的股价上涨幅度再次超过投资者的预期，甚至远远超过修改后的预期，"猩猩公司"的市值再次急剧上涨，形成另一个竞争优势差距 / 竞争优势持续期图（如 C区所示）。

猩猩游戏投资者知道他们需要不断重估"猩猩公司"股票的价值，这是因为对股票的估值以高科技市场的发展模型为基础，而这一发展模型决定了"猩猩公司"股票价值会不断发生变化。因此，不管"猩猩公司"股票估值如何，投资者都相信将来这类股票的价值会大幅上涨，所以会在龙卷风暴发生之初买入这类股票。开始时一切都很好，但猩猩游戏投资者的信心将在某个时刻遇到挑战——龙卷风暴即将结束时。

龙卷风暴最后阶段的自我修正

如前所示，在龙卷风暴阶段，当意识到自己未能准确预期"猩猩公司"的实力时，投资者会自我调整以弥补预期的不足。随后投资者会做出准确的预期，但这时龙卷风暴的发展开始放缓，而且他们开始矫枉过正，在龙卷风暴开始消退时，却对"猩猩公司"的股票估值做出很高的预期，所以当"猩猩公司"的业绩公布出来之后，他们会大吃一惊、大失所望，然后又重新调整对这个行业的所有公司（包括"猩猩公司"）的预期。图 4-20 形象展示了在这一阶段投资者做出不同反应时，对竞争优势差距和竞争优势持续期造成的影响。

图 4-20 可以解释一直困扰公司管理层和投资者的两个问题。

（1）当高科技公司宣布其收入或盈利稍微下降时，股市为何做出如此激烈的反应？

（2）当高科技公司宣布其收入或盈利增长时，股市为何反应不太积极？

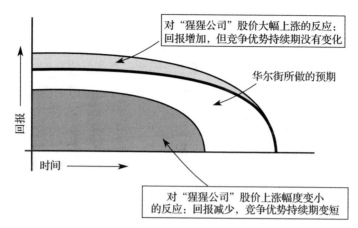

图 4-20　"华尔街"投资者的不同反应造成的影响

在理解图 4-20 时，我们先分析白色区域上方的黑色较粗曲线，它代表目前投资者对"猩猩公司"的竞争优势差距和竞争优势持续期所做的预期。假设"猩猩公司"的股票价格大幅度上涨，投资者会根据上涨的部分重新评估该公司的净现值：他们会增加对"猩猩公司"竞争优势差距的预期，但不会改变对其竞争优势持续期的预期，即他们预期公司未来的收益会产生额外的经济附加值，如图 4-20 中最上方的灰色阴影区域所示。但是为什么预期的竞争优势持续期没有延长呢？这是因为"猩猩公司"股票价格上涨的消息太过突然，投资者还没有得到该品类竞争态势已经改变的消息。因此，尽管"猩猩公司"宣布的好消息增加了投资者对其竞争优势差距的预期，也促进了该公司股票市值的增长，但增长的幅度不会太大。

与之相反，如果"猩猩公司"宣布了利空的消息，那么投资者不但会减少对该公司竞争优势差距的预期，也会减少对其竞争优势持续期的预期，在图 4-20 中表现为纵轴数值的下降和横轴距离的缩短。为什么这次对其竞争优势持续期的预期也发生变化了呢？这是因为"猩猩公司"的竞争地位发生了意料之外的变化，但它拒绝承认，没有提前向市场发出预警！投资者的这种反应也许不够理智，但绝对正确，

这种情况时有发生。当公司的股票价格可能下跌时，公司的管理团队会

113

拒绝承认这种可能性，而且会尽最大努力将股票价格保持在高价位上。具体来说，他们会全力以赴，提前完成未来几个季度的业务，使当前季度的股票回报达到"华尔街"投资者的预期水平。因此，当该公司发布的股票回报没有达到投资者的预期时，这往往代表它的竞争地位已经遭到严重侵蚀，因此对其竞争优势持续期的预期应该大幅下调。

如果市场既降低了对公司回报的期望，又缩短了对竞争优势持续期的预期，这实际是对该公司的惩罚，图4-20中白色区域缩小到最下方的黑色区域时，减少的面积即代表公司失去的股票市值。在这个阶段，通常一天之内高科技公司就会损失三分之一甚至更多的市值，"猩猩公司"也不例外！这时股东会对公司管理层提出诉讼，他们认为股票市值下跌得如此猛烈，只能是公司管理层欺诈的结果。事实上，通常情况下，公司根本没有欺诈股东，而是龙卷风暴中可怕的动力机制在发挥作用。

当"猩猩公司"公布的收入和利润不尽如人意时，公司股票会随之暴跌，这时投资者需要记住一点："猩猩公司"拥有更长的竞争优势持续期，这一点使它在主街阶段也能保持较强的竞争优势（通常只有"猩猩公司"能做到这一点）。换言之，尽管短期看"猩猩公司"的股票价格表现不佳，但仍然值得投资者长期持有。当运用猩猩游戏投资规则分析当前形势时，我们会建议投资者不要对当前"猩猩公司"的股票市值感到失望，而是继续持有它们的股票，甚至利用这个机会买进更多的股票。同时，我们认为，专业投资者在观察这一股市动态时，能够构建对冲工具，做到既不错过可能获利的投资机会，又能规避不利局面带来的投资风险。

然而，为了使猩猩游戏投资组合规避龙卷风暴末期存在的风险，投资者应该尽早出售"黑猩猩公司"的股票。一般来说，这些公司不会像"猩猩公司"那样，能够在受挫之后再次崛起。龙卷风暴结束之后，"黑猩猩公司"将发现自己的竞争对手是实力雄厚的"猩猩公司"，而且这家"猩猩公司"已经渐渐地融入行业中，并打下了扎实的基础。换言之，"黑猩猩公司"已经不能依靠已有技术来扩大自己的竞争优势差距，反而不得不同其他"黑猩猩公司"争夺新顾客。只要"黑猩猩公司"不犯错误，它们可以继续参与这个游戏，但一旦稍有闪失，它们就会被合作伙伴抛弃，而且，尽管它们拥有现有顾客的支持，但几乎无法再吸引任何新顾客。除了"猩猩公司"，这种情况对股市的其他各方来说都不是好兆头。

"猩猩公司"的消亡

"猩猩公司"将竞争对手赶出了大众市场，然后将市场紧紧掌控在自己的手里，在这样的条件下，它肯定不会输，对吧？嗯，几乎是对的。但是，"猩猩公司"最终也得面对命运的终点：死亡。

第 2 章和第 3 章已经指出，"猩猩公司"依靠非连续性创新控制市场，当该非连续性创新的主导地位被另一个新兴的非连续性创新削弱时，"猩猩公司"的市场控制力就会受到威胁。如果市场接受了新兴的非连续性创新，股市会预测行业新标准将逐渐取代旧标准，而且在将来的某个时间，当旧标准被完全取代时，这家"猩猩公司"就会失去自己的竞争优势。

图 4-21 和图 4-22 显示，当"猩猩公司"失去竞争优势，市场调整其股票市值时，"猩猩公司"的竞争优势差距 / 竞争优势持续期的表现，我们可以看到情况不太乐观。

图 4-21 把新标准对旧标准的取代设定为一个不可移动的物体，该物体在将来的某个时间会阻止目前很成功的品类继续带来投资回报，这意味着竞争优势持续期停止继续向右扩展，公司的可持续发展遇到了阻碍。随着时间的推进，曲线下方区域面积在逐步减少。图中左侧长方形阴影部分代表该品类在第 1 年损失的股票估值，同时曲线下方区域代表股票的估值，这表明公司的股票价格受到了不可逆转的冲击。更糟糕的是，由于市场现在就能够预测出该品类的整个发展趋势，而且它甚至排除了将来公司净现值出现上涨的可能性，因此，股价将进一步下跌。

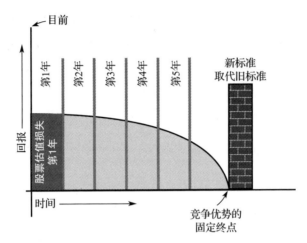

图 4-21 "猩猩公司"的消亡第 1 部分：竞争优势的消耗

然而，情况还会变得更加糟糕，如图 4-22 所示。

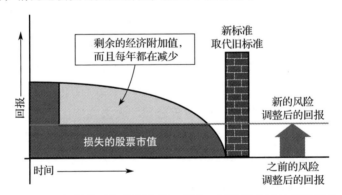

图 4-22 "猩猩公司"的消亡第 2 部分：风险调整后回报的增长

市场这时候会说："看，你现在已经不是一家实力雄厚的'猩猩公司'了，投资风险已经增加，之前风险调整后的回报率已经不能使我满意了，我现在要求新的回报率。"如前所示，公司的经济附加值会被提高的回报率侵蚀，最后只剩下很少的一部分，如图 4-22 中最上方的楔子形状区域所示，而且剩下的部分每年还会继续减少。

如果"猩猩公司"的发展只以一个非连续性创新技术为基础，多年以后当它失去竞争优势时，就会遇到上面所描述的困难。诺威尔公司和苹果公司就是很好的例子。最初，诺威尔公司推出了 Netware 网络操作系统，苹果公司推出了 Mac OS 桌面操作系统，这两项技术为推动计算机行业的发展做出了巨大贡献，但 1996 年市场转而选用微软的 Windows NT 为局域网协议标准，1997 年选用 Windows 为桌面操作系统标准，诺威尔公司和苹果公司就失去了市场优势地位以及长期发展的机会。

"猩猩公司"的合作伙伴能够最先掌握行业竞争动态，这是因为它们也参与到了竞争之中，所以能够很敏锐地感受到公司竞争优势的细微变化。"猩猩公司"的顾客最晚感受到，或者最不愿意承认这种变化，因为其受到转换成本的束缚，不会轻易做出调整。金融机构位于这二者中间，当股市开始走低的时候，它们就意识到了行业竞争态势的变化。"猩猩公司"的股价下跌后，合作伙伴会停止同它的合作，转向其竞争对手，这会进一步加速"猩猩公司"产品价值的下降，形成一种负面的连锁效应。

此时，"猩猩公司"已经很难摆脱消亡的命运，下列公司的股东和管理者已经亲身证实了这一点：王安电脑公司、NextWave 宽带公司（NBI）、拉尼尔（国际）科技公司（Lanier）、普瑞米公司（Prime）、通用数据公司（Data General）、四象限公司（Four Phase）、控制数据公司、优利系统公司、霍尼韦尔公司、邓白氏公司、智件公司（Knowledgeware）、卡里内特软件公司（Cullinet）、微处理公司（MicroPro）、安信达公司（Ashton-Tate）、宝兰公司，等等。科技浪潮继续向前涌去，尽管这些公司都曾是所在市场的"猩猩公司"或者实力雄厚的"黑猩猩公司"，但如今它们要么已经不复存在，要么在自己曾经统治的市场中沦为次要角色。

因此，当"猩猩公司"的竞争优势持续期被阻塞时，它将受到灾难性的影响。认识到这一点之后，我们可以从一个新的角度来理解高科技行业股价波动问题。高科技股票经常因为股价的非理性波动而饱受诟病，其实这并不是非理性波动，而是反映了公司竞争优势和风险调整后回报率的真实变化，这种波动实际上是理性的反应机制所做出的准确判断。

对猩猩游戏投资者的启示

在第一部分的最后，我们总结一下前文所阐述的主要投资原则。

（1）对所有的上市公司而言，股市不断为股票市值寻求平衡，使股票市值准确反映公司的预期未来回报在超过风险调整后的回报率之后所带来的净现值。这种经济附加值实际上可以帮助投资者判断自己是否选择了一个理想的投资交易。

（2）然而，在短期内，当公司处在龙卷风暴阶段和主街阶段时，股市并不擅长对它们的股票进行定价，"猩猩公司"的股票价值通常被严重高估，因此，投资者对这些公司股票的定价"更接近平均水平"。但在计算平均股价时，处于超高速增长市场的少数公司和所有不处于超高速增长市场的公司被放在一起考虑，所以以平均股价严重歪曲了超高速增长市场中的竞争动态。

（3）对猩猩游戏投资者来说，对竞争动态的错误判断却带来了一个极好的结果，即他们基本上可以低买高卖了。

原因如下：由于股市没有预期到龙卷风暴的真正威力，所以在对进入龙卷风暴阶段公司的股票进行估值时，它没有将市场的动态变化包括在内，最多在猩猩游戏的最后阶段才加以考虑。同时，由于它没有预料到"猩猩公司"的竞争优势会持续到主街阶段，所以相对于"黑猩猩公司"和"猴子公司"而言，它会一直低估"猩猩公司"股票的价格，直到游戏的最后阶段（通常是在一家或多家"黑猩猩公司"消亡之后）才会意识到错误。以上对"猩猩公司"股票价值的两种持续低估奠定了猩猩游戏的基础，只要投资者捕捉到"猩猩公司"股票有大幅升值的机会，就能获得丰厚的投资回报。

我们以这一观点结束第一部分的内容。你现在已经掌握了猩猩游戏的全部理论，下面我们更进一步，从猩猩游戏的理论基础过渡到运行机制。

第二部分

猩猩游戏规则

THE
GORILLA
GAME

第 5 章　绘制地形图：开始选择市场

在第二部分，我们将带你去猎捕"猩猩"。这种狩猎不会违反环境保护法——我们不是去猎杀真正的猩猩，而是购买"猩猩公司"的股票。在此强调一点：我们只对这一类投资目标感兴趣，"股市丛林"中存在大量的投资目标，有"狮子公司""大象公司""斑马公司"等，在狩猎过程中，我们会顺便介绍各类公司的情况，但只追捕"猩猩公司"，"猩猩公司"是我们唯一的投资目标。

我们之所以一开始就强调这一点，是出于以下几个原因：

首先，大多数与我们三人有业务往来的公司都不是"猩猩公司"。但我们要再次声明：我们无意轻视这些公司的价值，也无意以任何方式暗示它们不值得投资，实际上其中许多公司都是很好的投资目标。但问题是它们不是"猩猩公司"，因此将被排除在猩猩游戏之外。

其次，目前在高科技行业，互联网市场发展势头最为迅猛。实际上，高科技行业的每只股票都受到互联网市场发展动态的影响，当然这种影响通常是正面的。互联网公司虽然表现很突出，但是它们也不属于猩猩游戏的投资目标，虽然互联网公司充分利用了高科技行业中这次龙卷风暴带来的发展机会，它们的股价上涨迅速，但这不是它们自己创造的龙卷风暴，因此，它们还没有发展到最高水平。亚马逊网站、美国在线、亿贝、雅虎等互联网公司，其股价急速上涨，但由于它们不符合本书中"猩猩公司"的定义，所以猩猩游戏规则也不适用于这些公司。

在本书第 1 版出版之后的几年间，互联网股票已经在高科技板块中占据了主导地位，因此，我们认为应该把这类股票明确纳入投资框架中，所以我们重新编写了第 12 章，根据这几年我们对互联网股票的观察和投资情况，总结了一种新的股票投资理论，以帮助投资者更准确地把握互联网股票的投资机会。然而，无论从短期还是长期看，互联网股票都波动较大，带来的风险也较高，所以对它们的投资不属于猩猩游戏。

这一点非常重要，我们之所以明确澄清这一点，是因为如前所示，猩猩游戏规则极其重视高科技股票投资的安全性，投资其他公司时，安全性就差一些，"猩猩公司"会尽量保护投资者的利益，而"狮子公司"不一定会这样做。作为个人投资者，你手头资金有限，承担股价下跌的能力较低，所以我们希望你在投资时严格遵守猩猩游戏规则。有些投资者出于冒险精神，会投资"猩猩公司"以外公司的股票，但他们的收益稳定性可能无法得到保障。

划分市场

狩猎时，猎手需要一张地图和划分狩猎区域的方法，以便在猎物最有可能出没的地方捉到猎物，高科技股票投资也不例外。虽然从整体上看，高科技行业情况复杂且不断变化，但各市场边界划分相对比较明确，而且人们已经达成一致意见。下面我们先简要介绍高科技行业的整体情况，然后重点介绍最可能出现"猩猩公司"的市场。

宏观上，高科技行业可以分为四大领域：

- 计算机系统；
- 垂直市场体系；
- 半导体行业；
- 服务业。

由于我们三人主要从事计算机系统领域的业务，这是我们最熟悉的"狩猎区"，所以本书主要关注计算机系统领域，第8～10章中的三个案例均来自这一领域，书中所举的多数例子也都与该领域有关。然而，在深入探讨计算机系统领域中的猩猩游戏之前，我们先简要分析其他三个部门中存在哪些猩猩游戏机会。

垂直市场体系

垂直市场体系专门为某一市场开发使能技术产品，其中以下市场最为引人注目。

- 用于医疗保健的医疗设备市场，惠普和通用电气等公司在该市场中占主导地位。
- 石油和天然气的勘探与生产系统市场，哈里伯顿（Halliburton）、斯伦贝谢（Schlumberger）等公司在该市场中占主导地位。
- 用于航空航天和国防的计算机硬件与航空电子软件市场，该市场包括洛克希德·马丁（Lockheed Martin）和罗克韦尔自动化等知名公司。
- 汽车市场，在该市场上，通用、福特、丰田及其他公司通过电子子系统开发了与众不同的产品特点，并获得丰厚的利润。
- 半导体行业的制造和设备测试市场，应用材料公司（Applied Materials）和科磊公司（KLA）是该市场的领军企业。

　　这类垂直市场通常在使能技术产品上投入大量资金，上面提到的公司甚至投入了数十亿美元。这些市场的运行与一般的计算机系统市场不同，它们像是永远处在保龄球道阶段。也就是说，在这些市场中，"猩猩公司"获得很大的权力，对顾客的要求做出高度专业的回应，并同市场中的其他成员建立长期的合作关系，以便阻止新的竞争对手进入市场。在垂直市场中，公司能够了解客户的长期需求，受到的新技术挑战相对较少，所以它们的股票市值比较稳定，波动性较低。这是垂直市场的有利方面。

　　从"猩猩公司"的角度看，垂直市场也有不利的方面，即其他"猩猩公司"很难进入该市场，受供应商垄断体系的限制，新技术也很难被市场接纳。因此，市场中现有的公司都是"候选的猩猩公司"，这对它们本身可能不算太糟，但是垂直市场体系中的使能技术不会进入大众市场，受这个局限的影响，公司不能无限制地扩张。结果，在垂直市场中，各供应商之间相互抢夺利润，甚至争夺合同，但它们很难为市场创造出新利润。

　　当然，垂直市场中也会出现龙卷风暴，但这种龙卷风暴很难被发现，对身处市场之外的投资者来说更加困难，而且龙卷风暴只会对当地市场产生较大影响。因此，除非你正好在垂直市场中任职，或者愿意做额外的工作来关注垂直市场的动态，当发现垂直市场中的龙卷风暴时，就可以向"猩猩公司"投资，否则我们建议你对这类市场敬而远之。

半导体行业

　　半导体行业为在其他高科技行业中反复出现的龙卷风暴提供了基础。半导体产品不断更新，使得集成电路的尺寸不断缩小，密度不断增加，也使得基于芯片的产品的性价比每 18 个月就翻一番。公司随之压低现有产品的价格，推出新产品，而在几年前，只有非常有钱的客户才负担得起这些产品。例如，1997 年，个人计算机的处理器和内存达到了几年前大型主机才具有的性能，使得连续语音识别软件在问世 10 多年之后，成为一款电脑桌面程序，售价甚至不足 100 美元。再比如，原有的线路成本过高，导致互联网所承受的流量有限，但随着线路成本的下降，互联网能够承载更大的流量。

半导体行业既可以细分为一些易于被大众理解的品类，如个人计算机用户都熟悉的微处理器和内存，也可以细分成一些少有人懂的品类，例如数字信号处理（DSP）芯片、模拟和混合信号设备、图形加速器、专用集成电路，等等。总之，半导体领域过于专业化，本书主要面向广大读者，对该领域的介绍不宜过于专业，另外这也不是我们三人熟悉的领域，所以半导体市场不是猩猩游戏的目标投资领域。

然而，我们要明确一点：半导体行业中也会出现"猩猩公司"。也就是说，猩猩游戏的规则同样适用于半导体行业，我们提倡的投资原则也可以在该行业发挥作用，效果同计算机系统领域一样。半导体行业中存在众多专有架构，一旦价值链围绕其中一个架构建立，就会产生高昂的转换成本，因此市场中已经出现了几家"猩猩公司"以及众多的"国王公司"和"王子公司"，而且将继续出现更多类似的公司。例如，1998 年，一家名为蓝博士（Rambus）的公司就成为新兴的下一代内存市场中的"猩猩公司"。然而，投资者若想在半导体行业投资中获益，必须同时具备高度专业化的投资知识和技术知识，如果你恰巧符合这个要求，就可以在这个行业中继续捕猎"猩猩公司"，我们祝你狩猎顺利。

服务业

服务业的优势是从业人员都清楚自己的业务，而且他们表现非常突出。在高科技行业中，所有以产品为导向的公司能否生存下去，都取决于它们的架构是否被接受，而服务公司没有这样的担忧。无论哪家公司的架构获胜，服务公司都会提供相关服务：你们公司的架构没有被市场接受？没关系，我们也可以提供服务，不过费用要高一点。康柏、惠普和 IBM 这三家公司为了销售 NT 服务器拼得你死我活？没问题，我们把这三家的产品线都买下来，反正总有一家会胜出。你不打算购买任何产品？那么把你们公司的这个职能外包给我们吧，我们会帮助你们处理好所有的事情。想不想在网上做生意？我们只需一晚就能让你开店营业。光顾我们的网站吧，我们会帮你解决所有的问题。

是的，服务业中有很多吸引人的地方，但我们要提出一个警示：这个行业中不会出现"猩猩公司"。

前文已经多次强调："猩猩公司"是转换成本高昂的专有架构的受益者，架构只存在于产品之中。公平地说，各类服务公司都拥有类似于架构的部分，我们在分析服务业时会对其展开研究。此外，服务业中也存在网络效应和转换成本，这些因素有助于服务公司留住客户，这与它们在猩猩游戏中起到的积极影响相同。但归根结底，没有一家服务公司拥有"猩猩公司"的实力，这里是"南非稀树草原"，根本没有"猩猩"出没。

这其实也不算坏消息，对服务公司的投资相对安全，公司表现优异时，也能带来丰厚的投资回报，但其回报率往往无法与"猩猩公司"相媲美。下面我们分析一下为何会出现这样的情况。

在高科技行业中，服务业可以分为以下类别：

- 专业服务公司；
- 分销服务公司；
- 交易服务公司；
- 信息服务公司；
- 娱乐节目公司。

下面，我们对比分析一下这五类服务公司与猩猩游戏所投资的公司的异同点。

专业服务公司

在高科技行业中，专业服务公司通常分为两类：一类是系统集成公司，致力于解决安装新系统时出现的复杂技术问题；另一类是业务咨询公司，主要重新设计业务流程，使顾客从新系统中获益。当顾客部署新系统，由于技术的复杂性而无法继续下去时，这两类服务公司就变得重要起来。然而，正如我们将在下一章中阐明的那样，技术的复杂性是龙卷风暴的主要敌人，这是因为为了应对这种复杂性，公司需要进行很大投入，比如关注细节、定制解决方案、学习领域专业知识，等等。这些都需要占用稀缺资源，即使公司足够幸运，或者有能力整合稀缺资源，解决了技术复杂性带来的问题，它们也将难以扩展规模以满足高速增长的需求，也就难以产生龙卷风暴。因此，龙卷风暴通常发生于专业服务公司退出市场时，而非进入市场时。

从实力的角度看，对专业服务公司的区分基于各自的服务方法，它们习惯将这类方法称为"知识产权"，这有点类似于专有架构，但是顾客会频繁更换服务公司，这一点说明知识产权不会产生高昂的转换成本。此外，虽然专业服务公司与客户关系密切，而且这种关系能够产生某种程度的网络效应，但对专业服务公司而言，这些效应在早期市场阶段起到的作用要大于在龙卷风暴阶段所起的作用。

最后，同广告业、会计业等其他行业中的服务公司一样，高科技行业的专业服务公司也需要随时向顾客证明它们的领导地位，否则就有可能失去顾客的信任。与之相反，"猩猩公司"即使在一段时间内未能"善待"顾客，也可以凭借架构限制留住自己的顾客。当然，我们还是建议公司友善对待顾客，但这种情况可以说明专业服务公司和"猩猩公司"在实力方面存在巨大的差别。

分销服务公司

与专业服务不同，分销服务在龙卷风暴阶段更为突出。分销服务公司帮助转售产品，与制造商的销售团队相比，它们能够使产品获得更高的市场曝光度。在龙卷风暴阶段，新的价值链需要众多公司的支持，以更好地处理新客户的涌入，所以它们在龙卷风暴阶段早期就需要分销服务。

作为一种投资目标，分销服务公司的劣势是：它们提供的服务本身就是一种商品，它们之间的竞争完全是公司的执行力的竞争。也就是说，它们设定的转换成本非常低，以至于当一家分销服务公司提供稍好一点的服务时，它就能够将顾客从竞争对象手中吸引过去，而且分销服务公司几乎无法阻止顾客的流失。因此，虽然分销服务公司确实可以而且必须扩大自己的规模，但它们的利润率永远无法达到"猩猩公司"的水平。可以确定的是，它们的规模越大，竞争优势持续期就越长，这是因为在商品市场中，销售规模起到很重要的作用。然而，分销服务公司所能拥有的竞争优势差距比较小，它们带来的回报永远无法明显超过风险调整后最低回报率的回报，也就永远无法像"猩猩公司"那样产生巨大的经济附加值。基于这些原因，分销服务公司不是猩猩游戏的投资目标。

交易服务公司

与专业服务不同，交易服务不是作为一次性项目付费购买，而是属于经常性消费项目，常用的付费方式为订阅或随用随付。电话业务、联邦快递包裹递送、机票订购、干洗服务、电影票订购等都属于交易服务。在高科技行业中，互联网被用于交易服务，最初是用于支付交易，目前以电子邮件和网络浏览为主要使用的交易服务。但是，即使以产品为主的公司，一旦到了主街阶段，交易服务收入在其年收入中所占的比重也越来越大，其交易服务主要包括产品维护、技术支持、外包、消耗品销售和售后服务等形式。

交易服务提供了一种特别有吸引力的商业模式，这是因为一旦系统的体系结构成型，收入超过固定成本，可变成本就会变得非常低，那么所有的收入增量都可以直接计为利润。因此，作为市场领先的交易服务特许经营公司，美国航空公司凭借 SABRE 系统、美国电话电报公司凭借远距离通信技术，已成为全球最赚钱的公司之一。

实际上，在我们撰写本书时，市场中表现出色的所有互联网股票都应该被归类为交易服务类股票。目前它们还存在内在的不稳定性，生命周期模型能够说明原因：交易服务公司的市场份额早已确定，其收益由成熟的、已摊销的、同化的技术决定。交易服务公司在技术采用生命周期的早期就已经确定了交易形式，而当时技术投资尚未分摊，技术采用模型也尚未被广泛接受，因此交易服务行业的回报模型还不够明确。换言之，交易服务市场已经进入了龙卷风暴阶段，但我们对该市场了解得还很不充分。

第 12 章将详细介绍互联网股票的不稳定性，现在我们考虑一下下面这两个问题。

（1）假设交易服务公司筹集到了足够的资本，可以为企业和家庭提供必要的服务设施，也可以获得最大的市场份额，那么该公司的所有未来回报的净现值能超过这些资本吗？一直以来，交易服务公司都是通过不断增加新客户来缓慢增加收益的，还未出现过收益急剧增长的情况。如果互联网股票提供回报的时间过长，那么计算公司收益时就得以将来的时间为参考点，净现值也就很难被计算出来。

在这种情况下，如果股市表现得非常理性，能够根据股票未来收益的净现值对股票进行估值，那么股市就会调整股价，一些投资者将蒙受巨大损失。目前，尽管有人不断呼吁互联网板块采取这种理性做法，但由于某些特殊而合理的原因，互联网板块一直表示拒绝，第 12 章将详细介绍具体原因，此处我们只需明确一点，即互联网板块中的这种高风险在猩猩游戏中并不存在。

（2）互联网股票的收益模式、盈利模式甚至整个商业模式都还没有稳定下来，现在我们仍不清楚亚马逊、雅虎、美国在线等互联网公司到底从事什么业务，也无法预测它们将来会从事的业务。有趣的是，第 12 章将证明这其实是互联网股票的一种优势，但正是由于这种内在的不稳定状态，互联网股票的风险水平也高于其他股市板块。

互联网板块中存在令人担忧的问题：在长期竞争中，互联网公司的产品会逐渐商品化，这时互联网产品的品牌优势能够持续到什么时候呢？今年，明年，还是后年？那些旨在吸引浏览者长期访问的网站具有足够的吸引力吗？股市领军企业抵抗来自"农奴公司"的挑战的能力如何？回答这些问题时，我们只能说："谁知道呢？"这个答案很恰当，它不否定对互联网股票的投资，但也排除了将此类股票称为"猩猩股票"的可能性。

总之，现在我们可以得出结论：交易服务市场并非"猩猩公司"的栖息地。然而，意外也有可能发生，假设思爱普公司、希柏系统软件有限公司、微软公司或其他一些应用程序领域的"猩猩公司"开始利用服务局模型在网络上销售其软件，这意味着在猩猩游戏中出现了交易服务，而且这种服务不会改变这些"猩猩公司"的地位。

这种意外为什么会发生呢？这是因为在上例中，交易服务出现在其生命周期中的"自然时间"，当时市场进入了主街阶段，交易服务的作用是延续"猩猩公司"的特许经营权，这时"猩猩公司"的合作伙伴和客户都清楚谁是市场的领导者，也明白它们需要遵循什么样的行业标准。这时如果某家新来的公司想加入竞争，会发生什么呢？如果它试图与"猩猩公司"价值链中的公司合作，这种努力必将失败，这是由于价值链预测不到足够的投资回报，会拒绝全力支持这家新公司。但是，如果这家新公司能够独立生存下来，并在企业应用软件市场的边缘区域寻找发展机会，比如帮助正在成长的小企业向它们的第一个企业级系统过渡，可能会取得成功。然而，即使新的竞争对手采用这种发展模式，反应迅速的"猩猩公司"也可以利用其品牌的较高知名度开展有效反击，将竞争对手打败。

⊖ "农奴公司"以复制市场领军企业的产品为业务扩张模式。——译者注

⊜ 服务局是指为客户提供商业服务，以换取某种形式报酬的任何类型的公司。该术语通常用于描述向各种规模的公司提供技术支持服务的任何企业及金融机构。在许多情况下，服务局提供的支持使公司能够将基本职能外包给服务局，从而降低客户的运营成本。—— 译者注

信息服务公司与娱乐节目公司

信息服务和娱乐节目的服务内容被赋予了一定的价值，通常以交易服务为主要发布渠道。尽管这两个市场能够很容易地进入超高速增长阶段，并且获得丰厚的利润，但从技术的角度看，它们并不具备专有架构，也没有设置高昂的转换成本。它们的竞争优势持续期实际上取决于其品牌的知名度。

目前，信息服务市场中存在大量知名品牌，如《华尔街日报》*Wall Street Journal*、CNN 和彭博社（Bloomberg）。另外，在使用 Nexus 和 Dialog 等数据库时，用户必须缴纳费用。信息服务市场中存在一种转换成本，这种转换成本部分来自顾客的习惯，部分来自用户对网站工具的熟悉程度，还有一部分来自顾客对网站提供的信息所做的"最好"或"正确"的评价。但这些转换成本无法与架构转换成本相比，因此它们产生的影响要小得多。

同样，在娱乐节目市场中，包括电影明星在内的流行品牌也具有巨大的竞争优势，但其产生的转换成本无法同"猩猩公司"相比，娱乐公司也无法获得类似"猩猩公司"的实力，尤其在好莱坞，娱乐公司发行的节目只需同上一个一样精彩即可。所以，娱乐节目市场是个不错的投资目标，但这里不会出现"猩猩公司"。

我们的服务业领域之旅到此结束。你会注意到，这个领域充满生机，存在很多投资机会，但由于这里不会出现"猩猩公司"，所以让我们继续前进。

计算机系统

我们现在回到了高科技行业的计算机系统领域，这里是转换成本高昂的专有架构的发源地，所以最适合采用猩猩游戏规则。总体来说，这个领域情况非常复杂，可以根据多个标准将计算机系统公司分成不同的种类，很多书和文章已经对这个领域进行了报道。我们在此采取中间立场，根据竞争模式和参与价值链的方式，对计算机系统公司进行分类，并分析其主要特点，如表 5-1 所示。

表 5-1　计算机系统领域

	跨国公司及大型企业	分公司、部门和工作组	私人用户和消费者
软件			
应用软件			
终端用户软件 联机事务处理（OLTP）	思爱普公司、甲骨文公司、仁科公司、巴恩公司（Baan）	仁科公司的（People-Soft）人力资源部门、万蒂公司（Vantive）、瑞美德公司（Remedy）、柯莱菲公司（Clarity）	Intuit QuickBooks
决策支持系统（DSS）	康格诺公司（Cognos）、博奥杰软件公司（Business Objects）、赛仕软件公司（SAS）	Arbor 公司、希捷公司	Microsoft Excel
生产力系统		欧特克公司、楷登电子公司、宏媒体公司（Macro-media）	Microsoft Office
娱教软件		乔斯腾教育公司（Jostens Learning）	美国艺电公司（Electronic Arts）
通信软件 邮件及消息软件	莲花公司的 Lotus Notes 平台、网景公司、IBM Profs 系统	美国全视通国际公司（PictureTel）、微软的邮件系统	美国在线公司
信息应用软件	网景公司、维里蒂公司（Verity）（新）	里德爱思唯尔出版集团（Reed Elsevier）、维里蒂公司（旧）	网景公司、美国在线公司、微软 Explorer 浏览器
系统软件			
操作系统	惠普的 UX 系统、IBM 的多重虚拟存储系统	微软的 Windows NT 系统、太阳计算机系统公司的 Solaris 系统、IBM 公司的 OS/2 系统、SCO 系统	微软的 Windows 95 系统、苹果公司的麦金塔电脑
网络互联软件	诺威尔公司（新）	诺威尔公司（旧）	
数据库软件	甲骨文公司、赛贝斯数据库公司、英孚美公司	甲骨文的 ODI 数据集成平台、Versant 数据库、Objectivity 数据库、微软的 MS SQL Server 数据库	微软的 Access 软件、Paradox 数据库数据编辑器
中间件	安全动态技术公司（Security Dynamics）、斯特林公司（Sterling）、雅虎公司（旧）	王安电脑公司（新）	进步网络公司（Progressive Networks）

131

（续）

	跨国公司及大型企业	分公司、部门和工作组	私人用户和消费者
工具和语言	组合国际电脑股份有限公司(Computer Assoc.)、孚特意公司（Forte）、戴纳斯帝公司（Dynasty）、意大利Powersoft音频公司	VB编程语言、Java编程语言	赛门铁克公司(Symantec)
硬件			
网络硬件	奥升德公司、加德通信公司（Cascade Communications）、甲骨文公司	海湾网络公司、凯创公司、甲骨文公司	3COM公司、美国机器人技术公司、地球村通信公司（Global Village）
计算机硬件	IBM、美国数字设备公司、全国现金出纳机公司（NCR）、惠普	康柏公司、太阳计算机系统公司、美国达乐公司（DG）、硅图公司、惠普公司、戴尔公司、苹果公司	苹果公司、佰德公司（Packard Bell）、捷威公司、美国美光公司（Micron）
外围设备	易安信公司（EMC）、IBM、美商储存科技公司（Storage Tek）	施乐公司（新）、富可视公司（InFocus）	惠普公司、艾美加公司、远程用户拨号认证系统（Radius）、传真服务器（新）
办公设备（已过时）		施乐公司（旧）、王安电脑公司（旧）	传真服务器（旧）

如表5-1所示，根据客户规模，计算机系统领域分为多个子类，这种分类描述了随着时间的推移，计算机系统领域聚集成不同集群的过程。每个集群中都有能够代表其典型特征的主要供应商，我们努力列出每个集群中最具代表性的供应商，但难免会有遗漏（将来会出现更多类似的公司），不过我们在此主要简要介绍计算机系统领域的情况，并非要将所有的供应商都列举出来，所以即使有遗漏，也不会产生太大影响。

按规模分类：大型公司、中型公司、小型公司

在表5-1中，我们先要注意三个竖列，每个竖列包括规模不同的目标客

户：跨国公司及大型企业，分公司、部门和工作组，私人用户和消费者。

计算机系统领域的这些公司经历了从大到小的发展历程。最初，计算机行业只聚焦企业层面的需求，如 IBM 和其他公司创建了可在全球范围内共同操作的系统。随后，一些公司基层部门的需求变得独具特色、丰富多样，专门为企业开发的计算机已经无法满足它们的需求，因此，小型计算机被研发出来。有些基层部门地位较高，如分公司，有些只是公司基层业务部门或工作组，多数情况下，这些基层部门最初的时候都在一个办公区域内。最后，随着个人计算机的兴起，第三类计算机系统出现了，它们最初只适合办公室使用环境，然后扩展到家庭使用环境，但是这类计算机系统当时只被设计成家庭工作系统，还没有变成真正的家庭用计算机。

起初，这三类计算机系统独立发展，最近随着客户机/服务器计算结构的兴起，企业与桌面系统得以连接起来；同时随着互联网的兴起和扩展，桌面系统与全球的企业连接起来。在此过程中，这三类计算机系统逐渐交织在一起，但是在大多数高科技领域中它们之间的区别仍然存在，而且还会持续一段时间。

这类情况之所以出现，主要因为三方面因素：

- 首先，所有技术都需要相对于一组通常相互冲突的目标——如低成本、高性能、快速上市、消费者吸引力、易用性、易支持性等进行优先排序。计算机系统细分为企业、部门和桌面系统之后，各类技术就能够为各层次的顾客提供不同的解决方法，消除目标之间的冲突。

- 其次，随着公司规模的扩大，公司所需技术也变得更加复杂。公司的整体运营需要高端的专业服务，而基层部门需要低端的基于交易的分销服务；公司更重视关系营销，而基层部门更关注如何增强品牌优势和改进商品包装，以吸引消费者，售出更多商品。

- 最后，公司定位在不同的类别中，可以暂时避开竞争对手，集中精力开发新市场，而不用争抢已有市场。

尽管如此，在高科技行业中，很大一部分正常竞争动态与表 5-1 的"横向"运动有关，即公司在一个领域取得成功之后，会尽力扩张到相邻的领域中，这就造成了"猩猩公司"之间的冲突，使得原来稳定的架构动荡起来，市场突然也无法确定哪家"猩猩公司"最终会胜出。前文已经提到，"猩猩公司"之间的冲突会给猩猩游戏投资者带来极大的挑战，所以我们将在后面章节中详细分析如何应对这些挑战。

根据种类分类：系统分类法

表 5-1 中的竖列就介绍到这里，下面我们分析一下横行内容。每一行代表按产品类别划分的领域，也代表着竞争的分界线。每个单元中的公司相互竞争，将来也可能会与同一行中的其他公司展开竞争，但不大可能同其他行的公司展开竞争，而会进行合作。不过，当一家公司跨越横线，进入其他品类市场时，合作伙伴将变成竞争对手，竞争就会更加激烈。

横行又被分成不同的种类，这样有助于展示计算机行业的主要类别。计算机行业最早分为"硬件"和"软件"，现在业界已经较少使用这种分类方法。硬件系统的价值越来越多地被应用软件创造出来，因此，传统意义上的硬件公司在招聘时，需要的软件设计师和程序员要多于机械工程师和电子工程师，而且机械工程师和电子工程师所使用的工具与软件程序员的工具很相似。尽管如此，从市场的角度看，"硬件"和"软件"之间的区别仍然存在，主要体现为"平台"（传统上由硬件组成）和"程序"（主要指软件）之间的区别。

这就留下了一个模糊的中间地带，即"系统软件"，该软件有助于将外在的应用程序与内在的硬件联系起来。如第 4 章所示，在典型的计算机系统结构中，最底层是硬件设备，中间层是系统软件，最上层是传递价值的应用软件。虽然这三部分之间存在竞争，但在大部分情况下，它们会开展合作以创造更大的价值。

在表 5-1 中，硬件又被分成四部分，其中计算机硬件是核心部分，外围设备加以辅助，后者的作用是将数据输入系统、存储和检索数据、将数据呈现出来，这些功能都通过网络硬件呈现给外部世界。曾经办公室中存在一种叫作"办公设备"的系统（该系统不包括任何计算机），但现在已经过时。

应用软件分为终端用户软件和通信软件两类。如果人们关注计算机行业从计算技术向通信技术的转变，就会注意到以前该行业的发展主要依靠终端用户软件，但现在行业利润主要来自通信软件，正因如此，目前计算机系统投资中最热门的产品是"联机事务处理"（OLTP），即日常事务的自动化处理，该系统既可以处理财务、库存、订单输入等传统业务，又建立了记录客户活动的大型数据库，可以帮助公司管理人员开展客户分析，之后，管理人员可以借助另一种软件，即"决策支持系统"（DSS），来创建报告、绘制图表，以展示和解释客户信息分析结果。

随着个人计算机的普及和技术工作站的兴起，第三类应用软件出现了，即"生产力系统"，该系统主要关注公司员工的工作需要，而非公司整体运营的需要。另外，随着更多家庭开始使用个人计算机，第四类应用软件也日益兴盛，即"娱教软件"，这类软件已经不再仅仅满足办公室工作需要，也可以满足个人生活娱乐需要。

最后，互联网的普及促成了第五类应用软件的出现，即"邮件及消息软件"，这类软件的核心技术不再是计算技术，而是通信技术。最初这类软件中的杀手级应用程序是电子邮件，现在该程序发展为可以实现群体交互的群件⊖系统，如 Lotus Notes 平台。系统软件类别中存在另外一种"消息"软件，我们需要同此处的"邮件及消息软件"区分开来。这些网络互联软件把用户引入到包含海量免费信息的万维网中，这时第二类通信软件出现了，即"信息应用软件"，该软件可以帮助用户获得、发布及订阅各类信息，目前这类

⊖　群件是一个网络软件概念，它定义了由一组（群）人使用的应用程序。它基于这样的设想：因为网络连接用户，这些用户应当通过网络互相操作，作为一个整体而提高组的生产率。——译者注

软件在计算机系统领域中发展势头最为迅猛。

表 5-1 中"系统软件"类别位于应用软件之下、硬件之上，这类系统软件形状不固定，而且难以定义，所以在其发展过程中，计算机行业曾经将其视为"黏结层"，但我们需要重视这类软件。

第一类系统软件是"操作系统"，在表 5-1 中位于中间偏下位置，该系统包含一个文件管理系统，主要管理硬件和其他软件的交互。为了存储和检索众多应用程序所使用的复杂数据，业界将目光投向了第二类系统软件，即"数据库软件"。同时，为了编写与使用操作系统，一种叫作"工具和语言"的软件被开发出来，这类软件通常用于满足客户的特殊需求，但有时也会被广泛使用，如 Java 语言。

剩下的两类系统软件为"网络互联软件"和"中间件"，近年来这两类软件带来一定问题。"网络互联软件"管理计算机之间的连接，这曾经是操作系统的一个职能，但现在正日益成为网络硬件的职能，这种变化导致操作系统供应商和网络硬件供应商陷入冲突之中，比如微软公司和思科公司之间爆发了有史以来最激烈的竞争。

另一类系统软件是"中间件"，这是一种真正的"黏结层"，它包含很多重要软件，但这些软件尚未形成独立的类别。随着网络计算技术的兴起，市场对这类软件产生了巨大需求，因此更多"中间件"会被研发出来，但由于它本质上与所有其他类型的系统软件紧密相连，因此难免会侵犯市场上所有已建立的领域。另外，"中间件"若想获得更多权力，必须从其他系统软件中分离出来。因为只有专业人士能够理解"中间件"的运行原理，而且不同专家各执一词，所以其他人很难弄清楚中间件是什么。大多数"中间件"只有在被系统软件中的其他类别收购或吸收后才会脱颖而出，因此，尽管"中间件"所在领域进入了龙卷风暴阶段，但它通常不是猩猩游戏的投资目标。

除"中间件"之外，本章介绍的其他类别的计算机系统都是猩猩游戏的投资目标，我们预测在 20 世纪下半叶和 21 世纪初，下列三个领域将成为猩猩游戏的热门投资目标：

（1）计算机和网络硬件。

（2）应用软件，主要是通信软件，其次是联机事务处理和决策支持系统。

（3）系统软件，尤其是操作系统和网络互联软件。

我们认为，这些活跃的市场中出现非连续性创新技术的可能性很大，而且这些技术都有高昂的转换成本和专有架构，因此，与其他市场相比，这些市场是潜在的猩猩游戏领域。但现在我们需要思考一个问题："这些市场中出现龙卷风暴将至的信号了吗？"第 6 章将帮助我们回答这个问题。

第6章　追寻猩猩：寻找超高速增长的市场

投资的目标是跑赢市场，否则我们大可把钱投资于指数基金，然后回家坐等收益。猩猩游戏的目标是提供一个平台，帮助投资者在高科技行业持续跑赢市场。

要做到这一点，投资者只有两个选择：要么经常做出超强反应（当拥有相同的条件和信息时，执行速度比其他人快），要么启动超常规思维（拥有不同于其他人的见解和信息）。超常规思维实际上就是一种超强反应，不过速度慢一些，也就是说，"先知先觉者"在即将发生的事件触发市场反应之前就预测到了它们，并早于市场采取行动。

由于市场拥有完善的预测–反应机制，所以即使技术娴熟、处境优越的专业投资者也很难领先市场做出反应，更何况个人投资者有诸多劣势，如不能及时了解市场动态，能利用的援助较少，反应时间延迟，等等，所以在我们看来，个人投资者不可能做出超强反应。另外，即使超短线交易能够早于市场做出反应，它也不属于投资，充其量只是一种套利形式，或者更像一种

"改头换面"的赌博。因此，我们的目标不是帮助你做出超强反应，而是启动超常规思维。

市场不会思考，也不会形成自己的看法，所以投资者靠智慧战胜市场并不困难。投资者能够做出自己的判断，一段时间之后，他们的观点会在其他投资者中流行开来，然后成为评估市场的方法。当然这需要一定的时间。

目前，高科技市场并不重视龙卷风暴的影响力，而且它的态度被与其他类型市场相关（但与高科技市场无关）的观点所误导。因此，高科技板块中尚未形成有效机制把未来进入龙卷风暴阶段的股票的净现值设定为股票估值。如果投资者更清晰地认识了龙卷风暴，他们就能够早于市场预测到股市新动态，进而做出超强反应，当然前提是他们具备以下条件。

（1）拥有的决策模型既能显示他们在新兴的技术市场中使用的投资模式，又能明确展示这些模式的运行方式。

（2）擅长开展市场研究，学会了如何从日常公开的信息中提炼有用信息，并利用投资模式分析信息，这样投资者就可以早于其他人追踪到龙卷风暴。

第 6 章和第 7 章将重点介绍投资决策模型，即猩猩游戏规则。换言之，我们要开启猩猩游戏了，当然首先要找到龙卷风暴。

龙卷风暴预警

如果你成长的地区经常发生龙卷风暴，那么你年幼时就会知道，"龙卷风暴预警"和"龙卷风暴警报"之间区别很大。"龙卷风暴预警"是提醒公众形成龙卷风暴的条件已经存在，但目前还没有发现风暴，而"龙卷风暴警报"是提醒公众龙卷风暴已经被发现，附近区域应当做好防范工作。为了在猩猩游戏中获得最大利润，你需要积极关注龙卷风暴的形成过程，如果等收到"龙卷风暴警报"再采取行动，你虽然可以继续参加猩猩游戏，但已经错过了股价的第一波上涨。

当然，并不是做出"龙卷风暴预警"之后，风暴一定会发生，这是因为龙卷风暴的形成需要多方面的因素，如气温、地面条件、季节因素等。高科技市场中的龙卷风暴也是如此，它发生的频率并不高。

然而，有关高科技行业的报道给人们留下了相反的印象。这些报道过度炒作新出现的品类，以至于市场广泛相信龙卷风暴很快就会到来，但事实上，大部分新兴市场中都无法形成龙卷风暴，所以我们应该摒弃过于戏剧化的观点，做出理智、科学的判断。

多数新品类在鸿沟阶段就消亡了，毕竟它们属于一种"品类突变"，市场对新品类并不仁慈。一些生命力顽强的新品类会在鸿沟阶段生存一段时间，但会被其他品类相继超越，落在后面。有些品类虽然跨越了鸿沟阶段，到达了保龄球道阶段，但其价值被限制在少数利基市场中，再也没有离开保龄球道阶段。最后，只有极个别的品类能够成功跻身主流市场，并重组市场，被主流顾客接受。

"龙卷风暴预警"就是寻找这种品类，即有迹象显示在未来某个无法预测的时间可能会超高速增长的品类。当然，只有当该品类真正进入龙卷风暴之后，你才能准确判断出龙卷风暴发生的时间，但是通过"龙卷风暴预警"，你可以确定需要重点关注的品类。

这也是猩猩游戏的起点。在判断龙卷风暴可能出现的地点时，行业知识不可或缺，好消息是投资者可以通过多种方式获得这些知识，如订阅入门级的行业杂志，定期浏览有关高科技的新闻，等等。然而，关键问题是，即使拥有了行业知识，投资者也不一定能够做出准确判断。事实上，高科技行业经常陷入炒作的旋涡，虽然只要局外人保持适度清醒，就能一眼看出炒作问题，但当局者迷，因此，我们认为行业知识反而会阻碍投资者做出良好的投资决策。

若想对龙卷风暴做出预警，投资者需要浏览有关高科技行业的公开信息，这项工作并不轻松，因此，这是猩猩游戏投资者将自己与"普通投资者"区分开来的第一途径，也是主要途径。（事实上，没有投资者认为自己"普通"，但我们的大多数同事认为，多数投资者都只能达到一般水平，所以我们仍沿用这一称呼。）不过，仅仅浏览信息远远不够，投资者还要确定需要浏览的信息。

关于价值链

要探测龙卷风暴出现的迹象，就必须考虑它的内部动力，在此过程中你需要牢记以下原则：

龙卷风暴只在新的价值链形成时才会发生——这是唯一条件。

价值链是一组可以为终端用户提供价值的相互关联的产品和服务，具体情况如图 6-1 所示。

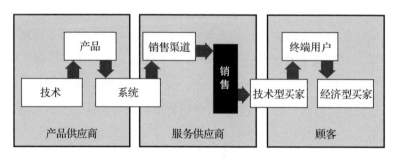

图 6-1　高科技行业的价值链

价值链分为三部分（如同亚里士多德的整体三分法），即起点、中间部分和末端。

- 价值链以产品生产为起点（见图 6-1 左侧小框），通常包括与产品生产有关的各方，如技术提供商、零件制造商、子系统组装方等。这一领域存在产品架构，也存在"猩猩公司"，而且价值链中的其他各方必须与"猩猩公司"合作，才被允许使用这些产品架构。

- 价值链的末端是顾客端（见图6-1右侧小框）。在B2B市场中，客户端通常包括三部分，即技术型买家、经济型买家和终端用户。它们之间必须开展有效合作，才能实现产品的价值。在消费品市场中，这三部分通常合而为一，即一家公司同时具备这三个角色，但也会有例外情况，如"母公司"（指经济型买家）为"子公司"（指终端用户，在家用电器市场中，也可以指技术型买家）采购产品。总而言之，顾客在价值链的末端支付所有费用，但前提是用户必须能够从产品中获得适当的价值。

- 最后，服务供应商往往占据价值链的中间部分，它们把多个产品集成到系统中，然后销售这些产品并提供相关支持，最后帮助顾客安装新系统并培训终端用户。这些服务供应商往往能够创造新价值链，或者阻碍新价值链的形成，如前所述，它们自身不会成为"猩猩公司"，但会在猩猩游戏中起到关键作用。

如果我们按照从左到右的顺序观察图6-1，会发现在出现非连续性创新的情况下，新技术和具有独特功能的技术正被纳入产品中，以便为顾客带来与众不同的新价值。为了做到这一点，新产品必须能够整合到现有的系统中，而且产生的整体产品必须能够通过销售渠道出售给顾客，顾客随后开发技术能力，以内化吸收这些新系统。这时，只有当终端用户采用了新系统，提高了生产效率，经济型买家才能从新系统投资中获利。换言之，创造新的价值链的过程也存在风险。

现在，价值链分析已成为一种商业实践，最初目的是提高对现有成熟市场的关注程度，即分析价值链中哪些组成部分真正增加了价值，哪些环节有助于增加价值，公司采取的哪些行动是习惯使然而非出于必要。了解这些情况后，公司就可以减少非增值步骤，提高产品价值。对于成熟市场来说，这种分析至关重要，但猩猩游戏投资者不需要对此给予太多关注。

在新兴市场中，价值链分析起到另外一个作用。在该市场，产品价值可能无法最终到达顾客，人们因此展开价值链分析，以找到产生这种结果的原因。一般情况下，是因为价值链中的某些环节过于薄弱，使得整个价值主张被削弱，只有小部分价值（如果有的话）能够成功到达为整个价值链买单的经济型买家。在这种情况下，市场是不会发展的。与之相反，如果价值链中各环节正常运转，最后经济型买家成功获得价值，那么投资者就会受到鼓舞，加大对该品类的投资，市场随之快速发展。其实，市场可以说是一个组织化的价值链，价值的流通越畅通，市场就越有活力。

当一个新的技术市场形成后，如果它没有跨越鸿沟，没有在大众市场中形成龙卷风暴，就说明它的价值链出现了问题，需要进行调整。猩猩游戏投资者可以利用这一原则，根据新兴市场价值链的当前状况和未来发展趋势，判断新兴市场的状况。从理论上讲，如果目前新兴市场的价值链达到了最佳工作状态，那么这个市场就已经进入了龙卷风暴阶段，换言之，只有当价值链运转良好时，新兴市场才能进入超高速增长阶段。

为了掌握市场价值链的运行情况，投资者可以考虑以下问题。

（1）这个价值链能够发展成大众市场并进入龙卷风暴阶段吗？

（2）如果可以，目前哪些不利因素阻碍了它的发展？

（3）这些不利因素能够被消除掉吗？

（4）如果可以被消除掉，最后一个不利因素何时能被消除掉，谁来消除？

当最后一个不利因素消失时，假设价值链的大众市场价值主张尚未被开发，那么龙卷风暴就形成了。

以个人计算机市场为例

下面我们用这种方法分析个人计算机市场中最早出现的龙卷风暴。20世纪 80 年代早期，个人计算机市场蓬勃发展，领军企业是生产 Apple Ⅱ 机型的苹果公司，同期还有康懋达（Commodore）、雅达利（Atari）、阿米加（Amiga）等个人计算机公司。这些公司都使用微处理技术，所以生产的计算机成本较低，尺寸适合桌面大小。但是可供这些计算机使用的软件却寥寥无几，用户只能使用一种叫作BASIC的编程语言编写自己需要的程序，当然也有人开始专门开发软件，如比尔·盖茨。尽管当时字节商店（ByteShop）开始扩大其特许经营权，但个人计算机的销售渠道仍然非常有限。同时，企业的管理人员并不看好个人计算机，但工程师和其他早期终端用户在自己的项目中开始使用个人计算机，在Apple Ⅱ计算机上开发新软件VisiCalc、引入电子表格之后，个人计算机开始普及起来。

这个情景非常适合预测龙卷风暴，所以让我们考虑一下上面提到的四个问题。

（1）这个价值链能够发展成大众市场并进入龙卷风暴阶段吗？

个人计算机市场的目标是在每个桌面上配置一台计算机，所以答案是肯定的，而且如果价值链运行正常，最终就会形成一个巨大的个人计算机市场。

（2）如果可以，目前哪些不利因素阻碍了它的发展？

以下因素不利于个人计算机市场的发展：

1）商业领域的技术型买家都唯IBM马首是瞻，当时，如果一项新技术的开发得不到IBM的支持，也就很难得到其他大型信息技术公司的青睐。

2）除了技术爱好者，其他消费者无法享受能够提供"开箱即用"价值的定制产品。具体来说，尽管文字处理软件和电子表格软件看上去都很有发展前景，但杀手级应用程序还没有出现。

3）尽管梅西百货（Macy's）、西尔斯百货（Sears）和其他一些公司展示了个人计算机的部分机型，但大部分商店仍在静观个人计算机市场的发展。

（3）这些不利因素能够被消除掉吗？

当时来看这些不利因素都有可能被消除，但无人确定何时能够消除。

（4）如果可以被消除掉，最后一个不利因素何时能被消除掉，谁来消除？

很明显，最后一个不利因素就是IBM，其他公司的顾客和销售渠道都需要确定 IBM 对非连续性创新的支持，以减少采用新技术带来的风险。

因此，IBM 一进入个人计算机市场，市场上的各方就都进入了超高速增长期：英特尔的微处理器业务随之起步，几年后该公司便退出了已经无利可图的内存芯片业务；微软帝国诞生，控制了 IBM 计算机桌面及克隆机桌面；莲花公司的 Lotus 1-2-3 软件、微处理公司的 WordStar 软件和安信达公司（Ashton Tate）的 dBase 软件等应用软件的销售量都一路飙升；以计算机天地公司（Computerland）和商业天地公司（Businessland）为首的大量系统和服务供应商一夜之间涌现出来，这些连锁店不仅销售 IBM 个人计算机，还销售苹果、康懋达等公司的个人计算机。尽管"猩猩公司"已由市场预先确定，但是水涨船高，其他公司在龙卷风暴中也获利颇多。

以万维网为例

个人计算机的例子展示了如何发出"龙卷风暴预警"，现在，让我们用同样的思路来分析万维网市场。目前，可以说万维网市场仍处在浏览器市场和网络服务器市场带来的第一场龙卷风暴中，人们预测其他市场后续也会带来龙卷风暴。但是要小心！正如比尔·盖茨发现的那样，万维网市场中暗含诀窍。

回想 20 世纪 90 年代初，美国在线、奇迹商业公司（Prodigy）和计算机服务网公司（CompuServe）引领蓬勃发展的在线服务市场，而一只叫作微软的"大恶狼"在在线服务行业门口怒气冲冲，扬言要开发出一个叫作"微软网络服务"（Microsoft Network，MSN）的软件。当时所有的在线服务平台都运用了现代技术和公共网络，因而能够提供低成本的电子邮件和信息服务。然而，这些平台之间的互操作性较差，虽然它们拥有较大的信息量，但都不具有绝对优势。计算机服务网公司取得了成功，这证明高科技公司非常重视在线服务平台，并利用这些平台分发软件，为技术成熟的客户及合作伙伴提供支持。与之相反，奇迹商业公司的业绩持续令人失望，这说明消费者对这些平台的支持程度并不高。这是因为公共网络只是一种传输机制，只有 Unix 专业人员才清楚互联网的运作方式和各协议的运用方式。万维网只在学术机构和政府机构中比较普及，而消费者青睐 The Well 等在线虚拟社区。

现在让我们使用前文提到的四个问题分析在线服务市场。

（1）这个价值链能够发展成大众市场并进入龙卷风暴阶段吗？

答案是肯定的。美国在线的经历尤其鼓舞人心。该公司已经解决了用户界面问题，创建的在线社区也取得了成功，尤其是电子邮件和聊天室软件，它们看起来很有可能成为杀手级应用程序。

（2）如果可以，目前哪些不利因素阻碍了它的发展？

以下因素不利于在线服务市场的发展：

1）统一的在线服务系统标准尚未形成，无法将相互竞争的在线服务平台联合起来，每一个平台都拥有独立的安装系统，而且只限于自己使用。结果，技术大师们通常会在名片上列出三四个电子邮箱；公司客户基于微软、莲花、IBM 及其他公司的专有技术，也都开发出自己的内部电子邮件系统。

2）销售渠道不畅通。这是因为万维网品类比较分散，入市价比较低，所以经销商不得不准备大量库存，而且产品的单位收益率也比较低。这对经销商来说没有太大吸引力。

3）在线交易标准尚未形成，因此，用户担心在线交易费用可能会急剧上涨，直至失去控制，数据库供应商也无法判断它们所提供数据的价值。

（3）这些不利因素能够被消除掉吗？

这些不利因素一度看起来都能被消除掉，但令人感到意外的是，当时所有人都认为这些问题将由微软解决掉，结果互联网和万维网成为消除障碍的主力军。

（4）如果可以被消除掉，最后一个不利因素何时能被消除掉，谁来消除？

1994 年，业界相信最后一个不利因素将在 1995 年被消除，原因是这一年微软将发布 Windows 95 系统，该系统的界面上有一个按钮，能够自动将用户连接到微软网络服务平台。这个技术实际上将其他所有的专有在线服务平台排除在外，垄断迹象非常明显，所以美国司法部代表业界其他成员对微软提出了诉讼。

然后，万维网突然出现了！万维网不但解决了这四个问题，其解决方法也比微软更胜一筹。具体情况如下文所述。

（1）这个价值链能够发展成大众市场并进入龙卷风暴阶段吗？

业界虽然预测在线服务平台能够被大众市场接受，但与此同时，市场中出现了一个全新的互联网用户社区，社区成员包括高校的研究生和本科生，他们使用学校账户免费连到万维网，并喜欢与高中同学通过电子邮件保持联系。

（2）如果可以，目前哪些不利因素阻碍了它的发展？

万维网中也存在类似于妨碍在线服务平台发展的不利因素，其价值链中存在以下薄弱环节：

1）统一的系统标准尚未形成，万维网无法将其他系统联合起来。

2）销售渠道不畅。

3）在线交易标准尚未形成。

下面我们分析这些不利因素是如何被万维网全部消除掉的。

（3）这些不利因素能够被消除掉吗？

万维网能够很容易地解决这些问题。

1）万维网本身就是系统标准。

万维网中，客户端软件是浏览器，服务器软件是网络服务器，超文本传输协议（HTTP）是传输协议，超文本标记语言（HTML）是文档标准。问题解决了。

2）万维网本身就是销售渠道。

万维网由软件组成，用户在线下载即可，所以经营者不需要准备任何店铺。但是为何说万维网的使用费用很低呢？这是因为……

3）网上所有内容都免费，包括网络浏览器。

网络内容提供者不喜欢这一点，但事实证明这并没有对他们造成不利影响，一段时间之后，这些免费内容成为他们在万维网上投放的广告，万维网成为产品宣传的有利媒介。

（4）如果可以被消除掉，最后一个不利因素何时能被消除掉，谁来消除？

答案是现在，网景公司消除了这些不利因素！正因如此，网景公司的股价在首次公开募股时就一路飙升，它的浏览器和网络服务器软件引发了网络革命，网景公司几乎一诞生就成为"猩猩公司"！

我们现在注意到，微软自从上市以来，做出的决策都有利于增强其市场竞争力，并因此获得了持久的良好信誉，令投资者非常满意。但有趣的是，微软一直将网景公司视为"猩猩公司"：整个1996年，微软都在克隆网景浏览器，以迎头赶上，同时，为了推翻网景的"猩猩公司"地位，它没有在浏览器市场中对网景发动进攻，而是改变游戏规则，将浏览器嵌入Windows系统中，这才收回了市场主导权。在第3章介绍"猩猩公司"之间的冲突时，我们已经分析了这个案例，在第12章讨论互联网行业的猩猩游戏时还会继续分析，可以说，这是10年来影响力最大的商业事件之一，其结果仍对整个行业有深远影响。

综上所述，个人计算机和万维网这两个例子展示了如何利用这四个关键问题来揭示龙卷风暴出现的机会，以及如何跟踪其发展。投资者分析具体情况时，应该首先关注阻碍市场发展的不利因素，然后再分析可行的解决方案。新兴的高科技市场中存在各种能够盈利的投资机会，但在相关行业完全消除发展障碍之前，投资者最好不要采取行动。

发展障碍是技术的复杂性，解决方法是使能技术

财富创造驱动价值链的创造，无论何时，新的获利领域出现时，自由市场都会想方设法进入这个领域并获得利润。创造的新财富越多，参与财富创

造的人就越多；创造财富的速度越快，推动财富创造的力量就越大。这就是龙卷风暴的精髓。

有时候，虽然创造财富的机会真实存在，但龙卷风暴仍然无法形成，阻碍因素就是技术的复杂性。通常两类主要的技术复杂性会阻碍龙卷风暴的形成，与之相对应，两类使能技术能够消除这两类阻碍因素。

技术采用的复杂性和杀手级程序

技术采用的复杂性主要存在于价值链的顾客端，通常表现为产品难以安装或使用不便，或者客户利益对目标用户群体来说过于陌生。无论哪种情况，当客户停下来说"实在搞不懂"时，形成龙卷风暴所必需的"正回报"反馈循环就会中断。

如果技术采用过于复杂，客户就会产生犹豫和怀疑情绪。目前，尚未出现客户采用技术的普遍需求没有得到满足、价值链对客户需求视而不见的情况，组成价值链的各方会尽力帮助用户解决困难，但它们也因此无法集中精力增加产品供应。一段时间后，解决方案供应商就会关注其他市场并寻找其中的商机。因此，在这种情况下，市场确实在增长，但龙卷风暴永远不会到来。

为了推动龙卷风暴的出现，价值链末端必须出现一个杀手级应用程序为客户带来巨大利益。杀手级应用程序包括被普遍接受的单一产品，市场暂时对该产品表现出无限的需求，因此，价值链会尽最大努力增加产品供应。如果市场时而创造更多需求，时而创造更多供给，那么它一定会加速增长，但不会形成龙卷风暴，这是因为市场若想进入超高速增长阶段，就必须满足客户持续、强烈的需求。比如，在个人计算机市场，第一个杀手级应用程序是文字处理，第二个是电子表格。

再以万维网市场为例，第一个杀手级应用程序是浏览器，第二个是潜在功能被互联网重新发现的电子邮件，第三个是进行营销传播的网络，第四个是基于以上三个应用程序实现内部通信的内部网。

终端用户往往感觉杀手级应用程序很熟悉，不像是非连续性创新，因而很容易接受这些应用程序。例如，文字处理系统取代了打字机系统，而用户因为长期使用打字机系统，已经很熟悉制表符、页边距、页面、文件和文件夹等概念；电子表格虽然取代了列式选项卡，但保留了用户熟悉的行、列、单元格公式等特征。总之，大众用户越熟悉应用程序的范式，越能更快地掌握。

操作复杂性与整体产品

操作复杂性问题主要困扰价值链中的产品供应商及服务供应商。如果技术范式或者整体产品过于复杂，客户不能持续进行便捷、准确的复制，那么即使客户愿意使用该技术或产品，市场打算依靠该技术或整体产品进入超高速增长阶段，技术供应商也无法快速推广该产品，使其被普遍接受。一段时间之后，客户就会对该技术失去耐心，转而使用其他替代品。

例如，目前能够满足商界和政府对地图需求的地理信息系统（GIS），在知识型组织之间实现信息共享的 Lotus Notes 平台，帮助管理层从多角度观察公司运作情况的数据仓库，这三类技术都承诺为客户带来巨大利益，本应该能够被更多的用户接受，但是，由于它们不适用于当前的技术基础设施，需要定制专门的技术基础设施才能发挥作用，而且用户需要投入大量精力来管理数据，因此，这三类技术都未能在大众市场中形成吸引力。

龙卷风暴的目标是提供能够承受超高速增长压力的产品，龙卷风暴结束之后，独立的技术供应商无须沟通就可以生产出基本一致的产品，这样，参与其中的所有公司都能自发地为规模更大、自行组织的大众市场做出贡献。市场的超高速增长遵循一个简单的范式，而且该范式在没有集中命令和控制的情况下可以反复迭代。

手机行业就是由这样的整体产品组成的，手机的基本技术集合具有良好的特性，而且技术标准已经形成，所以，尽管手机生产商分布在同一个国家的不同地区，它们形成的蜂窝系统却能够实现交互操作和整合。再如，几十年来，计算机辅助设计（CAD）行业一直局限于小型利基市场，这些市场可以提供价值 50 000 美元及以上的工作站。20 世纪 80 年代后期，欧特克公司根据个人计算机行业的发展，利用自己的旗舰产品 AutoCad 软件，发起了一场龙卷风暴，在很大程度上降低了计算机辅助设计技术的复杂性，使得独立经销商也能够为客户设计和组装标准系统。随后，欧特克公司向生产附属产品的第三方开放了自己的程序，在不增加额外成本和技术复杂性的情况下进一步扩展了市场。

总之，若整体产品能够放弃高端功能，就更容易被大众市场接受，进而进入龙卷风暴阶段。

连续性与非连续性结合，产生了龙卷风暴

一方面，顾客之所以愿意追寻龙卷风暴市场，是因为杀手级应用程序本质上对他们目前的生活不具有破坏力，恰恰相反，他们可以将这些应用程序的优势融入自己的生活中，继而提高他们的生活品质。因此，我们在寻找龙卷风暴的迹象时，需要关注"价值链顾客端的连续性"。

另一方面，新的价值链源于技术的非连续性，市场重组之后，非连续性创新才能发挥作用。也就是说，市场需要破坏一些基本的组成部分，才能使非连续性创新不被既有利益阻碍，继而推动新的营利机构出现。因此，我们在寻找龙卷风暴的迹象时，需要关注"价值链中供应商端的非连续性"。

连续性与非连续性结合至关重要：凭借非连续性创新技术，新价值链中的供应商取代当前供应商，从而创造出新的营利机构，吸引投资者进行投资，同时众多顾客接受非连续性创新技术后，能够连续获利，对该技术的需求也会迅速增加。

得益于顾客的连续性与供应商的非连续性的结合，互联网行业展现出前所未有的强劲发展势头：顾客购买图书时，只需登陆亚马逊网站，一键下单

购买，然后返回主页继续浏览网页，不久顾客就会收到电子邮件，提示所买图书已经发货，然后图书被送上门；同时，亚马逊网站根据顾客的兴趣，继续推荐顾客可能喜欢的相似图书。不仅网上购物如此，顾客在使用银行的自动提款机时，也能享受到如此便捷的服务。他们非常喜欢新技术带来的福利。

下面我们看一下价值链中供应商的境况。我们忽略仍在拒绝互联网的博德斯公司（Border's），也不讨论巴诺公司，虽然巴诺公司已经放弃了实体零售模式，正全力以赴地发展网络销售模式（因为事实证明，实体零售模式已经使该公司陷入债务危机）。我们继续关注亚马逊。你觉得亚马逊的发展很容易吗？好吧，如果所有系统都就位了，理论上网络销售业务可以毫无阻碍地扩展到无穷大的规模。但这种想法过于天真了，别忘了互联网行业就像一个动物园，里面危机四伏，所以亚马逊只能持续开发各种应用程序和软件，努力跟上技术的发展，不过亚马逊做得还不错。

只要处在龙卷风暴中的公司能够成功，风暴就会继续前进。即使公司出现严重问题，比如1997年美国在线出现的众所周知的上网堵塞问题，亿创理财公司和嘉信理财公司出现的宕机现象，都不太可能让风暴停滞不前。龙卷风暴形成之后会产生巨大威力。

本章内容回顾

本章中有两点重要内容需要投资者掌握，如下文所示。

（1）在评估市场产生龙卷风暴的机会时，你可以用以下四个问题判断价值链的状态。

1）这个价值链能够发展成大众市场并进入龙卷风暴阶段吗？

如果答案是否定的，就表示该领域不会出现"猩猩公司"，你需要放弃在这个领域投资；如果答案是肯定的，就继续分析下一个问题。

2）如果可以，目前哪些不利因素阻碍了它的发展？

如果你能够很好地回答这个问题，就代表着作为猩猩游戏投资者，你的资历又提升了一个层次。没有人知道这个问题的真正答案，所以你需要收集相关资料，然后做出自己的判断，这个判断将促使你继续回答后面两个问题。

3）这些不利因素能够被消除掉吗？

你需要判断哪些因素会阻碍龙卷风暴的形成，然后评估哪些公司的产品能够消除这些不利因素。

4）如果可以被消除掉，最后一个不利因素何时能被消除掉，谁来消除？

这一点非常关键，在消除阻碍龙卷风暴形成的不利因素的过程中，如果不利因素被消除之后很快又出现了新的不利因素，那么问题实际上还是没有得到解决。换言之，如果价值链的一端不能顺畅地运行到另一端，那么顾客就无法享受到产品的价值。因此，投资者需要考虑最后一个不利因素及解决方案。

（2）分析这些不利因素及解决方案时，你要记住其中关键的一步是克服技术的复杂性。如前所示，技术的复杂性表现为两种形式，每种形式都可以用某种独特的技术消除。

1）技术采用的复杂性，可以由杀手级应用程序消除。

2）操作复杂性，可以通过简化的整体产品解决。

当其中的一个复杂性问题得到解决时，会有另一个问题阻碍龙卷风暴的形成，只有这两个问题都被解决了，龙卷风暴才能形成。

以上就是"龙卷风暴预警"的内容。掌握了这些原则后，你现在可以开始寻找处在龙卷风暴阶段的市场了。也就是说，我们认为你现在已经具备了找到潜在"猩猩公司"的能力。那么让我们思考这个问题：如果找到了一家"猩猩公司"，你该做些什么呢？

第 7 章　捕捉猩猩：买卖高科技股票

现在我们已经完成了本书的一半内容，也介绍了所有的背景知识，下面将进入具体操作环节：怎样才能玩好猩猩游戏呢？

从整体上看，猩猩游戏的原则简单而有效。如第 1 章所述，这些原则包括以下几点：

- 找到即将进入超高速增长阶段的市场。
- 购买所有"候选的猩猩公司"的股票。
- 一旦"猩猩公司"出现，卖掉手中持有的其他公司的股票，并增持"猩猩公司"的股票。
- 做好长期持有"猩猩公司"股票的计划。
- 只有当替代技术支持的新品类威胁到"猩猩公司"的地位时，才出售"猩猩公司"的股票。

看，猩猩游戏就这么简单。

当然，同其他简单的事情一样，它也会引发大量的问题，而且每一个问题都值得深入探讨。这就是为什么我们在同投资者讨论猩猩游戏时，没有采用电子邮件的方式，而是编写了本书。本章将系统介绍以下问题：

（1）何时买进股票？

（2）买进哪些股票？

（3）持有哪些股票，持有多长时间？

（4）出售哪些股票，什么时间出售？

（5）在此过程中，如何处理获得的所有信息？

这些问题通常让投资者夜不能寐（它们也经常在美国在线等网站上引起热议），所以我们的目标是让投资者不再被这些问题困扰，能够安心入睡。

在解答这些问题的过程中，我们总结了 10 条猩猩游戏规则，本章最后会对这些规则进行总结，如果你想提前了解规则内容，现在也可以翻到本章的结尾部分先睹为快。

首先声明，在介绍所谓的一般投资规则时我们持有两种看法：一方面，我们认为没有哪套规则能够完全主导投资决策，或者准确判断现实世界中存在的投资机会；另一方面，我们制定这些规则并请同行审阅，是为了使众多具有挑战性的问题浮出水面，帮助投资者回避这些问题。因此，我们总结出这 10 条规则，以帮助投资者把前文所述的有关股市的观点付诸投资实践，同时在实际工作中，我们也一直坚持这些规则。空谈毫无意义，我们希望这些规则能够真正发挥作用，也希望在阅读完本章内容后，你能够利用这些规则增加投资收益。

何时买进股票

现在你已经了解了高科技行业的整体发展情况，也已经找到了几个有潜力进入龙卷风暴阶段的品类，那么应该何时买进这些品类的股票呢？

在猩猩游戏中，投资者通常在两个阶段首次购买股票：在保龄球道阶段购买应用软件类股票，在龙卷风暴的初期阶段购买使能技术类（包括所有的硬件和系统软件）股票。原因如下文所述。

规则1：在保龄球道阶段购买应用软件类股票。

当购买将来会进入龙卷风暴阶段的股票时，最佳时间是在该股票的潜力得到市场的认可之前，这样你就能随着股价的暴涨而获得最大的回报。同时，当市场没有跨越鸿沟而且也没有遭遇下行风险时，这也是买进股票的理想时机。因此，购买应用软件类股票的最早时间是在保龄球道阶段，这是进入应用软件类股市的良好时机，专注于管理业务流程的联机事务处理应用软件（该品类包括财务、人力资源、制造需求规划、供应链管理、工厂车间控制系统、销售自动化、客户支持、客户服务等应用软件）尤其如此。

投资者之所以需要在保龄球道阶段购买应用软件类股票，是因为即使开发这类产品的公司不能成为"猩猩公司"，它们也能产生丰厚的回报。与使能技术市场不同，商业应用软件市场还未被完全整合，也未出现主导整个市场的公司，所以"黑猩猩公司"有更多的获胜机会。一旦顾客接受了一家公司的应用软件，改用其他软件的成本会变得很高，其他公司（包括"猩猩公司"）就很难把这个顾客抢走。当然，应用软件市场中最终会出现"猩猩公司"，而且"猩猩公司"在吸引顾客方面具有传统优势，但是它们不会强力抢夺竞争对手的顾客，否则它们自己的竞争优势也会被削弱。此外，应用软件市场中，其他公司几乎无法克隆"猩猩公司"的应用软件，尤其是配有专用数据库的软件，所以这里很难产生"猴子公司"，"黑猩猩公司"也不会主动降价。因此，投资者在保龄球道阶段投资应用软件类股票时，通常会买进一批有潜力成为"黑猩猩公司"的公司的股票，而且股价下行风险相对较小。

在保龄球道阶段购买应用软件类股票，你可以从所有股票中获得可观的回报，也可以获得进入猩猩游戏的门票。这种投资方式很好地控制了股价下行风险，非常适合保守的投资者，他们只需注意不要把所有的资金投资到无法进入龙卷风暴阶段的品类即可。

按照第 1 条规则，假设当时所有公司都已上市，那么在过去 15 年中，你可以购买以下品类的股票：

- 20 世纪 80 年代早期，买进用于 IBM 大型机的会计软件包供应商，包括梅思安公司（MSA）、麦考密克 & 道奇公司（McCormick& Dodge）和卡里内特软件公司，后来梅思安公司和麦考密克 & 道奇公司合并成邓白氏公司，成为业界的"猩猩公司"。1992 年，当客户机 / 服务器财务软件作为替代软件将明确取代大型机应用程序时，你应该卖掉这些会计软件类股票。

- 20 世纪 80 年代中期，买进物料需求计划（MRP）系统类股票，这是一种适用于专有小型计算机的软件包，后来升级为制造资源计划（MRP Ⅱ），包括用于 HP 3000 型号电脑的 ASK 引擎和用于 IBM AS/400 型号电脑的 SSA 软件。1991 年，当使用 Unix 系统的计算机作为替代品开始侵蚀运行这些应用程序的专有小型计算机运行平台时，你就可以抛售这些应用软件类股票了。

- 1993 年，买入并一直持有客户机 / 服务器财务软件类股票和物料需求计划系统类股票，这些系统的主要供应商包括思爱普、甲骨文、仁科、巴恩四家公司。到了 1995 年，思爱普公司的"猩猩公司"地位逐渐清晰，很多《财富》500 强的公司都成为它的客户，这时你需要购买或增持思爱普公司的股票。然而，在转变投资组合的过程中，你了解到业界质疑思爱普公司通过降低产品价格来有效占领中端市场的能力，而且他们预测未来中端市场具有最快的增长速度，这时，你需要在 1996 年和 1997 年重新调整投资组合，再次买进甲骨文、仁科、巴恩这三家供应商的股票。你可以在应用软件股市中小范围地调整投资组合，但在使能软件和硬件股市投资中无法做到这一点。

- 20 世纪 90 年代中期，买进用于客户机 / 服务器系统的客户支持软件包类股票，其中包括柯莱菲（Clarify）、万蒂（Vantive）和斯高帕斯（Scopus）等公司的股票。我们撰写本书时，这些技术仍处在保龄球道阶段，你需要判断它们能否进入龙卷风暴阶段。同时，你需要购买瑞美德公司（Remedy）的股票，该公司供应"服务台软件"（help desk software），这种软件与客户机／服务器系统的客户支持软件类似，但主要满足内部客户的业务需求。到了 1996 年末，你听说出现了一种叫作"销售自动化"的应用程序软件包，它极有可能代替前台系统，就像物料需求计划当初取代后台系统一样，同时，希柏系统软件有限公司和奥拉姆软件公司（Aurum）开始提供"销售自动化软件包"，该软件包属于客户交互系统，这时你需要购进这两家公司的股票。

随着魔杖一挥，我们带着你浏览了股票买进和卖出的整个流程，那么，我们从中可以学到哪些经验呢？首先，每个品类都包含大量的投资机会（实际存在的投资机会多于我们介绍的），这显示了应用软件市场的分散性；其次，当替代技术带来的威胁出现（代表着"猩猩公司"消亡）时，你需要抛售"猩猩公司"的股票，本章后面部分将详细介绍具体情况；最后，应用软件投资策略随着时间的推移会逐渐完善，虽然现在还没有形成投资规则，但当你发现以下类别的股票时，就可以开始投资了。

（1）一直留在保龄球道阶段的品类，如项目管理、计算机辅助设计和文件管理等技术。

（2）进入大众市场龙卷风暴阶段的品类，如财务软件包、电子邮件、文字处理软件等。

（3）被称为超级品类的"办公用自动化软件"品类，如文字处理程序、电子表格和演示应用程序等。

如果品类一直停留在保龄球道阶段，而且你没有从中发现新的投资目标，这时就需要抛售所持有的该品类股票。如果品类被大众市场接受，那么你可以按照本章归纳的十大投资规则购买该品类股票。如果品类被归入超级品类中，那么情况可能会变得不太明朗：这个超级品类是一种替代技术（如微软将 Office 软件与 PowerPoint 演示程序捆绑后，成功替代了 Aldus Persuasion 演示程序），还是原有技术的扩张（如仁科公司最初是人力资源市场中的领军企业，后来业务扩展到企业资源规划超级品类，随后仁科公司成为该品类中强大的"黑猩猩公司"）？与之类似的问题会让你彻夜难眠，我们只能建议你喝一杯热牛奶，睡个好觉，然后做出自己的判断。

下面我们分析使能技术领域。对这个领域，我们给出第 2 条投资规则。

规则 2：在龙卷风暴初期买入使能硬件或使能软件品类的股票。

在竞争不太激烈的应用软件市场，同一个猩猩游戏中可以产生多个赢家；与之不同，在使能技术市场中，公司会经历激烈的整合过程，最后形成赢家通吃的局面，软件领域和硬件领域皆如此。这是因为使能技术可以被克隆，"猴子公司"通过克隆其他公司的技术加入竞争，提升了"标准"技术的市场份额，并凭借低价在低端市场挑战"黑猩猩公司"的地位。另外，只要应用软件保持不变，终端顾客就不会在意支持技术供应商是哪家公司，"猩猩公司"可以借机抢夺"黑猩猩公司"的顾客。因此，应用软件供应商能够决定最终的竞争形势，购买应用软件的顾客则没有这个能力，而且，尽管应用软件顾客厌恶"猩猩公司"的强大实力，但最终还是会屈服于"猩猩公司"的单一标准架构，接受依据该架构生产的价格低廉、性能可靠的产品。

提供使能硬件和使能软件的公司可能会获得惊人的收益，也可能会遭遇惨重的损失。即使公司花费巨资，大力开发、推广新的候选技术标准，结局也可能会很悲惨，如下例所示。

- 微软在 20 世纪 90 年代大力推广局域网管理系统 LAN Manager，但市场最后选择了诺威尔公司的 Netware 网络操作系统。
- SCO 公司、康柏公司和关系技术公司（Relational Technology Inc.）合资开发了 Open Desktop 桌面操作系统，该系统采用 Unix 底层架构和英特尔工作站标准，但市场没有选择 Open Desktop 系统，而是选

择了太阳微系统公司和惠普公司的工作站，以及文泰来个人计算机
操作系统。

- 市场没有接受苹果公司和 IBM 公司支持的文件交换标准，而是接受
  了微软的 OLE 技术标准。
- 市场没有接受惠普和 IBM 公司开发的 100 VG-AnyLAN 网络标准，而
  是接受了 3COM 公司和英特尔公司开发的快速以太网网络标准。

在以上例子中，这些公司大力投资系统开发，但由于系统未被市场接
受，最终一无所获。

然而，风险并不局限于此。即使使能技术在保龄球道阶段被市场接受，也
不代表它一定会发展成为龙卷风暴。例如，就在几年前，异步传输模式（ATM）
网络技术被吹捧为一场正在发展中的巨大龙卷风暴，但到目前为止，它还只在
利基市场中被采用。固态存储器（本来打算取代磁盘驱动器）、PCMCIA 卡、智
能卡、光盘驱动器、红外数据端口、光纤通道网络协议等技术都遭遇了这种
厄运。这是因为把这些基础技术推广到市场中需要大量的研发投入，如果它
们不能发展成龙卷风暴，开发者就无利可图，这一点同当今电影业和图书出
版业中的一鸣惊人心理有些类似。正因如此，许多技术被投入市场后，尽管
它们在利基市场中占据了优势地位，但也仍然被认为是一种失败的技术。

然而，一个现象可以与这种风险相抗衡：

使能技术龙卷风暴会产生一个真正的"猩猩公司"，该公司创
造的财富足以使其他同类公司的收益相形见绌。

这就好比同一个人把"超级碗"[○]（Super Bowl）的奖杯、奥斯卡奖
（Oscars）和格莱美奖[○]（Grammy Awards）都收入囊中，如果不买进这家"猩

○ "超级碗"是美国职业橄榄球大联盟（NFL）的年度冠军赛，胜者被称为"世界冠
  军"。——译者注

○ 格莱美奖，是由美国国家科学院录音艺术与科学学院在美国主办的音乐类奖项，创
  办于 1958 年。格莱美奖与电影类的奥斯卡金像奖、电视类的艾美奖、戏剧类的托尼
  奖共称为美国年度四大娱乐奖项。——译者注

猩公司"的股票，你会后悔莫及。

因此，我们认为，若要在追求收益与规避风险之间取得平衡，你最好等强烈的龙卷风暴信号出现之后再买进使能技术类股票，原因是这时你已经能够准确判断哪家公司会成为"猩猩公司"，并据此权衡投资策略。不要在市场竞争结果明朗之前就做出自己的判断，并购买你心目中的"猩猩公司"的股票。猩猩游戏的根本原则是对正确的品类进行投资，不是对正确的公司进行投资，让市场替你选出"猩猩公司"，然后你整合好投资组合即可。

按照第 2 条规则，假设当时所有公司都已上市，那么在过去 15 年中，你可以购买以下品类的股票：

- 1984 年，买进小型计算机开发商的股票，包括美国数字设备公司、普瑞米公司、通用数据公司等。1987 年，买进更多美国数字设备公司的股票，抛售其他公司的股票。1992 年，当 Unix 操作系统将明显取代小型计算机中的专有操作系统时，抛售持有的美国数字设备公司的全部股票。

- 随着小型计算机操作系统的发展，买进微软公司和苹果公司的股票。1992 年，微软公司开发的 Windows 3.0 系统被广泛采用后，抛售苹果公司的股票。

- 1986 年，买进个人计算机微处理器开发商的股票，包括英特尔、摩托罗拉和美国超威半导体等公司。1990 年，买进更多英特尔公司的股票并一直持有该股票，抛售其他公司的股票。

- 1987 年，买进关系数据库开发商的股票，包括甲骨文、关系技术、英孚美等公司。1989 年，抛售除甲骨文公司（当时已成为"猩猩公司"）之外其他公司的股票，并一直持有甲骨文公司的股票（然而，随着微软公司进入后台系统集成服务器套件领域，甲骨文的"猩猩公司"地位面临极大挑战）。1991 年赛贝斯公司上市后，你可以购买该公司的股票，但是，在 1994 年，该公司发布第一季度报告后，其股票价格急剧下跌，这时你可能会蒙受一些损失，需要售出所持有的赛贝斯公司的股票。

- 1991年，买进计算机网络硬件产品生产商的股票，特别是在路由器进入龙卷风暴阶段后，大量购入思科公司和韦尔弗利特公司（Wellfleet）的股票（后来后者与SynOptics Communications Inc.合并，组成海湾网络公司）。1995年，抛售韦尔弗利特公司的股票，继续增持思科公司的股票。

1997年，如果你的投资组合集中于微软、英特尔、甲骨文和思科这四家公司的股票，那么你就不需要研读本书，只需考虑为伦敦的备用公寓选择什么样的墙纸，或者是否应该像泰格·伍兹⊖（Tiger Woods）一样，购买一些生产小型飞机的李尔公司（Lear）的股份。⊖

问题不是购买哪只股票，而是何时买进

如上例所示，猩猩游戏的关键不是选择购买哪只股票，而是确定何时买进。选择了正确的投资时机，就可以大大降低所购股票股价下跌的风险，而且能够抓住股价暴涨的机会获利。短期来看，随着龙卷风暴的到来，所有股票的股价都会水涨船高，但在投资使能技术类股票时，你需要及早发现"猩猩公司"，并对投资组合做出相应的调整，在龙卷风暴冲击"黑猩猩公司"的股价之前，抛售"黑猩猩公司"的股票。

若使能技术没有形成龙卷风暴，股价就会面临最大的暴跌风险，当市场对这种情况做出反应时，你可能会损失一大笔钱。正因如此，我们不建议你对尚未引发龙卷风暴的概念股进行投资。如果某项技术真的引发了龙卷风

⊖ 泰格·伍兹，美国著名高尔夫球手，被公认为史上最成功的高尔夫球手之一，中文经常称其"老虎伍兹"。——译者注

⊖ 此处比喻指根据自己的兴趣在利基市场中投资，不以盈利为目的。——译者注

暴，在龙卷风暴发生之前购买这类股票的人肯定能大赚一笔，也包括你。但
是这样做风险太大，所以我们建议你首先确定龙卷风暴一定会发生，然后再
投资处于风暴中的股票，这样能够保护自己的利益。

那么，如何判断投资时机呢？

- 若应用软件产品进入保龄球道阶段，当你收到下面的信号时，就可
  以买进股票：应用软件已被"设计"到至少一个特定垂直市场的业
  务流程中，此时如果投资者不购买该细分市场中的公司的股票，就
  会失去获得丰厚利润的机会，这种风险甚至大于因购买这些公司的
  股票而亏损的风险。

  根据这个信号，你可以在 1987 年买进桌面排版软件类股票，以
  阿图斯公司（Aldus）为主要的投资对象（该公司发行了可供作者自
  行出版的网页排版软件）；在 1993 年买入客户机／服务器应用软件公
  司的股票，以仁科公司（推广了人力资源应用软件）、甲骨文公司和
  思爱普公司（推广了适用于高科技公司的财务软件）为主要的投资对
  象；在 1995 年买进客户服务应用软件类（为高科技公司和电话公司
  提供客户支持）股票，当时万蒂公司、斯高帕斯公司和柯莱菲公司在
  各自利基市场中的回报率都达到或超过了 50%。

  对于应用软件类公司来说，这一信号的重要性不可低估，这是
  因为任何一家应用软件类公司只要主导一个利基市场，就能长期生
  存下去。整体而言，市场可能会接受其他技术标准，但是当利基市
  场被某一应用软件类公司控制后，由于转换成本过高，该利基市场
  肯定不会更改技术标准。在利基市场中，控制购买决策的行业主管
  人员将向市场的领军企业推介新系统，这就意味着该领军企业能够
  与大量的客户保持长久稳定的关系，并且拥有为该客户群优先提供
  新技术的优先权利。可以肯定的是，在这种情况下，应用软件类股
  价上涨并非因为出现了龙卷风暴，而是因为所有中短期不利因素都
  被消除掉了，这一点与概念投资形成了鲜明对比。

● 相比之下，在使能技术领域，由于只有 IT 专家才了解深层的技术问题，所以公司与技术购买者之间没有形成紧密的客户关系。IT 类公司吸取了之前失败的教训，会一直等到龙卷风暴出现之后，才采纳新的技术标准，正因如此，猩猩游戏投资者也必须等到信息技术推动的龙卷风暴到来之后，再买 . 进使能技术类股票。

若行业杂志刊登的文章不再质疑新技术是否已经进入发展的黄金期，而是开始关注哪家公司将成为新兴市场的领导者，这就代表龙卷风暴已经到来，投资者可以开始投资了。在计算机领域，《计算机世界》(Computer World)、《信息周刊》(Information Week)、《首席信息官》(CIO) 这三本杂志以 IT 公司的高管为目标读者，而且这些管理者肯定会权衡"过早"和"过晚"采用新技术带来的利弊，所以投资者可以参考这三家行业杂志。

1996 年，这三家杂志大力推荐两个新技术范式，从而揭开了龙卷风暴的序幕：

第一，在互联网上开辟万维网。

第二，主推以 Windows NT 为标准的工作组服务器操作系统。

华尔街也发出了类似的信号。连续两个季度内，与这两类技术相关的公司的回报收益和利润都超过了市场预期，这令股市分析师惊讶不已。这些公司的利润增长速度远超投入的增长速度，这代表它们已进入超高速增长阶段，但由于这种发展状况史无前例，而且华尔街不断劝告公司管理层要保守一些，所以公司管理者未能完全预测出如此高的增长速度。

当然，这只是一些信号，正如汽车行业那句耳熟能详的说法，"您的里程可能会有所不同"，你可能会经历不同的情况，这时你需要回到第 1 条规则，并把自己采用的投资模式与收到的信息进行比对，再判断买进股票的时间。同时，你也可以充分利用在线聊天室和网上讨论区，听取并参考其他猩猩游戏投资者的观点，再做出投资决定。

买进哪些股票

本书重点创建一种投资模式，使投资者通过投资"猩猩公司"获得高于市场平均水平的回报。投资者可能会心存疑问：我该如何预测哪家公司将成为"猩猩公司"呢？答案很简单：不要碰运气！

不要把所有的钱都投资于同一只股票，并期望这家公司能够成为"猩猩公司"。相反，在猩猩游戏中，你应该投资于所有可能成为"猩猩公司"的公司，当然这并不意味着买入某一品类中所有公司的股票，而是判断有潜力成为"猩猩公司"的 2 ～ 4 家公司（这类公司在本书中被称为"候选的猩猩公司"），再买进这几家公司的股票。

真正的"猩猩公司"很难在龙卷风暴初期阶段被预测出来，但"候选的猩猩公司"却很容易辨别：当出版界介绍某个品类时，总会提到几家具有代表性的公司，随着这几家公司不断被提及（这种情况很快就会发生），它们就成为"候选的猩猩公司"，而且这些公司的排序代表它们当前的实力排名，最受欢迎的"候选的猩猩公司"总是排在第一位。另外，当金融分析师开始关注这个品类时，他们会弄清楚市场的领跑者；当其他领域的高科技公司需要与新兴品类中的一家供应商合作时，它们也会首先考虑名列榜首的"候选的猩猩公司"；在行业展览会上，参会人士都想了解"候选的猩猩公司"的情况，所以它们的摊位前人头攒动。

这种情况对应用软件领域和使能技术领域都适合，但在使能技术领域，你要当心"宗教战争"。具体情况是：在使能技术市场中，力量被迅速整合起来，市场只期望看到一家公司胜出，成为"猩猩公司"，因此，所有的竞争者经常提前宣布自己胜利。同时，这些公司的公关部门在获得权威支持方面经验越来越丰富，你会发现自己很难整理这些公司的信息，并从中找出真正的"猩猩公司"。在这种情况下，你可以关注那些需要将产品连接或移植到新技术平台上的合作伙伴，通过它们的情况来做出判断。同时，不要被合作伙伴公布的战略关系所迷惑，它经常与所有的合作公司都签署战略合作协议，而且其中许多承诺最终都无法兑现。因此，你可以关注在新架构基础上开发出第二代产品的公司，这些公司才能吸引真正的顾客，并肩负起市场责任。总之，当使能技术供应商宣称自己已经胜出时，你要认真辨别，做出正确判断。

总的说来，市场竞争模式如同总统选举模式——排在前面的两三名候选人成为重要的竞争者，其他候选人远远落在后面，还有一些候选人会被淘汰出局。一旦发生这种情况，只有领先者会获得该党的提名（在我们的例子中是市场的提名）。因此，我们建议以下"股票购买原则"。

规则3：将所有"候选的猩猩公司"的股票纳入投资组合中，"候选的猩猩公司"最少包括两家公司，有时三家，但通常不超过四家。

为什么不做个最佳可行性研究，只选择其中一家公司的股票呢？原因有二：

（1）无法确定哪家公司会成为"猩猩公司"。

（2）没有必要这样做，也没有必要冒险。

投资者之所以要购买多家公司的股票，是因为处于龙卷风暴阶段的股票具有巨大的上涨空间和有限的下跌空间。所以，尽管最终"黑猩猩公司"和"猴子公司"的股票升值幅度不及"猩猩公司"，但购买"候选的猩猩公司"的股票可以给你带来丰厚的回报。退一步讲，"黑猩猩公司"的股票通常不会在龙卷风暴阶段贬值，但当你依据不断出现的明确信号确定"猩猩公司"后，就要抛售"黑猩猩公司"的股票，并将收益投资到"猩猩公司"的股票中，这时"黑猩猩公司"的股价才会下跌。

在下面几章中，我们将用大量实例证明购买多家"候选的猩猩公司"的股票的重要性，现在我们先介绍两个例子。

小型计算机的微处理器

20世纪70年代后期，英特尔、摩托罗拉和智陆公司（Zilog）三大公司为了争夺小型计算机的微处理器市场展开了激烈的竞争，但是到了1983年，在该市场中竞相成为"猩猩公司"的三家公司变成了英特尔、摩托罗拉和超威半导体公司，当时英特尔已成为 IBM 的主要供应商，超威半导体公司被许可生产英特尔设计的产品，摩托罗拉则成为苹果电脑的供应商。

1984 年 8 月，IBM 成功推出 IBM PC／AT 机，这之后，个人计算机市场于 1985 年跨越了鸿沟阶段。第一批使用小型计算机的务实派顾客是公司的财务经理，他们使用这种计算机来运行电子表格软件，其中最受欢迎的是莲花公司的 Lotus 1-2-3 软件。其他务实派顾客被文字处理软件吸引，很快也接受了小型计算机。

因此，1985 年是你最早购买中央处理器类股票的时间（请记住，中央处理器属于使能技术，因此买进股票的时间是龙卷风暴初期，不是保龄球道阶段）。即使等到 1986 年（即中央处理器这种个人计算机应用程序进入到龙卷风暴阶段的第二年）最后一天才购买中央处理器类股票，你在之后的 10 年内仍将获得可观的投资回报。

表 7-1 列出了小型计算机中央处理器领域所有"候选的猩猩公司"的股价变动情况。

表 7-1　"候选的猩猩公司"的股价情况

公司名称	除权追溯调整后的股票价格（1986 年 12 月 31 日）(美元)	股票价格（1996 年 12 月 31 日）(美元)	10 年投资收益率（%）	最终地位
英特尔	3.50	130.937 5	3 641	猩猩公司
摩托罗拉	8.91	61.25	587	黑猩猩公司
超威半导体	13.75	25.75	87	猴子公司

当然，这三家公司并非只经营中央处理器，它们也经营其他产品。但是，到 1986 年年底，业界已经清楚地意识到，个人计算机不仅使整个行业发生了革命性的变化，也彻底改变了整个世界，而且微处理器是这场改变的关键硬件设备。可以说，借助在这场个人计算机龙卷风暴中的豪赌，这三家公司不久将站到市场的前沿。实际上，IBM 早在 1986 年就以 2.5 亿美元收购了英特尔 12% 的股份。

局域网操作系统

个人计算机的局域网操作系统在 1987 年左右开始风靡一时，当时中等规模公司的一些部门希望运行网络版的文字处理软件（主要是 WordPerfect 软件）和 / 或网络版的电子表格（主要是 Lotus 1-2-3 软件），通过电子邮件保持沟通，并在共享打印机上打印文件。几家公司借助良好的口碑，加入了局域网操作系统领域的竞争，出现了 3 家"候选的猩猩公司"，即诺威尔公司、3COM 公司和班雅系统公司（Banyan Systems）。（3COM 公司后来退出市场，将其 3 PLUS 产品许可转让给微软公司，微软销售该产品时将其命名为 LAN Manager 软件。）

1987 年之后，局域网操作系统有了长足发展，在 1988 年初，诺威尔成为"猩猩公司"，其股价像火箭一样迅速飙升，其收入从 1987 年的 1.83 亿美元增长到 1992 年的 9.33 亿美元。

表 7-2 展示这三家"候选的猩猩公司"的股价情况。

表 7-2　"候选的猩猩公司"的股价情况

公司名称（产品名称）	除权追溯调整后的股票价格（1987 年 12 月 31 日）(美元)	除权追溯调整后的股票价格（1992 年 12 月 31 日）(美元)	5 年投资收益率（%）	最终地位
诺威尔（Netware）	3.00	28.50	850	猩猩公司
3COM（3PLUS）	5.00	7.41	48.2	黑猩猩公司 [1]
班雅[①]（Vines）	12.50	21.00	68	黑猩猩公司 [2]

①班雅公司于 1992 年 8 月 7 日上市。表中展示的是该公司 5 个月的收益率。

在上面两个例子中，投资者买入上述 6 家公司的股票之后，即使几年内不采取任何行动，也能获得丰厚的回报。购买并持有进入龙卷风暴阶段的品类的股票，这种投资方式带来的风险比较小。然而，这并不是猩猩游戏的全部内容，实际上，卖出股票同买入股票、持有股票一样重要，下一小节将详细介绍如何持有股票。

持有哪些股票，持有多长时间

你已经购买了多家"候选的猩猩公司"的股票，产品品类已经进入龙卷风暴阶段，你对此感觉不错，家人也对你推崇备至。你清楚现在需要做些什么吗？除了担心股价下跌，还能采取什么行动？

在消费者市场，买方后悔的现象时有发生，但在股票投资中，"卖方"后悔的现象更为普遍："我抛售得太早了；我抛售得太晚了；我之前就该抛售的；我不应该抛售啊。"我们无法帮助投资者消除这些不安情绪，但可以提供办法来避免这类情绪。

为了避免后悔，你需要考虑以下两个问题：

（1）我遵循的决策过程正确吗？

（2）决策的结果是好是坏？

当良好的过程产生令人满意的结果时，生活就有了意义，一切都称心如意；当不良的过程产生令人失望的结果时，虽然一切可能都变得渺茫，但生活仍然有意义，而且聪明人会从中吸取经验。事实证明，最难处理的情况是不良过程产生好的结果，反之亦然。在这种情况下，多数人希望通过不良的过程来获得良好的结果，这是一种错误的做法，这种目光短浅的做法必将后患无穷。

相反，正确的做法是选择良好的过程，即使该过程产生的结果不太令人满意，也要坚持这样做。这是因为我们在尽力避免风险，但目标不是确保万无一失，而是确保赢多输少，良好的过程是实现这个目标的关键环节。如果你仅仅因为一次失败就放弃良好的过程，那么就会失去获胜的优势；同样，如果你看到不良的过程能够导致好的结果，于是放弃了良好的过程，那么你将失去制胜法宝。

同理，若想在猩猩游戏中取得成功，你需要采用优秀的"持有－出售高科技股票"的程序。在其他经济领域中，龙卷风暴比较罕见，利润高的公司、执行力强的公司或"国王公司"能够长期主宰市场，因而很少发生大规模的权力转移现象，在这类市场中长期持有股票是上策。事实也证明，如果投资者为了追求增量优势而大量抛售股票，就会缩减股票的投资回报。

与之不同，在高科技行业，大规模的权力转移时常发生，长期持有股票并非良策，你需要采用一种灵活的投资方式，就如同穿过一条正在融化的冰河，你不得不从一个冰块跳跃到另一个冰块上，眼睛要一直盯着下一个冰块，永远不要一直站在一个冰块上。换言之，采取这种投资方式时，你不需要对某一只股票忠贞不渝，这一点与其他领域的股票投资不同。

具体来说，我们建议你采用以下投资规则。

"猩猩公司"股票的持有规则

最值得持有的高科技股票是"猩猩公司"的股票，不管"猩猩公司"处在龙卷风暴阶段，还是已经成熟并发展到了主街阶段，你都可以购买并持有它们的股票。即使"猩猩公司"无法再次进入龙卷风暴阶段，也无法再次借助龙卷风暴实现销售额和利润的快速增长，给投资者带来丰厚的回报，它在自己主导的领域中仍然可以长期享受竞争优势，而且业绩将远远超过竞争对手。

股市已经意识到了这一点，一段时间后投资者不需要借助任何专业知识，也不需要参考任何权威的观点，就能够做出正确的投资决策。然而，它倾向于将"猩猩公司"的股价定为平均水平，这个价位略微低估了"猩猩公司"的竞争优势，但稍微高于"黑猩猩公司"和"猴子公司"的股价。这种定价也导致股价的反复校正，即它惊讶于"猩猩公司"不断增长的收益，或者发现"猩猩公司"的扩张程度超过了之前的预期，这种情况下，它经常每隔一段时间就对"猩猩公司"的股票进行重新定价。[○]

○ 我们把股市称作"它"，这个代词通常表示不能思考的事物，但本书中它被赋予了一些智慧。我们认为股市运行的时候就像一群蜜蜂，结果显示，它能够认真思考，行为看上去理智合理。事实上，股市的行为是从大量随机反应中选择出来的，是达尔文机制产生的理性幻想，这种理解同样适用于人类，因此，我们认为把人类的智慧赋予股市的做法是合理的。

　　最好的股票（即最值得持有的股票）来自这类"猩猩公司"：它能够将竞争优势扩展到其他领域，并发起新的龙卷风暴。目前，微软、英特尔、甲骨文、思科这四家公司都展示了这种能力，其中微软公司最为突出。

　　"猩猩公司"之所以能做到这一点，是因为它除了借助自己的竞争优势，还建立了产品特许经营权，以此来掌控市场。这类市场中会多次出现龙卷风暴，所以投资者购买了"猩猩公司"股票后，既可以享受主街的安定，又可以在超高速增长中获利。这就是金融奇迹的由来。

　　然而，即使在这类市场中，盲目持有股票也不是一个成功的策略。高科技市场瞬息万变，任何公司都岌岌可危，IBM 的经历给我们许多人留下了深刻的教训。一旦新技术成功亮相，一家或多家传统的"猩猩公司"注定会倒下。将来某一天投资者也会出售微软、英特尔、思科、甲骨文等"猩猩公司"的股票。实际上，如果甲骨文公司不能对微软在关系数据库市场的挑战做出更积极的回应，投资者很快就会抛售甲骨文公司股票。

　　还有一点非常重要：即使最成功的"猩猩公司"，最终也将无法满足投资者的预期回报，股价将随之暴跌。这是由于当股市对"猩猩公司"的优势做出积极反应时，投资者对股价的期望会持续走高，最终公司经营中的任何错误都可能使股价无法达到预期水平。这种结果无法避免。

　　不过"猩猩公司"股价与预期之间的落差并不意味着你应该抛售该公司的股票。如果你确信"猩猩公司"的竞争优势没有发生实质上的改变，新的股价低估了"猩猩公司"的竞争优势持续期，你甚至应该增持"猩猩公司"股票。

规则 4：长期持有"猩猩公司"的股票，只有当替代威胁被证实时，再出售这些股票。

"黑猩猩公司"股票的持有规则

　　除了"猩猩公司"的股票，当应用软件品类中的"黑猩猩公司"已经在利基市场中占据了至少一个主导地位时，其股票也变得值得持有。如前所述，这种优势地位可以避免"黑猩猩公司"的股票在股市全面崩溃，使它能够长期生存下去。这类"黑猩猩公司"实际上就是"本地的猩猩公司"，在当前品类中，或者将来被整合到更高层次的"超级品类"中时，它的股价仍有一定的上升空间。当"黑猩猩公司"明显被局限在现有利基市场中，已经无法扩展到其他市场时，你就需要抛售其股票了。这时，虽然"黑猩猩公司"的股票仍能带来数年的丰厚回报，但是由于其技术缺乏可操作性，新技术一旦进入市场，就会对这些公司发起进攻。

与之相反，使能技术领域的"黑猩猩公司"的股票非常不值得持有。这些公司孤注一掷地想成为"猩猩公司"，但却失败了。虽然它们仍然可以在超高速增长的市场中生存，而且暂时表现出健康运营的迹象，但是根据龙卷风暴模型的预测，这些"黑猩猩公司"必将陷入困境，被市场淘汰。猩猩游戏反对投资者持有这些公司的股票并幻想它们有一天会成为"猩猩公司"，投资者应该早期抛售这类股票，并把资金投入到真正的"猩猩公司"中。

规则 5：只要应用软件市场中"黑猩猩公司"有进一步扩张市场的潜力，就持有它们的股票。不要持有使能技术市场中"黑猩猩公司"的股票。

"国王公司"股票和"王子公司"股票的持有规则

如前所述，"国王公司"和"王子公司"是超高速增长市场中的领先公司，它们不具备可以控制整个品类的专有架构，因此无法通过操纵转换成本来获取优势，这意味着它们的权力无法达到"猩猩公司"和主导利基市场的"黑猩猩公司"的权力水平。"国王公司"和"王子公司"的竞争优势持续期主要取决于其执行力优势，而且"国王公司"能够依靠规模经济形成更大的竞争优势。"国王公司"和"王子公司"的主要区别在于规模的大小，而非市场地位的高低，事实上，"王子公司"能够取代"国王公司"，但"黑猩猩公司"无法取代"猩猩公司"。因此，"王子公司"在市场中几乎与"国王公司"占据相同的地位，在投资安全性方面，"国王公司"远远逊色于"猩猩公司"。

由于在超高速增长的市场中，"国王公司"和"王子公司"凭借优秀的执行力形成了强大的竞争优势，而且这种优势能够持续很长时间，所以它们的股票对投资者极具吸引力。同"猩猩公司"一样，"国王公司"的收入和利润的增长速度也非常惊人。另外，在某些猩猩游戏中，直至市场发展后期专有架构竞争才决出胜负，猩猩游戏投资者经常预测某些公司会成为"猩猩公司"和"黑猩猩公司"，于是购买并持有这些公司的股票，结果这些公司最后变成"国王公司"和"王子公司"。基于以上原因，"国王公司"和"王子公司"不是猩猩游戏的目标公司，投资者需要谨慎对待这两类公司。

我们建议，在龙卷风暴初期，把"国王公司"和"王子公司"视为"候选的猩猩公司"，把它们的股票加入投资组合中，但要更加积极主动地出售其股票。从公司的角度说，当公司停滞不前时，你就要出售其股票；从品类的角度来说，当品类的整体收入增长开始减速时，就应该抛售整个品类的股票。遵循这些规则，你将从市场的超高速增长中获利，虽然你可能会因为过早抛售股票而损失一些额外收益，但是由于市场缺乏垄断和进入壁垒，时常发生的价格战会吞噬利润，所以这些规则可以保护你规避这一风险，避免投资损失。

规则6：谨慎持有"国王公司"和"王子公司"的股票，在公司发展停滞、品类增速减慢时，抛售这些公司的股票。

其他股票的持有规则

理论上讲，猩猩游戏中投资者不能再持有其他股票，也就是说，他们要出售除"猩猩公司"之外的所有公司的股票，下一节将具体分析这样做的原因和出售时间。但在现实的投资领域中，众多综合因素影响了猩猩游戏的这个要求。最常见的情况是，大多数公司并非纯粹的"猩猩公司"，它们提供一系列产品，有些产品所在市场进入了龙卷风暴阶段，有些则没有。投资者很难识别这些公司的股价在多大程度上反映了进入龙卷风暴的产品的价值，所以他们发现，做出股票持有或者抛售的决定变得越来越困难。

所以，在投资初期，如果你还没有掌握足够的行业知识来做出准确的判断，我们建议你严格按照本书的规则来进行投资。这些规则可能无法给你带来最大收益，但可以帮助你避免做出糟糕的决策，使你的投资活动有一个良好的开端。

出售哪些股票，什么时间出售

根据猩猩游戏的基本规则，投资者需要买入"候选的猩猩公司"的股票，等待"猩猩公司"出现，然后出售"猩猩公司"之外的其他公司的股票。因此，当你确信某家公司没有成为或者以后也不会成为"猩猩公司"时，就抛售这家公司的股票，把收益投给表现更好的"候选的猩猩公司"。

这个投资策略可以分解为三部分：

（1）接受损失；

（2）巩固收益；

（3）应对"猩猩公司"之间的冲突。

这三部分的具体操作方式如下所示：

接受损失

在猩猩游戏的早期阶段，无论是在处于保龄球道阶段的应用软件品类，还是在处于龙卷风暴阶段的使能硬件品类和使能软件品类，一些公司会由于种种原因停滞不前。这时先不要着急抛售这些公司的股票，而是认真观察一段时间。如果市场中出现了"候选的猩猩公司"，这些停滞不前的公司已经屈居下风，这时你应该抛售这些股票。相反，如果你仍然无法确定哪家公司会成为"猩猩公司"，这些停滞的公司仍是"候选的猩猩公司"，那么你需要继续持有这些公司的股票。

一旦确定了某些公司已被淘汰出局，立刻抛售它们的股票。随着股市变化，你可能在这些股票中遭受了一些损失，因而打算继续持有一段时间，等市场好转之后收回成本。千万不要有这种念头，立刻抛售股票！

这种想法是与猩猩游戏规则相悖的。猩猩游戏不是投资于某一只股票，而是投资于多只股票，所以抛出这些股票后，你就可以把资金从业绩不佳的股票转移到业绩突出的股票中。从一开始你就知道只有一家公司最终会成为猩猩游戏的目标公司，其他公司都会被淘汰出局，所以不要固守那些已经出局的股票，而是迅速收回投资，把它们投给实力更强的"候选的猩猩公司"。

规则 7：一旦确定某家公司不会成为"猩猩公司"，马上抛售其股票。

巩固收益

猩猩游戏的优势是，你参与的程度越深，留下的"候选的猩猩公司"实力越强，因此，当你放弃对一家公司的股票投资，转投其他公司时，通常不会遭受损失。然而，你仍然需要积极提高投资组合的价值和安全性。

人们在讨论投资组合策略时，通常认为投资多元化可以降低持股风险，但是猩猩游戏恰恰相反，它要求投资者通过整合投资来降低风险。以下是这种策略的关键内容：

- 猩猩游戏也使用多元化的投资组合来降低投资风险，这种多元化是指投资者买入并持有处于龙卷风暴阶段的品类的股票，并希望每种品类中都会出现"猩猩公司"。
- 当不清楚哪家公司会成为"猩猩公司"时，猩猩游戏还利用多元化来降低购买高科技股票的风险，即投资者购买多家"候选的猩猩公司"的股票。
- 但是，一旦"猩猩公司"确定下来，猩猩游戏就会通过整合股票来降低持有高科技股票的风险。

尤其在使能技术领域，一旦"猩猩公司"被确定下来，整合股票就变得至关重要。你需要立刻收回对其他"候选的猩猩公司"的投资，把资金集中到对"猩猩公司"的投资中。要记住，猩猩游戏倾向于将力量集中在"猩猩公司"上，因此，当"黑猩猩公司"受到打击时，"猩猩公司"会遭受更大的打击。也就是说，市场对"猩猩公司"的股票定价过低时，对"黑猩猩公司"的股票则定价过高，有时这种情况特别严重，那是因为"黑猩猩公司"股票的风险溢价⊖要远远高于"猩猩公司"。但是市场无法辨别这种区别，于是给这两类公司分配了同一个"折中"的风险溢价率，这个风险溢价率对"猩猩公司"来说过高，但对"黑猩猩公司"来说过低。

能够在"黑猩猩公司"的股票被市场淘汰之前就抛出这类股票，是猩猩游戏投资者在整个市场上拥有的最大优势。如果市场在确定股票价格时尚未考虑这一趋势，而你提前预测到了这个结果，你才可以利用这一优势获利，所以抛售股票的时机很重要。

与使能技术股市不同，在应用软件股市，你不需要在"黑猩猩公司"的发展后期，匆匆抛出该公司的股票，尤其当"黑猩猩公司"有可能成为某些细分市场的"猩猩公司"时，更是如此。比如，仁科公司在企业资源计划软件市场中可能是"黑猩猩公司"，但在人力资源应用软件市场却是"猩猩公司"。目前，企业资源计划软件的中间市场逐步兴起，而思爱普公司作为该市场中的"猩猩公司"一直在努力奋斗，在这种背景下，你应该继续持有仁科公司的股票。

综上，在猩猩游戏中整合股票时，需要遵守如下基本规则。

规则8：从对非"猩猩公司"股票的投资中收回资金，并立刻将资金投资于剩下的"候选的猩猩公司"。

应对"猩猩公司"之间的冲突

对猩猩游戏投资者来说，并非每天都是阳光明媚，有时候你购买了一系列即将进入龙卷风暴阶段的品类的股票，但是在"候选的猩猩公司"成熟前，

⊖ 风险溢价，是指投资人要求较高的收益，以抵消更大的风险。—— 译者注

意外发生了。例如，1996 年底，投资网景公司股票的互联网投资者就经历了这样的遭遇。当年年初，他们确信自己投资的品类进入了强劲的龙卷风暴阶段，领军的网景公司蒸蒸日上，前景一片大好，但微软突然闯了进来，改变了整个市场格局。这时投资者该怎么办呢？

这时，投资者采取的策略类似于医学上的伤病员鉴别分类，即冷静地评估受损情况，然后迅速投资于仍然盈利的股票。因此，投资者首先要抛出其他公司的股票，只保留潜在的"猩猩公司"的股票。无论公司在受到第一轮攻击后情况变得如何糟糕，按照猩猩游戏规则，它只会雪上加霜，只有潜在的"猩猩公司"能够经受住考验，受到较小的不利影响。

你之所以不要抛出潜在的"猩猩公司"的股票，是因为市场竞争结果难以预测，有时候实力强劲的公司也会翻船。它们做了一个计划，这是一个很好的计划，它们在竞争中获胜了，然后"砰"的一声，它们被踢出局了。现在它们该怎么办呢？

坦率地讲，大部分"候选的猩猩公司"表现都不够好，但有些公司的表现还是可圈可点的，所以，与持有"候选的猩猩公司"的股票相比，抛出它们的股票将带来更大的风险。这是因为潜在的"猩猩公司"的股票估值已经由股市进行了调整（你随之遭受了损失），因此，目前这些股票的股价下行空间很小。同时，其股价上行趋势也不明确，股价可能会飙升，但投资者和公司管理团队都无法确定股价变化趋势，所以我们建议不要草率抛售"候选的猩猩公司"的股票，而是在尘埃落定之前继续持有这些股票。

规则 9：当"猩猩公司"之间发生冲突时，最终结果出现之前，要一直持有"候选的猩猩公司"的股票。

在此过程中，如何处理同时获得的所有信息

每天，猩猩游戏会首先过滤海量的投资信息，然后把重要信息传递给

你，这是该游戏的另一个优势。浏览新信息时，你不要不加辨别地全盘接受，而是需要不断排除信息，否则你会淹没在信息的海洋中。筛选信息的原则如下文所示。

不要关注与龙卷风暴无关的信息。

这样做尤其有助于排除对处在技术采用生命周期初期的产品的预测，也可以排除有关主街阶段的评论，如经济的总体评估、利率高低、牛市和熊市、新股发行环境是否良好、通货膨胀、货币供应等。不要理会这些信息，它们可能会改变龙卷风暴的前进速度，但无法抑制龙卷风暴或使其转向。

对于有关龙卷风暴的信息，你需要了解不好的方面，也需要掌握实际情况。

这条原则可以帮你免于陷入夸张的宣传中，无论正在形成中的龙卷风暴，还是风暴形成的假象，都不可避免地会吸引这类宣传。

具体来说，你寻找的信息要有助于回答第 4 章提出的一系列问题：

（1）正在形成新的价值链吗？如果是这样，你需要在价值链的每一个环节都能看到证据。

（2）某个利基市场中是否出现了龙卷风暴即将到来的迹象？如果是这样，你需要了解有关该利基市场的所有信息。

（3）杀手级应用软件出现了吗？杀手级应用软件是表明龙卷风暴形成的关键迹象，所以你需要加以关注。

（4）第三方合作伙伴在做什么？跟随它们，你经常可以发现"猩猩公司"的动态，甚至直接找到"猩猩公司"。

（5）市场中存在专有架构控制吗？如果存在，哪家公司控制着专有架构？它们能够长期保持这种控制力吗？这个问题是整个投资理念的基础，你需要深入研究。

（6）市场中的转换成本有多高？转换成本创造的市场进入壁垒如何？这个问题是决定"猩猩公司"和"国王公司"的竞争优势持续期长短的关键。

（7）最后，是否有新技术接踵而至，并将缩短"猩猩公司"的市场寿命？新技术最终会终结"猩猩公司"的竞争优势，但在短期内不会威胁到其竞争优势持续期。

总之，你若想了解哪些市场力量的变化会影响到龙卷风暴的运行，就需要关注以上信息，由此我们得出最后一条规则。

规则 10：大部分信息都与猩猩游戏无关，直接忽略即可。

最后这条规则无疑有些自以为是，但在本书中，我们试图切入常规知识的各个层面，以便制订出清晰合理的投资计划。这个问题如同"戈尔迪之结"⊖（Gordian knot），我们认为投资者应该像挥剑砍断这个死结的骑士一样，将有关龙卷风暴的信息筛选出来。

第二部分到此结束了，我们已经介绍了所有的投资理论，也描述了猩猩游戏的所有运行机制。本书的剩下章节将介绍实际案例以及如何将理论应用于投资实践。最后我们再次总结投资的十大规则，来结束第二部分。

猩猩游戏十大规则

规则 1： 在保龄球道阶段购买应用软件类股票。

规则 2： 在龙卷风暴初期买入使能硬件或使能软件品类的股票。

规则 3： 将所有"候选的猩猩公司"的股票纳入投资组合中，"候选的猩猩公司"最少包括两家公司，有时三家，通常不超过四家。

规则 4： 长期持有"猩猩公司"的股票，只有当替代威胁被证实时，才出售这些股票。

规则 5： 只要应用软件市场中"黑猩猩公司"有进一步扩张市场的潜力，就持有它们的股票。不要持有使能技术市场中"黑猩猩公司"的股票。

⊖　"戈耳迪之结"出自古希腊传说，指难以解决的问题。——译者注

规则 6：谨慎持有"国王公司"和"王子公司"的股票，在公司发展停滞、品类增速减慢时，抛售这些公司的股票。

规则 7：一旦确定某家公司不会成为"猩猩公司"，马上抛售其股票。

规则 8：从对非"猩猩公司"股票的投资中收回资金，并立刻将资金投资于剩下的"候选的猩猩公司"。

规则 9：当"猩猩公司"之间发生冲突时，最终结果出现之前，要一直持有"候选的猩猩公司"的股票。

规则 10：大部分信息都与猩猩游戏无关，直接忽略即可。

第三部分

案例研究

THE
GORILLA
GAME

第 8 章　案例 1：甲骨文公司与关系数据库领域的龙卷风暴

第三部分采用查尔斯·狄更斯（Charles Dickens）在小说《圣诞颂歌》（*A Christmas Carol*）中的叙事手法，主要介绍三个猩猩游戏案例：小说中，斯克鲁奇（Scrooge）在圣诞夜被三个圣诞精灵——"过去之灵""现在之灵"和"未来之灵"造访。第三部分第 8 章将追踪一个已经结束了的猩猩游戏，其结果已经尘埃落定；第 9 章将介绍一个正在进行中的猩猩游戏，重点关注思科公司和网络硬件领域的龙卷风暴，目前该领域中已经出现"猩猩公司"，但仍有可能出现意外情况；第 10 章将介绍即将开始的猩猩游戏，重点关注客户服务应用软件领域以及正在崛起的三家"候选的猩猩公司"。

我们介绍这三个案例是为了解释："猩猩游戏的投资者知道什么？他们什么时候知道的？"（这个问题与 1972 年"水门事件"丑闻引起的问题类似。）我们将分析猩猩游戏十大规则如何在这三个案例中发挥作用，与此同时，我们将在回顾历史之后，研究当代情况，最后展望未来。我们认为自己目前更擅长回顾历史，所以本章从已经结束的猩猩游戏开始。

回到 1988 年 5 月，让我们看看此时的关系数据库领域存在的投资机会。

第一次龙卷风暴发生的背景

关系数据库品类出现在 20 世纪 80 年代初期，当时人们需要跨程序甚至跨计算机处理更多的数据，关系数据库应运而生。最初数据管理技术是将顺序文件存在磁带存储器上的，而随着业务的增多，这种格式有助于更新整个系列的主文件，但是如果用户只想访问或更新处于磁带中间位置的几条记录，操作起来就比较麻烦。因此，研发者在硬盘上添加了索引文件，有效地解决了文件访问问题，但却导致文件数量激增，其中许多文件包含相同的数据。

当多个文件包含相同的数据时，若一个文件被更新，其他文件保持不变，数据值就变得不可靠。为了解决这个问题，第三项技术即数据库技术被开发出来，其目标是提供包含数据元素的唯一文件。在数据库中，所有程序都被发送到数据库管理器，管理器"签入签出"所需数据，这样可以确保程序都能使用正确的数据，但同时也会遭遇瓶颈问题，尤其是在进行联机事务处理（OLTP）时响应时间比较长。IBM 等公司开发了层次数据库，解决了这个问题，大大提高了事务输入速度。但是，鱼和熊掌不可兼得，层次数据库在提高联机事务处理速度的同时，也舍去了操作方面的便捷性以及数据查询和结果报告的灵活性。

当企业意识到计算机不仅有助于提高工作效率，也成为其管理信息系统的核心部分时，它们就会对数据库中数据查询和结果报告的灵活性提出更高要求。这就引发了对另一类产品的需求，这些产品被称为报告编写器、决策支持系统或第四代语言，其最大缺点是，它们工作时需要联机事务处理数据库提供数据备份，这意味着每天晚上联机事务处理数据库必须上传联机数据，并将数据传输给另一个系统。

在这种背景下，关系数据库进入大众视野。该数据库声称可以在单个产品中同时支持联机事务处理系统和决策支持系统。起初，关系数据库的联机事务处理系统运行非常缓慢，所以该数据库只用于实验室和其他小批量交易应用程序中。一段时间之后，联机事务处理系统的运行速度不断提高，现在关系数据库在商业领域得到了广泛运用。在决策支持系统方面，关系数据库与众多使用其他第四代语言的数据库竞争，但当甲骨文公司将 IBM 的结构化查询语言（SQL）设为关系数据库的标准编程语言后，关系数据库获得了巨大推动力，结构化查询语言几乎在一夜之间成为关系数据库品类的标准语言。

现在 IBM 已经主导了大型主机市场，适用于大型主机的 DB2 数据库系统中也使用了结构化查询语言。IBM 还开发了型号为 AS / 400 的小型计算机，但该计算机没有使用结构化查询语言，因此，IBM 对小型计算机以及后来个人计算机上的结构化查询语言数据库不感兴趣。这为关系数据库公司提供了广阔的发展空间，尤其是甲骨文公司，通过开发结构化查询语言的"可移植性"，将结构化查询语言系统移植到市场中的每个可行平台上。由于小型计算机都需要完整的系列产品，而且小型计算机开发商将业务集中在硬件领域而非软件领域，因此它们欣然接受了甲骨文公司的结构化查询语言系统，并给予全力支持（实际上，大多数小型计算机开发商甚至向甲骨文公司支付了移植费用）。

当英孚美公司进入结构化查询语言系统市场时，其规模与市场份额都远远落后于甲骨文公司，但它发现了一个被甲骨文公司忽视的机会，即 Unix 操作系统市场。当时 Unix 操作系统市场规模还比较小，主要为牙医和医生的办公室提供后勤系统，该系统以图斯电脑（Altos）等公司的小型计算机服务器为基础，运行来自桑塔克鲁斯操作公司的 Unix 操作系统版本，其产品和服务通过小型增值分销商出售和提供。事实证明，英孚美公司选择在 Unix 操作系统中推广结构化查询语言，这种做法是明智的。

甲骨文公司的另外一个竞争对手是关系技术公司（后来更名为安格尔公

司，名字取自其旗舰产品），它也进入结构化查询语言系统市场，为美国企业提供小型计算机数据库。20 世纪 80 年代，随着该市场的繁荣，关系技术公司年增长率达到了 50%，不过，甲骨文公司的年增长率为 100%，关系技术公司仍然处于劣势。另外，美国企业更青睐于甲骨文公司依据结构化查询语言设置的数据库标准，要求关系技术公司执行同样的标准，后者则被迫放弃了之前开发的安格尔数据库架构，重组业务来迎合这一标准，结果失去了很多宝贵的市场份额。

不过，1988 年这种局面尚未形成，猩猩游戏投资者会看到以下情况：

- 关系数据库品类中正在形成龙卷风暴。数十年来甲骨文公司一直以 100% 的速度增长，到 1988 年底，该公司的营业额达到了 5 亿美元，赚得盆满钵满。

- 关系技术公司仅次于甲骨文公司，而且发展势头强劲，盈利能力良好。

- 出现了小型的 Unix 操作系统市场，该市场由英孚美公司主导，看上去比较有趣。

- IBM 在 DB2 关系数据库中采用了结构化查询语言，结构化查询语言逐渐成为关系数据库的标准语言。

- 20 世纪 80 年代，关系数据库成为层次数据库和其他类型数据库的首选替代产品。

- 一段时间之后，关系数据库可能会被一种新的数据库取代，即面向对象的数据库，不过当时该数据库尚未发展到鸿沟阶段。

如果投资者查阅《计算机世界》杂志（当时企业系统软硬件领域的行业领先杂志），就会发现在甲骨文公司、关系技术公司和英孚美公司中，甲骨文公司最为著名，1987 年在头条新闻中出现了 15 次，1988 年出现了 25 次，远远多于关系技术公司（分别出现了 3 次和 2 次）和英孚美公司（分别出现了 5 次和 4 次）。报道频率的不同展示了这三家公司的市场地位。

我们之所以说更多的媒体报道能够彰显"猩猩公司"的地位，主要出于以下原因：

（1）"猩猩公司"被邀请参与更多的第三方合作关系，因此获得更多报道机会。

（2）"猩猩公司"不仅出现在对它所在市场的新闻报道中，也会出现在讨论整个行业态势的新闻概要中，所以它在新闻报道中出现的频率更高。

（3）由于"猩猩公司"拥有更多的顾客，所以会更频繁地出现在对其顾客的报道中。

（4）"猩猩公司"能够在处理公共关系方面投入更多资金，所以能够更频繁地出现在小型媒体的报道中。

当行业杂志列举某品类中的主要公司时，总是根据公司的实力和市场份额进行排序，所以排序情况也能说明公司在行业中的地位。《计算机世界》杂志最初报道关系数据库品类中的公司时，关系技术公司凭借分布式数据库，在 1986 年 12 月排在了甲骨文公司的前面，但之后甲骨文公司一直领先关系技术公司，而后者一直领先英孚美公司，直到 1990 年关系技术公司被 ASK 公司收购后，这种排序才发生了改变。这种排序是弱肉强食的结果，因为猩猩游戏就是以公司的权势等级为基础，所以相关报道能够为猩猩游戏投资者提供重要参考信息。

首次购买股票

此时，如果猩猩游戏投资者对甲骨文公司的市场主导地位没有把握，可能会同时购买这三家公司的股票；如果投资者确定甲骨文公司会成为"猩猩公司"，就可能只购买这一家公司的股票。假设你只是个普通投资者，无法做出准确判断，于是以六月的收盘价购买了这三家公司的股票。随后，你感觉甲骨文公司可能会成为"猩猩公司"，就把投资资金分成了三份，其中50% 用于购买甲骨文公司的股票，25% 用于购买关系技术公司的股票，剩下的 25% 用于购买英孚美公司的股票。你的最初头寸情况如表 8-1 所示。

表　8-1

行动	日期	价格调整	股票分割	每股价格（美元）	股份	投入金额（美元）	持股数	总股值（美元）
买入甲骨文股票	1988.6.30	1.48	13.500x	20.04	250	5 000	250	5 000
买入英孚美股票	1988.6.30	2.91	8.000x	23.25	108	2 500		
买入关系技术股票	1988.6.30					2 500		

下面我们将根据最终市场发展情况，在表中记录你持有的"猩猩公司"股票总数及投入的总金额。如表 8-1 所示，现在你手头持有 5 000 美元的甲骨文公司股票，该公司最后成为"猩猩公司"。

起初为了减少投资风险，你使头寸变得多样化，随后，你不断加持"猩猩公司"股票，以减少风险。甲骨文公司每个季度的利润和收入都节节攀升，这种情况一直持续到了 1990 年。与此同时，其他两家公司的利润和收入却一路跌撞、每况愈下。这种情况清楚地表明甲骨文公司已经成为关系数据库市场中的"猩猩公司"。

据此，猩猩游戏投资者要遵守"猩猩游戏十大规则"中的第 7 条和第 8 条规则，具体内容如下文所示。

规则 7：一旦确定某家公司不会成为"猩猩公司"，马上抛售其股票。

规则 8：从对非"猩猩公司"股票的投资中收回资金，并立刻将资金投资于剩下的"候选的猩猩公司"。

根据这两条规则，1988 年 7 月，猩猩游戏投资者应当立刻抛售英孚美公司的股票，原因是该公司在收购了创新软件公司（Innovative Software）后，没有达到预期效果，反而失去了近一半的市场份额。在此情况下，你以 7 月的收盘价售出了所持的英孚美股票，同时埋怨自己为何没有严格遵守猩猩游戏投资原则，然后把收回的钱都投入到甲骨文公司股票中，这时你的头寸情况如表 8-2 所示。

表 8-2

行动	日期	价格调整	股票分割	每股价格（美元）	股份	投入金额（美元）	持股数	总股值（美元）
售出英孚美股票	1988.7.29	1.59	8.000x	12.75	108	1 371		
买入甲骨文股票	1988.7.29	1.41	13.500x	18.98	72	1 371	322	6 108

时光飞逝，甲骨文公司和关系技术公司都在不断增长，但是后者的增长速度缓慢得多。这时你需要查阅行业杂志，寻找出售关系技术公司股票的理由。如果在此之前你没有来得及做出反应，阅读 1989 年 7 月 24 日出版的《计算机世界》杂志时，你会看到头条标题为"关系技术公司屈居第二位"，需要立刻采取行动了。这种情况已经清楚地表明甲骨文公司的"猩猩公司"的地位，看到关系技术公司与甲骨文公司之间市场规模的差别，你虽然为关系技术公司的境况感到惋惜，但也必须以 7 月的收盘价售出该公司的股票了，然后把收回的钱全部投入到甲骨文股票中，这时你的头寸情况如表 8-3 所示。

表 8-3

行动	日期	价格调整	股票分割	每股价格（美元）	股份	投入金额（美元）	持股数	总股值（美元）
售出关系技术股票	1989.7.31	9.13	1 000x	9.13	138	1 259		
买入甲骨文股票	1989.7.31	2.28	6.75x	15.40	82	1 259	725	11 165

自此时起你将长期持有甲骨文公司的股票。1989 年 9 月，季度报告显示该公司一直在超高速增长，而关系技术公司则报告了亏损，一天之内股价下跌了 23%。于是你对自己采取的猩猩游戏策略感到满意，并且愿意在鸡尾

酒会上分享成功经验。同一年，甲骨文公司又报告了一个季度的快速增长，你更加高兴了，感觉这个猩猩游戏非常容易。1989 年 12 月底你的头寸情况如表 8-4 所示。

表　8-4

行动	日期	价格调整	股票分割	每股价格（美元）	股份	投入金额（美元）	持股数	总股值（美元）
持有的甲骨文股票	1989.12.29	3.47	6.750x	23.41			725	16 980

艰难的时刻来临

进入 1990 年，甲骨文公司在第一季度就出现了亏损，打击迎面而来！它的股价下跌了 31%！刚开始你很气愤："那些提倡猩猩游戏的作者在哪里？我要起诉他们！"一两天后，你平静了下来，开始冷静地评估情况：

（1）市场中尚未出现能够替代关系数据库的新技术。面向对象的数据库还未到达鸿沟阶段，层次数据库正在消退，关系数据库占主导地位，并且这种局面会持续很长一段时间。

（2）没有一家竞争对手可以真正威胁到甲骨文公司的市场地位，而且其他公司都在衰退。

（3）因此，甲骨文公司的问题来自其内部管理，并非来自公司外部市场。

根据猩猩游戏规则，公司的内部问题会自行解决，所以此时不要抛售甲骨文公司股票，而是继续增持。勇敢地迈出第一步，对甲骨文公司的股份再增持一倍（股价大约是上一季度价格的一半）。

你焦急地等待甲骨文公司的第四季度报告（该公司的会计年度于五月结束）。随后你欣然得知，尽管甲骨文公司的增长率为 100% 的日子已一去不复返了，但该公司可以在收入增长 55% 的基础上实现 58% 的收益增长。其股价开始回升，在 1990 年 6 月收盘时，你的头寸情况如表 8-5 所示。

表　8-5

行动	日期	价格调整	股票分割	每股价格（美元）	股份	投入金额（美元）	持股数	总股值（美元）
买入甲骨文股票	1990.4.16	2.41	6.750x	16.24	725	11 779	1 450	23 557
持有的甲骨文股票	1990.6.29	3.42	6.750x	23.10			1 450	33 501

"猩猩游戏投资策略还不错"，你心里想。然而，情况开始急转直下。

这一次不止甲骨文公司出现了问题，1990年夏季，高科技市场上所有公司都遭受了重创。惠普公司几乎损失了近一半的市场份额，美国数字设备公司、甲骨文公司也是如此，而这些公司遭受的损失相对来说还算小的，英孚美公司损失了超过三分之二的市场份额，安格尔公司（前身是关系技术公司）损失也很严重，最后被ASK公司收购。

这次你又开始抱怨猩猩游戏的倡导者，甚至买了一本关于价值投资的书，打算放弃猩猩游戏投资。几天之后，你平静下来，再次冷静地评估情况。你发现之前分析的情况都没有任何改变，只是第四个因素产生了影响，即高科技行业整体进入了相互竞争阶段。这时你开始思考这两个问题：计算机行业已经过时了吗？如果过时了，有何证据可以证明呢？

思考之后，你会发现答案是否定的，而且再次意识到，尽管你对当前情况有些担忧，但仍然应该继续增持甲骨文公司的股票，现在还不是抛售股票的时候。一个季度之后，你会发现惠普、美国数字设备等公司的股价呈现上涨的趋势，于是果断采取行动，在1990年底收盘的时候（这时候股价一直在下跌），双倍买进甲骨文公司的股票，你没有告诉配偶（毫无疑问，他／她肯定在背后抱怨过你的"投资理论"），也不打算在鸡尾酒会中谈论这件事情。这时你的头寸情况如表8-6所示。

表　8-6

行动	日期	价格调整	股票分割	每股价格（美元）	股份	投入金额（美元）	持股数	总股值（美元）
买进甲骨文股票	1990.12.31	1.17	6.750x	7.91	1 450	11 473	2 901	22 946

整个 1991 年，甲骨文公司不断整顿业务，使公司运营步入正轨。它利用这次危机组建了新的管理团队，招募了新的董事会成员，聘请了世界一流的财务总监（CFO），重新披露了公司财报（披露了两次，虽然不是超高速增长，但收益在不断上涨）。安格尔公司在关系数据库领域已经不再是独立的公司，而且业界认为在被收购后，ASK 公司对它不够重视。同时，即使英孚美公司也逐渐步入正轨，你也不打算再次购买该公司的股票。1991 年底你的头寸情况如表 8-7 所示。

表 8-7

行动	日期	价格调整	股票分割	每股价格 （美元）	股份	投入金额 （美元）	持股数	总股值 （美元）
持有的甲骨文股票	1991.12.31	2.14	6.750x	14.45			2 901	41 914

对于经历过龙卷风暴阶段的股票来说，这不是一件坏事，"猩猩公司"保持了其市场份额，它的影响力正在逐渐增大。然而，出乎你的意料之外，这种良好局面很快完全改变了。

进入客户机/服务器计算领域

1990 年计算机系统市场之所以崩溃，部分原因是分布式计算无法提供真正稳定的解决方案，来替代主机计算。当时，小型计算机系统已达到顶峰，而且连接多台个人计算机的新架构（即局域网）处于上升阶段。为了进一步发展，小型计算机必须沿着行业链向上扩展，而不是向下延伸，这就是分布式计算的目标方向。但是，分布式计算系统正常工作时，需要众多专有平台通过大量的专有网关进行连接，操作过于烦琐。不过，一段时间以来，高德纳咨询公司（Gartner Group）和其他行业分析师一直在推出一种名为客户机/服务器的替代架构，该架构不但实现了计算机接口的标准化，也使之更具可复制性和可伸缩性。1992 年，阻碍客户机/服务器系统的最后几个障碍被消除，详情如下文所示：

（1）Windows 3.1 系统发布之后，Windows 最终取代 DOS 成为首选的桌面操作系统，并提供市场顾客急需的标准图形界面客户端。

（2）到 1992 年，Unix 操作系统逐渐取代了专有小型计算机操作系统，之后，几乎所有主要小型计算机供应商都可以使用相对标准的服务器环境。

（3）Unix 操作系统还带来了 TCP / IP 网络协议，提供了标准的通信接口（后来该协议对互联网的超高速增长产生了重大影响）。

（4）客户机 / 服务器应用软件包于 1992 年出现，主要产品包括甲骨文财务管理软件、仁科人力资源软件和罗盛财务管理软件，后来又增添了思爱普公司（该公司最终成为企业资源计划品类中的"猩猩公司"）、巴恩公司等公司的应用软件。

在发展障碍被清除之后，客户机 / 服务器领域进入龙卷风暴阶段。

这时，猩猩游戏投资者不禁自问："我需要给哪家公司投资，才能在计算机系统的龙卷风暴中获利呢？"显然，微软将成为客户机龙卷风暴的受益者，而且随着网络的发展，在客户机市场中还会出现其他投资目标（详情见第 9 章的相关部分）。同时，在应用软件领域也会出现"猩猩公司"（仁科公司和甲骨文公司都是很好的投资目标），在服务器硬件领域（1992 年底，惠普已明显成为这个领域的"猩猩公司"）和关系数据库软件领域（甲骨文是最佳投资目标）皆是如此。在关系数据库方面，客户机 / 服务器架构中的关系数据库尚未面临替代威胁，客户机 / 服务器仍处在龙卷风暴阶段。

既然该领域中的关系数据库没有被替代的危险，投资者可以购买多家公司的股票，或者坚持购买甲骨文公司的股票。在这个领域，甲骨文公司也有两个强劲的竞争对手，它们已经成功推出了不同的解决方案，甲骨文公司在这方面难以与之匹敌。一个竞争对手就是我们的老朋友英孚美公司，在菲尔·怀特（Phil White）的领导下，该公司与创新软件公司合并后便振作起来，精简了业务，并着手运用其 Unix 系统在市场上的地位。1990 年最后一个季度，《计算机世界》对英孚美公司的评价为："英孚美公司的年增长率为

20% 到 30%，行业领导者甲骨文公司的增长率为 50% 或之上，两者相比，英孚美的增长率一般……然而，英孚美公司在 Unix 市场上已胜过甲骨文公司。"鉴于英孚美公司在 Unix 系统中的优势，该公司股票成为猩猩游戏投资者的投资目标，尤其到了 1992 年 2 月，英孚美公司报告的收益和收入远远超过了华尔街投资者的预期，而且这种强势的发展势头会持续一段时间，这种情况下，更多投资者增持了该公司股票。

　　另一个竞争对手是新成立不久的赛贝斯公司。受高科技行业严重下滑的影响，该公司在 1990 年终止了公开发行股票计划，但在 1991 年成功上市。赛贝斯公司充分利用关系技术公司失利的局面和英孚美公司的困境，一跃在关系数据库市场中排名第二。另外，它借助客户机 / 服务器数据库的优势迅速发展，增长率高于所有的竞争对手，成为华尔街投资者的新宠，它吸引的大量投资反过来帮助赛贝斯公司成功"跨越鸿沟"。随着客户机 / 服务器架构被广泛接受，赛贝斯公司很可能会成为赢家，在接下来的三年中，它将超越同品类中的其他公司。

　　然而，这两个竞争对手都没有达到甲骨文公司的规模，因此你不会改变甲骨文公司股票的投资组合。1992 年中期，甲骨文公司展示了"强劲"的销售业绩和"飙升"的营业收入（《华尔街日报》特别喜欢这两个形容词），华尔街投资者为之感到惊讶。假设 1992 年 7 月收盘时，股市反弹明显已经开始，你趁机新购了英孚美和赛贝斯这两家公司的股票，并且受 1990 年股市震荡的影响，你没有改变所持有的甲骨文股票。这时你的头寸情况如表 8-8 所示。

表　8-8

行动	日期	价格调整	股票分割	每股价格（美元）	股份	投入金额（美元）	持股数	总股值（美元）
买入英孚美股票	1992.7.31	4.72	4.000x	18.88	132	2 500		
买入赛贝斯股票	1992.7.31	15.19	2.000x	30.38	82	2 500		

在进入关系数据库股市之初，你再次分散投资以降低投资风险，在之后的猩猩游戏中，你将不断整合股票以减少持股风险。但在 1993 年这三只股票都呈现强劲的上涨趋势，所以你难以决定要出售哪只股票。5 月，《华尔街日报》对英孚美公司进行了报道，报道名为"英孚美公司凭借 Unix 操作系统引领高科技浪潮"，高度赞扬了该公司的营销策略和管理机制。该报道充分验证了有关客户机/服务器龙卷风暴的假设，但它的副标题可能会让你犹豫不决："有人将英孚美公司的耐力归功于成本控制和欧洲市场的发展。"其中"耐力"指该公司在逆潮流而动，事实上，"黑猩猩"公司通常需要具备较好的耐力，所以这一点要引起你的警觉。与之相反，甲骨文公司呈现强劲的增长势头，到 1993 年底，其营业额达到了 20 亿美元，越来越多的迹象表明，甲骨文公司已成为客户机/服务器领域的"猩猩公司"。

同样，在 1993 年，业界杂志对赛贝斯公司也是好评如潮，例如《计算机世界》杂志高度评价了该公司的快速增长："赛贝斯公司确定了自己的发展方向。在客户机/服务器领域，早期接受者将目光锁定于企业计算技术。"当年年底，赛贝斯公司实现了 64% 的收益增长和 68% 的收入增长，这两个增长率都创下了业绩最高纪录，该公司的营业额也随之达到了 5 亿美元。虽然赛贝斯公司业绩突出，但营业额仍只是甲骨文公司的四分之一。

然而，到了 1994 年，行业杂志报道开始发出一系列信号，表明出售赛贝斯公司股票的时间到了。比如，《计算机世界》杂志的报道中出现了一系列类似的头条新闻，详情如下。

- 1994 年 3 月 21 日："仁科软件产品在被移植到赛贝斯公司的数据库产品中时遇到障碍。"
- 1994 年 3 月 28 日："赛贝斯公司产品仍然与市场实际需求脱节。"
- 1994 年 4 月 11 日："赛贝斯公司错过了数据库发展的最后良机。"
- 1994 年 4 月 18 日："赛贝斯公司与微软公司之间的合作结束，用户对此表示担忧。"

当时你可能还不清楚这些头条新闻究竟意味着什么，那么 7 月 11 日，《计算机世界》杂志又给你提供了一条线索："赛贝斯公司对抨击数据库版本 10 的报告提出异议。"读完这篇文章后，你会发现，仁科、思爱普等应用软件供应商在把软件产品移植到赛贝斯产品中时遇到了障碍，原因如下：

赛贝斯公司的数据库 10 版本缺少"行级锁定"的技术特征，即该系统无法满足大型系统对交易响应时间的要求。然而，当时在客户机/服务端的龙卷风暴中，三家应用软件供应商（思爱普、甲骨文和仁科）之间展开全面竞争（最终思爱普公司获胜），其中可伸缩性和响应时间是取胜的关键武器，所以这三家供应商都无法支持赛贝斯公司的数据库，而是全力支持甲骨文公司的数据库（在较小的交易中支持英孚美公司的数据库），它们每售出一个应用软件，甲骨文数据库的竞争优势就会增强一分。赛贝斯公司非但没有凭借数据库软件实现理想的销量目标，还在数据库内部标准设定者的竞争中失利，其销售业绩开始受到影响。

那么，为何"行级锁定"在这场战役中如此重要呢？因为它是甲骨文数据库架构的特色功能！换言之，应用软件供应商在甲骨文公司（数据库领域的"猩猩公司"）的数据库中开发产品时，通常通过行级锁定技术增强产品的性能，因此它们将行级锁定技术设计到了其应用软件中，一旦设计完成，该技术就不可或缺。事实上，如果最初应用软件供应商选择了赛贝斯公司的数据库产品，它们就会采取另外一个技术来增强产品功能，所以赛贝斯数据库的设计并没有问题，它失利的原因在于其产品无法与成为行业标准的甲骨文数据库兼容。这就是"猩猩公司"的实力，因此，猩猩游戏投资者需要抛售"黑猩猩公司"的股票，增持"猩猩公司"的股票，即集中投资而非分散投资，才能减少投资风险。

假设你没有出售赛贝斯公司的股票，7 月 21 日早上，你会发现，尽管赛贝斯公司的收益增长了 72%，收入增长了 65%，但前一天股市却抛售了该公司 15% 的股票，这时你会后悔不已。好吧，活到老学到老，现在抛出股票也还可以（尽管事实证明，赛贝斯公司的股票又反弹了一些）。

假设你在 1994 年 7 月 21 日出售了赛贝斯公司的股票，并把收益都用来购买甲骨文公司股票，这时你的头寸情况如表 8-9 所示。

表 8-9

行动	日期	价格调整	股票分割	每股价格（美元）	股份	投入金额（美元）	持股数	总股值（美元）
出售赛贝斯股票	1994.7.21	41.25	1.000x	41.25	165	6 790		
买入甲骨文股票	1994.7.21	10.97	3.375x	37.02	183	6 790	5 985	221 561

你这时可能已经出售了英孚美公司的股票。英孚美公司排在赛贝斯公司之后，在市场中位居第三，尽管它继续报告较突出的业绩，但并没有对甲骨文公司的未来发展构成真正的威胁。这种情况下，你所有的资金都"安全地"整合到了甲骨文股票，头寸情况如表 8-10 所示。

表 8-10

行动	日期	价格调整	股票分割	每股价格（美元）	股份	投入金额（美元）	持股数	总股值（美元）
出售英孚美股票	1994.7.21	9.38	2.000x	18.75	265	4 967		
买入甲骨文股票	1994.7.21	10.97	3.375x	37.02	134	4 967	6 119	226 528

如果 1994 年你还没有出售英孚美公司股票，那么 1995 年 3 月 20 日来自《计算机世界》杂志的头条新闻也许会给你足够的动力："英孚美公司正努力摆脱失败者的形象。"与这种形象抗争并不丢脸，但本书的读者都应该明白，既然英孚美公司不可能成为"猩猩公司"，那么其股票就不能被纳入猩猩游戏的股票组合中。因此，你最迟在 1995 年 3 月应该已经抛售了英孚美公司的股票。

为你的努力打分

到了 1997 年中期，你的投资结果如表 8-11 所示。

表 8-11

行动	日期	价格调整	股票分割	每股价格 （美元）	股份	投入金额 （美元）	持股数	总股值 （美元）
持有的甲 骨文股票	1997.8.29	38.13	1.000x	38.13			20 652	787 361

下面我们用折线图展示关系数据库中猩猩游戏投资的过程。请注意，为了清楚对比"猩猩公司"与"黑猩猩公司"或"猴子公司"的价值，我们创建了一种新的图表形式，在后面章节中将继续使用该图表。在这类图表中，每只股票的投资初始价值都被设置为 1 000 美元，这使所有股票处于平等地位（股价图无法做到这一点），然后，图表将显示持股过程中股票价值随时间变化的情况，这样就可以轻松比较各个股票的行情。

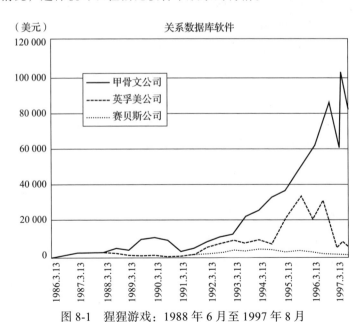

图 8-1　猩猩游戏：1988 年 6 月至 1997 年 8 月

图 8-1 展现了甲骨文公司获胜的两个时间节点。第一个节点发生在 1988 年至 1990 年，在这个阶段甲骨文公司开始超越英孚美公司和关系技术公司（图 8-1 中没有展示关系技术公司股票）。第二个节点是 1992 年高科技市场复苏期，之后甲骨文公司的股价一路飙升。如果不了解猩猩游戏的动态特点，你可能会觉得甲骨文和竞争对手之间的差距如此之大，简直不可思议。

那么你该如何参与到猩猩游戏中呢？ 1992 年 7 月你买进了这三家公司的股票，1994 年 7 月股价下跌，你出售了赛贝斯公司股票，在同一时间或者 1995 年 3 月出售了英孚美公司股票，而且每次你都把收回的资金投入到甲骨文公司股票中。

结果如何呢？你虽然错过了赛贝斯公司股价在 1994 年下半年的反弹，但更重要的是，你也躲过了该股票在 1995 年第一季度因亏损造成的崩盘。尽管赛贝斯公司随后从这次崩盘中恢复了部分元气，但仍然无法维持在数据库市场中的优势地位，到 1996 年，它已重新定位为互联网公司，不再提供客户机 / 服务器应用软件程序包。到 1997 年中期，市场仍在观望赛贝斯公司在重新定位后能够取得什么进展，所以该公司的发展前景还不容乐观。

至于英孚美公司，事后看来，你出售该公司股票的时间太早了，理想的出售时间是 1996 年初，但正因如此，你避开了该股票在 1996 年第一季度的下跌，更重要的是，你避开了 1997 年第一季度股市灾难，当时英孚美公司和赛贝斯公司一样，被迫退出了数据库市场。到了 1997 年中期，英孚美公司也进行了市场重新定位，但没有取得太大的进展。该公司大力开发面向对象型关系数据库，尽管当时这种新技术还没有跨越鸿沟阶段，英孚美公司却希望将之发展为自己的特色产品，并借机打败甲骨文公司。事实证明，这是一个非常糟糕的决定。 这是因为英孚美公司开发的技术标准与日益强大的甲骨文数据库标准不同，它这样做在某种程度上是孤注一掷，结果顾客不认可这种新数据库，但又拒绝购买英孚美公司之前的数据库产品，最后转而购买甲骨文数据库，并迅速获得回报。由此可见，在"猩猩公司"掌控的市场中，"黑猩猩公司"的发展举步维艰。

事后看来，华尔街投资者以及赛贝斯公司和英孚美公司的董事会没有清楚认识到，"黑猩猩公司"无法在使能技术品类中真正取得成功，其原因是使能技术品类支持超高速增长，只要公司早期采取有利的发展策略，就都能获得较高的利润。然而，市场中最终只会产生一家"猩猩公司"，而"黑猩猩公司"可获得的市场份额有限，其后发展就会面临障碍。因此，关系技术公司在 20 世纪 80 年代成为"黑猩猩公司"，赛贝斯和英孚美公司分别在 90 年代初期和中期成为"黑猩猩公司"。市场在任何时候都会支持一家"猩猩公司"、一家实力雄厚的"黑猩猩公司"和一家势单力薄的"黑猩猩公司"。

无论在哪种情况下，猩猩游戏投资者只需记住一点，即一旦弄清楚哪家公司会成为"猩猩公司"，就把所有的资金都投给这家公司，并继续增持其股票即可。

即将发生的"猩猩公司"冲突：出售还是持有

历史就回顾到这儿。展望未来，关系数据库市场将进入一个新阶段，基于 Unix 操作系统的数据库将无法取代甲骨文关系数据库，在大型主机领域，甲骨文数据库的主要竞争对手除了 IBM 的 DB/2 关系数据库，还包括微软公司推出的 SQL Server 关系数据库管理系统。该系统是微软的 NT 操作系统中后台管理系统的组成部分，参与了相邻领域中的龙卷风暴，即 NT 操作系统取代诺威尔公司的 Netware 网络操作系统，成为主要的局域网操作系统，微软公司借助 NT 操作系统对客户机 / 服务器低端市场发起了猛烈的攻击。

目前，微软的操作系统和数据库都缺少企业计算⊖技术。 的确，尽管微软能够提供更综合的解决方案，但由于市场中公司都仍然愿意使用可移植的数据库来管理企业信息，而 SQL Server 关系数据库管理系统仅能在微软

⊖　企业计算是指企业信息系统，如 ERP（企业资源规划）软件、CRM（客户关系管理）软件、SCM（供应链管理）软件等。——译者注

的 NT 操作系统上运行，所以甲骨文成功抑制了 NT 操作系统的发展。但是，业内普遍认为在基于局域网的数据库领域，微软正迅速成为唯一的供应商。

　　展望未来，甲骨文公司将无法利用市场进入壁垒抵御微软公司发起的挑战，换言之，适合本地工作组的关系数据库与适合企业的关系数据库之间将不存在明显的界限。当然，由于微软的数据库主要为低端客户服务，而高端客户中仍存在大量未满足的需求，所以在一段时间内，甲骨文公司不会直面来自微软公司的替代威胁，但甲骨文公司迟早会失去竞争优势。与之类似，在以低端市场为目标的硅图公司的进攻下，克雷公司（Cray Inc.）失去了在超级计算机市场的霸主地位，不过，目前硅图公司的市场地位受到英特尔公司的挑战。

　　那么，猩猩游戏投资者现在需要抛售甲骨文公司股票吗？我们认为时机未到，在公司市场地位变更阶段，存在很多可能性，以下因素会对最终结果产生较大影响：企业计算技术本来就很复杂，对复杂技术的消化吸收实际与微软现行的"猩猩公司"发展战略相悖；互联网、网络计算机和 Java 语言的发展存在很大变数；甲骨文公司的管理团队具有雄厚的竞争力，而微软公司的竞争优势被分散到不同的业务中；越来越多的行业联合起来，提出"坚决抵制微软产品"的口号，以反击微软作为"猩猩公司"对市场的控制，甲骨文也因此吸引了更多新盟友。

　　总之，关系数据库市场中正在发生大规模的冲突，我们认为最终竞争结果最早将出现在 20 世纪末至 21 世纪初，竞争者还有时间来发展自己的竞争优势，探索发展道路。对猩猩游戏投资者来说，由于无法预测最终哪家公司会胜出，这段时期也对他们的耐心提出了较大的挑战。尽管如此，我们认为投资者可以继续持有甲骨文公司股票，不要感到焦虑，作为一家"猩猩公司"，甲骨文公司仍然具有雄厚的实力，即使对手是另外一家"猩猩公司"，它也不会轻易地被淘汰出局。

　　而且，如果你抛售了甲骨文公司的股票，就会面对另外一个难题：下一个理想的投资目标是哪家公司呢？猩猩游戏需要投资者具备较丰富的行业知识，如果别人强烈推荐一个进入龙卷风暴阶段的品类，你对此知之甚少，却把资金都投入到这个品类中，我们认为这不是明智之举。与之相反，如果你还投资了另一家"猩猩公司"，而且这家公司的地位很稳固，那么你就可以采用"对冲抛售"策略，把资金从甲骨文股票中收回，然后投入到这家稳固的"猩猩公司"中。

经验总结

从关系数据库市场的发展历程中，我们可以总结出以下经验：

（1）关系数据库市场中实际上发生了两次龙卷风暴，第一次以专有的小型计算机为基础，第二次以客户机 / 服务器计算为基础。甲骨文公司在第一次龙卷风暴中成为"猩猩公司"，然后在第二次龙头风暴中获得了先行者优势，所以投资者需要持有该公司的股票。

（2）在两次龙卷风暴之间有一段平静期（1990 年至 1991 年），当时即使甲骨文公司的股价也开始下跌，但作为"猩猩公司"，只要甲骨文公司持续获得核心竞争力，对投资者来说，股价下跌时期实际上是有利的股票买入期。

（3）"黑猩猩公司"在一段时期内会成为市场的宠儿，但只是暂时的，市场不会允许"黑猩猩公司"取代"猩猩公司"，所以"黑猩猩公司"最终要么被"猩猩公司"击倒，要么被一些更受宠的新"黑猩猩公司"取代。

（4）投资者出售"黑猩猩公司"的股票之后，该公司的经营状况也许会有所改善，其股价随之上升，投资者会遭受一定损失，但长远看来，"黑猩猩公司"的股价势必会急剧下跌，投资者实际上避免了更大的损失。

（5）"猩猩公司"之间展开竞争时，局势会变得扑朔迷离，但不存在快速简单的解决方法。这时投资者需要发挥创造力，认真分析市场形势，才能做出正确判断。

带着这些经验，我们进入到第二个案例中，看一下正在进行中的猩猩游戏。

第 9 章　案例 2：思科公司与网络硬件领域的龙卷风暴

在第 8 章我们了解到，甲骨文公司作为一家使能软件公司，在计算机系统市场的两场龙卷风暴中受益良多。该公司在第一场龙卷风暴中从大型主机领域转战到小型计算机领域，在第二场龙卷风暴中把产品从以服务器为中心的软件转变为客户机 / 服务器应用软件。现在，如果甲骨文公司能够成功地把自己的数据库技术应用到互联网中，它就能够发起第三次龙卷风暴。

思科公司也有类似的经历。作为一家数据网络使能硬件供应商，思科公司在 20 世纪 90 年代经历了四场龙卷风暴，每一次都实现了高速增长，市值也上涨到新高度。思科公司所在市场经历了超高速增长，发展动力为相关公司内部及外部对网络计算技术需求的急剧增长。按照出现顺序，思科公司参与了以下市场的发展：

- 路由器；
- 智能集线器；
- 局域网交换机；

- 远程访问设备。

下面我们将回顾每个市场的发展过程，展示当时猩猩游戏投资者所处的情况和采取的举措，然后分析猩猩游戏投资规则在这些领域的运用情况，并总结各市场综合互动的结果。

读者会注意到本章采用的结构和案例不同于第 8 章，这是因为第 8 章主要由杰弗里·摩尔编写，而本章由保罗·约翰逊编写。前言部分已介绍过，保罗在波士顿罗伯逊·史迪芬银行任高科技行业分析师，所以他对行业的分析更多以公司季度财务报告为依据，跟随他开启龙卷风暴之旅，你会发现一些奇妙的投资技巧，作为合作伙伴的我们也受益良多。

思科公司的背景

20 世纪 80 年代是个人计算机发展的黄金期，局域网在 20 世纪 80 年代后半期快速兴起，当时大多数局域网只是由网线连接起来的工作组，主要功能是共享昂贵的外围设备（如激光打印机）和文件。然而，随着电子邮件的出现，情况发生了变化。

电子邮件及包括万维网在内的所有扩展技术推动了互联计算机需求的急剧增长，这些互联技术在各个级别的组织间都得以广泛使用，包括工作组与工作组之间、部门与部门之间、企业与企业之间、家庭与办公室之间、酒店与办公室之间、消费者与供应商之间、国家与国家之间、公民与公民之间，等等。随着互联技术的发展，20 世纪 90 年代成为互联网络快速发展的十年，无论是局域网向外扩展为广域网，还是局域网内部持续升级，都将过去简单的局域网架构转变成可分段、可交换的结构，在复杂性上这种新结构可与电话系统相媲美。

这一切之所以能够实现，主要得益于网络硬件的出现，这是一种全新的计算机系统，20 世纪 90 年代投资于该品类的投资者都获得了丰厚的回报，其中购买思科公司股票的投资者受益最大。从 1990 年 4 月思科公司上市，到 1997 年 6 月，这期间思科股价上涨了 100 多倍。

思科公司是经典的硅谷成功案例。该公司由斯坦福大学的五名技术人员在车库创立，不到十年的时间里，它就主导了价值 150 亿美元的数据网络设备市场。1992 年 6 月，思科的营业收入与竞争对手海湾网络公司持平，每个季度收入约为 1.1 亿美元（海湾网络公司由 SynOptics Communications Inc. 和韦尔弗利特公司合并而成）。五年后，即 1997 年中期，思科公司的收入增长为海湾网络公司的 3.5 倍左右。请注意，海湾网络公司的表现并不差，在此期间，该公司年收入增长率超过 30%，其股价比首次公开募股时上涨了 16 倍以上。然而，在这五年中，思科公司的利润在行业总利润中的比例由 15% 左右增长到近 50%。前文已反复强调，思科公司和海湾网络公司之间存在如此大的差异，并非因为思科公司拥有更优秀的管理体制、战略或执行力，而是龙卷风暴市场发展产生的结果，毫无疑问，思科公司已经成为网络硬件领域的"猩猩公司"。

思科公司成立于 1984 年，由五名工程师创立，其中最著名的两位是桑蒂·勒纳（Sandra Lerner）和莱昂纳德·波萨克（Len Bosack），他们是一对伉俪，都在斯坦福大学任职——勒纳是商学院的计算机中心主任，波萨克是计算机学院的计算机中心主任。由于每个学院使用不同的计算机网络，所以他们虽然在同一个大学校园工作，却不能互发电子邮件。商学院使用 HP 3000 型号的计算机，计算机学院使用 HP 9000 型号的计算机，尽管这两种型号的计算机都来自惠普公司，但无法在网络内实现交互操作。在 20 世纪 80 年代，这种情况并不罕见，这是因为在大多数计算机公司中，每个产品团队只独自开发垂直集成的端到端解决方案，而不考虑其他团队的产品特征。

勒纳和波萨克对这种状况感到不快，于是创建了一个计算机系统，使两个独立的计算机网络能够交互操作。这种系统能够把数据包从一个网络"传送"[⊖]到另一个网络，所以被称为"网络路由器"。也就是说，这种系统可以

⊖　路由器对应的英文为 router，相对应的动词 route 可汉译为"传送"。——译者注

把来自商学院网络的数据传送到计算机学院网络中，反之亦然。结果，勒纳和波萨克就可以相互发送电子邮件了。爱情的力量是伟大的。

与此同时，市场中还存在其他巨大力量——当然无法与爱情的力量相媲美，但绝对比斯坦福大学的网络强大。网络工程师们正努力扩大互联网的规模，他们碰到的问题与困扰思科公司创始人的问题类似。这个问题既简单又复杂：就简单的方面而言，互联网上的每台计算机都使用 Unix 操作系统和 TCP / IP 网络协议，不存在类似 HP 3000 型号计算机与 HP 9000 型号计算机不兼容的问题，但是由于供应商采用的 Unix 系统不完全一致，所以仍然存在无法交互操作问题。而且，虽然相比之下这是个小问题，但是由于如此多的计算机进行不同的交互操作，问题就变得极为复杂。因此，在各种不同计算机系统之间传输电子邮件成为网络维护者的噩梦，并且调整众多系统之间的通信需要投入大量时间和精力，所以互联网的发展受到严重阻碍。思科公司的销售人员意识到了这个问题，并将之反馈给公司，最后该公司成功解决了这个问题。

路由器市场由此诞生。当时该市场仍处于早期发展阶段，大多数顾客是来自公共部门的技术爱好者，并非私企的务实派顾客。这些顾客并不关心思科的财务状况、公司规模或起始状态，他们只是需要一种设备来扩大网络规模。作为顾客，他们也不需要复杂的或有竞争力的营销计划。确实，在很多情况下，是他们主动找到了思科公司，而不是思科主动去吸引他们的关注。

当思科公司开始为企业提供服务时，路由器市场仍然处于鸿沟之前的早期发展阶段，主要服务于梦想家顾客，而不是务实派顾客。例如，波音公司是思科公司的第一批企业客户，思科公司为该公司提供的第一个路由器产品只是将 HP 3000 与 HP 9000 型号的计算机连接起来，后来路由器把波音公司的计算机连接到了互联网上，然后，思科公司将之发展成为第一个波音公司内部网。归根结底，思科公司帮助波音公司实现了公司内部网络之间的无缝连接，以支持大规模的重组业务流程，包括飞机设计流程和制造流程。在此过程中，波音公司还发现许多独立分散的计算机系统也可以连接到其公司内部网中。总之，在寻找解决方案的过程中，波音公司主动向思科公司寻求帮助。

思科公司的快速增长

  由于思科公司为波音公司和其他早期顾客成功解决了工作中的棘手问题，更多公司开始与思科公司合作。思科公司凭借实力在网络行业内部树立了良好的口碑，也开始引起大量务实派顾客的关注。此外，思科公司能够为要求较高的企业客户提供优质的服务和支持，而这正是吸引务实派顾客的一项关键能力。于是，它的业务量迅速增长。

  思科公司于 1990 年 4 月 20 日上市，最初市值约为 3 亿美元，之后在不到 7 年的时间内市值增长了 99%。思科公司上市前的五个季度里，新兴的路由器市场营业收入状况如表 9-1 所示，其中思科公司约占路由器市场总收入的 85%，韦尔弗利特通讯有限公司（Wellfleet Communications）当时尚未上市，是海湾网络公司的前身公司之一，占据路由器市场总收入的另外 15%。尽管其他供应商曾多次尝试从思科公司手中夺走路由器市场的主导权，但直到 1997 年，思科市场份额一直保持在 85% 左右。

表 9-1　路由器市场的季度收入

	1989.3	1989.6	1989.9	1989.12	1990.3
路由器市场总额	7.7	10.3	15.6	18.3	20.7
季度增长率		33.6%	52.1%	17.1%	13.4%
年度增长率					169.6%
思科公司	7.7	10.3	14.1	16.1	17.9
市场份额	100.0%	100.0%	90.3%	88.0%	86.3%
季度增长率		33.6%	37.4%	14.0%	11.2%
年度增长率					132.6%
韦尔弗利特通讯有限公司（海湾网络公司的前身公司）			1.5	2.2	2.8
市场份额			9.7%	12.0%	13.7%
季度增长率				45.4%	29.5%

　资料来源：公司报告。
　注：数据存在四舍五入。——编者注

若一家公司在市场发展初期就占据了较大的市场份额，则预示投资者可以在该市场从事猩猩游戏或王族游戏（包括"国王公司""王子公司"和"农奴公司"）。若公司市场份额之间长期存在较大差距，则说明市场领军企业拥有转换成本较高的专有架构，甲骨文公司就属于这种情况。当路由器之间传送数据时，它们通常使用专用协议，所以韦尔弗利特通讯有限公司的路由器之间可以互通数据，思科公司的路由器之间可以互通数据，但思科公司的路由器不能将数据传输给韦尔弗利特通讯有限公司的路由器，反之亦然。另外，路由器供应商使用不同的网络管理系统，使得存在众多供应商的市场变得非常复杂，公司或公司部门一旦开始与其中一家供应商合作，就不太可能考虑其他供应商。在龙卷风暴中市场份额不会被平均分配，思科公司借助先发优势成为领军企业之后，即使它尚未获得快速发展的动力，市场竞争其实就已经结束了。

假设投资者于 1990 年 2 月 16 日对思科公司投资 1 000 美元，其收益情况如图 9-1 所示。

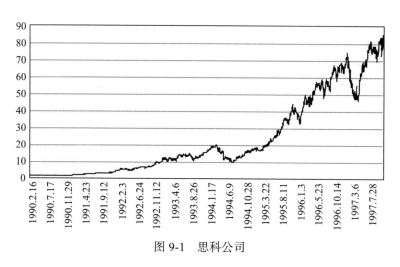

图 9-1　思科公司

如图 9-1 所示，不到三年的时间，投资的 1 000 美元增长了 10 倍，在四年内增长了 20 倍，但在 1994 年急剧下降，价值减少了一半。但是，作为"猩猩公司"，思科公司股票从股市低谷恢复之后，在 1995 年股值再次增长了 20 多倍，到了 1997 年 7 月，即七年半之后，投资的 1 000 美元增长了 80 倍！这个变化展示了"猩猩公司"的实力。

但是，作为一个"现实世界的投资者"，你应该何时加入这一游戏呢？

龙卷风暴是何时开始的

多年来，保罗·约翰逊一直关注华尔街的高科技股票，他利用自己的丰富经验，制定了一个简单的规则，用来确定龙卷风暴的开始时间。这条规则为：

当市场年增长率接近或超过 100%，并且季度增长也在急剧加速，这时龙卷风暴就开始了。

该规则的第一部分即 100% 年增长率，能够保证市场符合超高速增长的标准。第二部分表明市场不但在以惊人的速度增长，而且增长速度也在不断增加，这就是龙卷风暴发生的潜在迹象。

对于网络路由器市场来说，这一规则在 1990 年夏天思科公司上市后不久就发挥作用了，我们把思科公司视为路由器市场的代表（当时韦尔弗利特通讯有限公司尚未上市），可以判断路由器市场中龙卷风暴的开始时间是 1990 年 8 月 15 日，在此一周前思科公司公布了其 1990 财年第四季度的财务业绩（见表 9-2）。

表 9-2　路由器市场的季度收入

	1989.3	1989.6	1989.9	1989.12	1990.3	1990.6	1990.9	1990.12
路由器市场总额	7.7	10.3	15.6	18.3	20.7	25.4	37.9	51.4
季度增长率		33.6%	52.1%	17.1%	13.4%	22.9%	49.0%	35.6%
年度增长率					169.6%	148.1%	143.1%	181.5%
思科公司	7.7	10.3	14.1	16.1	17.9	21.8	32.8	43.9
市场份额	100.0%	100.0%	90.3%	88.0%	86.3%	85.6%	86.5%	85.5%

（续）

	1989.3	1989.6	1989.9	1989.12	1990.3	1990.6	1990.9	1990.12
季度增长率		33.6%	37.4%	14.0%	11.2%	22.0%	50.4%	34.2%
年度增长率				132.6%	112.5%	132.6%	173.7%
韦尔弗利特通讯有限公司（海湾网络公司的前身公司）			1.5	2.2	2.8	3.7	5.1	7.4
市场份额			9.7%	12.0%	13.7%	14.4%	13.5%	14.5%
季度增长率				45.4%	29.5%	28.7%	40.5%	44.8%
年度增长率							240.6%	239.2%

资料来源：公司报告。

在思科公司首次公开募股时，猩猩游戏投资者或许已经提前几个月买进其股票了。然而，这并不代表即使没有更多的证据，投资者也会遵守这条规则，做出购买思科公司股票的决定。不过，这条规则确实显示了猩猩游戏的典型特征，六个月的窗口期与六小时或六天的窗口期相比截然不同，猩猩游戏是根据公司的季度报告做出调整，而不是随着股票行情的变化随时改变投资决定。

这时，如果只存在路由器一个互联网络技术市场，我们可以预测思科将有一个光明的未来。然而，其他互联网络技术市场也在酝酿之中，当这些市场成熟之后，"猩猩公司"会有机会扩展到其他市场，但也可能失利，在与其他"猩猩公司"竞争时失去一切。思科公司就碰到了第二种情况，它受到了来自智能集线器市场的挑战。其实在路由器市场发展之前，智能集线器市场的发展就已经开始了，所以当路由器市场中的龙卷风暴爆发时，它也在蓄势待发。

智能集线器：一个邻近的市场

虽然思科公司的路由器帮助顾客在不同的网络中相互通信，但这些顾客在扩大其网络规模时遇到了另一个难以克服的障碍，这个障碍被称为"圣诞树灯问题"。具体来说，20 世纪 80 年代中期，小型计算机网络开始蓬勃发展，当时网络终端和计算机就像圣诞树上的灯泡一样，被一种叫作"桥式分接头"的装置在外部连接起来。这种结构很容易操作，但由于该结构采用串联结构，其中任一设备崩溃或被拔掉插头时，管理者几乎无法确定哪个设备导致网络故障，这对他们来说简直就是噩梦。

因此，这时市场需要一种结构更合理的方式，将所有设备从外部连接到网络，于是施乐帕克研究中心（Xerox PARC）等机构开发了一种基于"集线器和辐条"架构的新的接线布局方式，在此结构中，网络上的每个分支连接设备都可以立即检测并隔离中断的设备。该架构被称为"结构化布线"，连接所有辐条的设备被称为"智能集线器"——集线器是指"集线器和辐条"架构中的一部分，智能指管理网络外部布线的能力。

智能集线器帮助网络管理员更有效地控制网络，过去的技术都无法做到这一点：智能集线器大大降低了网络运营成本，首次允许网络管理人员建立工作组，而且随着网桥的出现，公司网得以真正畅通地连接在一起。

智能集线器市场由 SynOptics Communications Inc.（该公司后来与韦尔弗利特公司合并，形成海湾网络公司）创立。凯创系统公司（Cabletron Systems）在 SynOptics Communications Inc. 之后进入市场，奇普康公司（Chipco）、3COM 公司等供应商也紧随其后。SynOptics Communications Inc. 于 1988 年 8 月 19 日上市，凯创系统公司于 1989 年 5 月 30 日上市，奇普康公司等其他供应商随后也纷纷上市，3COM 公司于 1996 年 5 月以 7.75 亿美元收购了奇普康公司。

市场发展

不同于网络路由器市场，智能集线器市场没有经历长期的早期发展阶段。智能集线器虽然是一项新技术，但可以肯定的是，该技术与现有的基础设施相对来说是相容的，即智能集线器可以插入到现有的网络拓扑中，而且无须在局域网设备中铺设大量新的线路或修改网络接口卡。你只需买来一个新的集线器，将其插入其他设备中，当一个集线器被装满时，再安装另一个集线器即可。你甚至可以把一个集线器插到另一个集线器上，但是为了能够顺畅地传送数据，一般会使用网桥将集线器连接起来。然而，即使这种架构也会受到扩展的限制，每段集线器的使用人数不能超过 100 人，而且网桥不能承受高荷载。真正的大型网络在连接时仍然需要路由器，而且路由器是唯一可以通过广域网将网络连接起来的设备。因此，智能集线器市场和路由器市场同时成长起来，表 9-3 显示了智能集线器市场中所有供应商的表现。

表 9-3 智能集线器市场的季度收入

	1989.3	1989.6	1989.9	1989.12	1990.3	1990.6	1990.9	1990.12
智能集线器市场总额	19.1	24.0	29.6	37.4	46.7	62.0	74.0	87.1
季度增长率		25.2%	23.5%	26.5%	24.7%	32.8%	19.4%	17.6%
年度增长率					143.8%	158.5%	150.0%	132.5%
凯创系统公司	4.5	7.8	8.7	11.9	16.6	18.4	22.9	27.5
市场份额	23.5%	32.5%	29.4%	31.8%	35.6%	29.7%	30.9%	31.6%
季度增长率		73.3%	11.5%	36.8%	39.5%	10.8%	24.5%	20.1%
年度增长率					268.9%	135.9%	163.2%	131.1%
SynOptics Communications Inc.（海湾网络公司的前身公司）	14.6	16.2	20.9	25.5	30.1	41.3	48.4	56.3
市场份额	76.5%	67.5%	70.6%	68.2%	64.4%	66.5%	65.3%	64.6%
季度增长率		10.5%	29.2%	22.2%	17.8%	37.1%	17.2%	16.3%
年度增长率					105.4%	154.9%	131.2%	120.2%
奇普康公司（后来被 3COM 收购）						2.3	2.8	3.3
市场份额						3.8%	3.8%	3.8%
季度增长率							18.9%	18.3%

资料来源：公司报告。

智能集线器市场进入龙卷风暴

根据上文提到的龙卷风暴出现判断规则，智能集线器市场在 1990 年第二季度进入龙卷风暴阶段。我们把正式开始日期定为 1990 年 7 月 15 日，这一周 SynOptics Communications Inc. 报告了其 1990 财年第二季度的财务业绩（见图 9-2）。

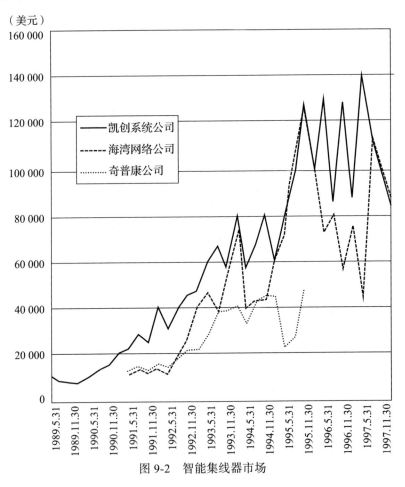

图 9-2 智能集线器市场

从 1990 年开始，智能集线器市场选择了一条与路由器市场截然不同的发展道路。当时 SynOptics Communications Inc.（海湾网络公司的另一家前身公司）和凯创系统公司继续主导智能集线器品类，并且拥有类似的市场份额，所以该市场中上演的是王族游戏（包括"国王公司""王子公司"和"农奴公司"），而不是猩猩游戏。分析智能集线器架构时，你会发现其关键接口由行业标准（即以太网协议）设置，而不是由集线器设备本身或其制造商设置。因此，虽然集线器内部结构各不相同，但与网络相连的外部设置完全相同，因此 SynOptics Communications Inc. 的集线器可以与凯创系统、奇普康和 3COM 等公司的集线器连接起来，互传数据。

　　这种互操作性实际上有助于加快市场发展，因此，与路由器市场相比，智能集线器市场的龙卷风暴发生的速度更快一些。但是从猩猩游戏投资者的角度来看，由于该市场缺乏专有架构控制，所以没有一家公司能够像"猩猩公司"那样主导市场。尽管所有公司的股票都升值了，而且其中两只股票的涨幅在一段时间内突破了十倍障碍，但是由于没有一家公司拥有"猩猩公司"的实力，所以猩猩游戏投资者不会长期持有智能集线器供应商的股票。

思科公司的参与

　　虽然思科公司没有直接参与智能集线器业务，但智能枢纽市场的增长间接促成了它的成功，原因是集线器增加了网络流量的密度，因此有必要在大型网络中配置路由器，来管理网络主干中不断增加的流量负荷。公司将大型网络划分为较小的工作组，并通过路由器在工作组和网络主干之间传输数据，就可以继续扩展网络。所以，智能集线器市场的增长和工作组网络数量的增加，进一步推动了思科路由器产品的快速增长。

　　此外，思科公司还与三家最大的智能集线器供应商（即 SynOptics Communications Inc.、凯创系统公司和奇普康公司）共同开发了一项营销计划。企业在选择路由器供应商之前，通常先选择智能集线器供应商，所以这种合作关系对于思科公司的持续成功至关重要。换言之，当企业选择路由器供应商时，通过这个营销计划，智能集线器供应商很可能会向其顾客推荐思科公司。思科公司和 SynOptics Communications Inc. 曾一度考虑过发展持续的合作关系，但随着行业力量逐步整合，这两家公司清楚地认识到它们不再是合作伙伴，实际已成为竞争对手。正因如此，SynOptics Communications Inc. 决定同韦尔弗利特通讯有限公司合并，即集线器品类排名第一的公司与路由器品类排名第二的公司合并，创建了海湾网络公司。

合并后，海湾网络公司的规模比思科公司更大，业界认为新的"猩猩公司"出现了，然而，思科公司不久就超越海湾网络公司，后者的规模急速缩小。投资者认为这种局面归因于海湾网络公司管理团队的严重失误，公司管理层对此感到非常沮丧，但仍然进行了大规模的人事调整。因此，在智能集线器市场中，"王子公司"（SynOptics Communications Inc.）和"黑猩猩公司"（韦尔弗利特通讯有限公司）即使联手也无法打败"猩猩公司"。与此同时，在另外两个正在形成的市场中，情况也是如此，思科公司作为"猩猩公司"在这三个市场中都占有一席之地，然后利用雄厚的实力创造了新的市场主导地位。

第三个网络龙卷风暴形成：进入局域网交换机市场

1993 年，网络行业规模庞大，发展迅速，形成了智能集线器、网络路由器和局域网交换机三大市场。同年，该行业的总收入约为 30 亿美元，比上年增长了 85%。那么新兴的局域网交换机品类因何出现呢？它源自人们不断提高的带宽需求。

事实上，网络行业的成功也给自己带来了很多问题，包括网络用户不断增加，导致基础设施无法满足用户不断增长的需求，这种情况下带宽问题尤为突出。带宽指网络及时传输流量的能力，其面临的问题类似于拥挤的高速公路问题。具体来说，智能集线器的原始配置提高了可管理性，但没有增加带宽；网络路由器可以将网络流量分成不同的部分或工作组，以此来增加带宽，但是路由器价格昂贵，速度较慢，而且不易于大规模管理。简言之，网络行业需要一种新的设备，将智能集线器架构的简易性和网络路由器的智能性合二为一。

1992 年末和 1993 年初，出现了一批新的网络硬件供应商，它们的产品满足了网络带宽增长的需求，其产品类别被称为"局域网交换机"，其中"局域网"也叫本地局域网，"交换机"指实现从点到点传输流量的能力，"交换"（switch）一词来自电话行业，在该行业每个电话都是点对点连接。相比之下，在以太网网络中，所有通信都使用一条共线，与线路上的其他呼叫共享带宽。借助这种交换架构，网络管理人员能够为流量较高的用户提供单独的路由器，并为常用用户预留通道，从而缓解网络拥塞问题。

事实证明，局域网交换机最适合被安装在智能集线器的后面，这样它们就可以按照要求分割、传输数据。但使用者很快发现，这一安排不仅会产生较多的重复数据，而且局域网交换机替换智能集线器之后，对带宽的需求反而显著增加。因此，如果顾客要安装局域网交换机，就可能会牺牲智能集线器。尽管如此，但在发展早期阶段这两个市场仍能够并存，这是因为对网络架构进行任何更改，都有可能造成网络中断，几乎没有公司愿意接受这个结果。然而，一段时间之后，当网络管理员适应了局域网交换机，也接受智能集线器将被取代这一现实时，局域网交换机市场便开始加速发展。

在局域网交换机市场中，最早出现的供应商包括卡帕那公司（Kalpana）、协合公司（Synernetics）、阿兰特克公司（ALANTEC）、科锐先达通信公司、网络外围设备公司（Network Peripherals）和大章克申网络公司（Grand Junction）等初创公司，这些公司规模较小，最初都没有上市。尽管局域网交换机最终将取代众多（几乎大多数）企业网络中的智能集线器，但该市场的初期发展与其他技术市场类似，具体来说，最初顾客对带宽有迫切特定的需求，虽然局域网交换机可以大幅度提高带宽，但需要顾客对其有一定了解，有时还需要顾客建立一个新的网络架构。早期用户经受了最多的困难，他们也不得不为购买和支持全新的设备付出高昂的成本。后来，局域网交换机供应商在与顾客打交道时变得更加老练，设备本身也很少出现问题，于是其他公司和务实派顾客对局域网交换机的需求开始增长。

表 9-4 展示局域网交换机市场的初期发展状况。

表 9-4　局域网交换机市场的季度收入（1993～1994 年）

	1993.3	1993.6	1993.9	1993.12	1994.3	1994.6	1994.9	1994.12
局域网交换机市场总额	9.9	13.0	16.6	20.0	28.2	43.7	61.0	82.9
季度增长率		31.4%	27.3%	20.9%	40.5%	55.4%	39.3%	35.9%
年度增长率					184.2%	236.0%	267.8%	313.4%
卡帕那公司（被思科收购）	3.0	3.5	4.0	5.0	8.0	9.0	9.0	15.0
市场份额	30.3%	26.9%	24.1%	24.9%	28.4%	20.6%	14.8%	18.1%
季度增长率		16.7%	14.3%	25.0%	60.0%	12.5%	0	66.7%
年度增长率					166.7%	157.1%	125.0%	200.0%
科锐先达通信公司（被思科收购）					2.0	8.0	17.0	26.0
市场份额					7.1%	18.3%	27.9%	31.4%
季度增长率						300.0%	112.5%	52.9%
年度增长率								
协合公司（被3COM公司收购）	4.0	5.0	7.0	8.0	10.0	14.0	20.0	20.0
市场份额	40.4%	38.4%	42.2%	39.9%	35.5%	32.0%	32.8%	24.1%
季度增长率		25.0%	40.0%	14.3%	25.0%	40.0%	42.9%	0
年度增长率					150.0%	180.0%	185.7%	150.0%
阿兰特克公司（被FORE系统公司（FORE Systems）收购）	2.5	3.5	3.6	4.0	4.7	5.4	6.1	8.5
市场份额	25.3%	27.0%	21.6%	20.2%	16.7%	12.4%	10.0%	10.3%
季度增长率		40.4%	1.6%	13.1%	16.3%	15.1%	12.2%	40.4%
年度增长率					87.6%	53.8%	69.9%	110.9%
网络外围设备公司					0.6	2.2	3.4	6.0

（续）

	1993.3	1993.6	1993.9	1993.12	1994.3	1994.6	1994.9	1994.12
市场份额					2.3%	5.1%	5.5%	7.3%
季度增长率						244.2%	51.4%	78.5%

资料来源：公司报告。

如表 9-4 所示，1994 年初，整个局域网交换机市场总额约为 30 亿美元，而局域网交换机市场的利润仅超过 1 亿美元。尽管局域网交换机市场产生的利润还不太多，但大多数行业观察家认为它将在未来的网络行业中发挥主要作用。

按照年度同比增长率规律，局域网交换机的龙卷风暴本应该在 1994 年第一季度末开始。然而，由于所有上市公司都是由私人持有，所以猩猩游戏投资者无法获得投资机会。另外，我们说"本应该"，是因为 1993 年 9 月 23 日一切都改变了。

思科公司加入游戏

1993 年 9 月 23 日，网络系统路由器市场中的"猩猩公司"（思科公司）宣布收购科锐先达通信公司。科锐先达通信公司是一家专门经营网络局域网交换机的私营供应商，虽然它规模不是最大的，地位也不是最重要的，但这一收购冲击了整个交换机行业，这是因为收购开始时，思科公司已经在网络路由器市场中占据主导地位，借助这次收购，它开始进军网络交换机市场。尽管当时局域网交换机市场尚未进入龙卷风暴阶段，但思科对这类产品的认可成为关键催化剂，使得交换机产品和技术被更多顾客接受。因此，当局域网交换机市场中的龙卷风暴开始时，思科股票成为个人投资者能够选择的唯一公开交易股票。

科锐先达通信公司是思科公司收购的第一家局域网交换机供应商，当时

217

收购价格看上去似乎很高——思科公司斥资 1 亿美元收购了一家年收入约为
1 000 万美元的私营公司，收购价达到了被收购公司收入的 10 倍，这笔交易
对思科公司来说似乎成本过高、风险过大。然而，这种观点只是传统的并购
视角，即并购通常发生在主街阶段，而且以企业合并为主。思科公司实际上
发明了一种新的"猩猩公司"攻击形式，它把自己的高价值股票用作一种货
币，在处于或即将进入超高速增长的市场中买入相邻品类的股票，以此来完
成收购。在此之前，其他公司都没有用过这种策略来实现超高速增长，包括
甲骨文、微软和英特尔等公司，思科公司向它们展示了在已经显示出良好前
景但尚未完全成熟的技术市场，如何通过直接购买其他公司或者小股东的股
票，来控制该市场。之后，微软及其他公司纷纷采用该策略。现在，高价值
股票已成为领军企业管理者控制市场的基本装备，而且"猩猩公司"能够更
好地发挥出该装备的威力。

自 1993 年起，思科公司继续收购另外两家局域网交换机私营供应商，
以完善其产品组合——1994 年思科公司支付 2.02 亿美元收购了卡帕那公司，
1996 年支付 3.4 亿美元收购了大章克申网络公司。1997 年，思科公司在局
域网交换机品类获得收入约 20 亿美元，其中部分局域网交换机在收购之
前由科锐先达通信公司、卡帕那公司和大章克申网络公司开发，部分由思
科公司自己开发。如表 9-5 所示，思科公司当时已经在该市场中占据主导
地位。

表 9-5　局域网交换机市场的季度收入（1996～1997）

	1996.3	1996.6	1996.9	1996.12	1997.3	1997.6
局域网交换机市场总额	598.9	779.3	904.8	1 025.5	1 130.7	1 259.4
季度增长率	25.6%	30.1%	16.1%	13.3%	10.3%	11.4%
年度增长率	329.5%	263.2%	194.8%	115.1%	88.8%	61.6%
思科公司	240.0	323.0	385.0	450.0	500.0	586.0
市场份额	40.1%	41.4%	42.6%	43.9%	44.2%	46.5%
季度增长率	37.1%	34.6%	19.2%	16.9%	11.1%	17.2%
年度增长率	313.8%	361.4%	250.0%	157.1%	108.3%	81.4%

（续）

	1996.3	1996.6	1996.9	1996.12	1997.3	1997.6
3COM 公司	120.0	149.0	177.0	197.0	205.0	242.0
市场份额	20.0%	19.1%	19.6%	19.2%	18.1%	19.2%
季度增长率	9.1%	24.2%	18.8%	11.3%	4.1%	18.0%
年度增长率	185.7%	112.3%	86.3%	79.1%	70.8%	62.4%
海湾网络公司	75.0	80.0	78.0	78.0	102.6	141.2
市场份额	12.5%	10.3%	8.6%	7.6%	9.1%	11.2%
季度增长率	−16.7%	6.7%	−2.5%	0	31.5%	37.6%
年度增长率	3 650.0%	255.6%	136.4%	−13.3%	36.8%	76.5%
凯创系统公司	61.8	101.5	131.0	145.8	165.0	160.0
市场份额	10.3%	13.0%	14.5%	14.2%	14.6%	12.7%
季度增长率	134.3%	64.2%	29.1%	11.3%	13.2%	−3.0%
年度增长率		2 060.3%	856.5%	452.2%	166.8%	57.6%
FORE 系统公司	65.5	71.7	85.3	96.9	86.1	80.1
市场份额	10.9%	9.2%	9.4%	9.4%	7.6%	6.4%
季度增长率	19.7%	9.5%	19.0%	13.6%	−11.1%	−7.0%
年度增长率	122.3%	95.4%	96.3%	77.1%	31.5%	11.7%
美国华福公司	23.4	28.2	35.4	41.5	48.0	45.1
市场份额	3.9%	3.6%	3.9%	4.0%	4.2%	3.6%
季度增长率	50.7%	20.5%	25.7%	17.0%	15.8%	−6.0%
年度增长率	1 576%	526%	320%	167%	105%	60%
网络外围设备公司	3.6	3.8	4.0	4.5	5.0	5.0
市场份额	0.6%	0.5%	0.4%	0.4%	0.4%	0.4%
季度增长率	2.9%	5.6%	5.3%	12.5%	11.1%	0
年度增长率	−45.3%	−36.0%	20.2%	28.6%	38.9%	31.6%

资料来源：公司报告。

　　表 9-5 展示了"猩猩公司"通过收购在相邻类别中扩展市场的能力。思科公司拥有的市场份额看上去达到了"猩猩公司"的水平，但要记住，这个其实是多个被收购公司的市场份额总和。被思科公司收购后，这些公司之所以能够很好地融合，是因为局域网交换机的架构也处在专有控制之

下（这一点与智能集线器领域相同）。同样，因为局域网交换机以以太网为标准接口，所有设备基本上都通过以太网相连，所以局域网交换机之间可以互相传输数据。正因如此，思科在局域网交换机市场上没有成为"猩猩公司"，而是成了一家强大的"国王公司"，3COM 公司位居第二，成为"王子公司"。

第四场龙卷风暴

1994 年，企业网络发展迅速，已经成为企业信息系统中的关键部分，并与大型主机展开竞争。在大多数组织中，基于网络的应用程序数量激增，包括电子邮件和客户机 / 服务器。网络已成为公司内部分享信息的最重要的方式之一，从首席执行官到一线员工，无一例外。与此同时，另外两项技术正在酝酿之中：移动技术和互联网。

20 世纪 90 年代，伴随着其他市场的超高速增长，笔记本电脑市场也迅速崛起，主要原因是管理人员在工作中越来越依赖笔记本电脑，尤其在旅行时他们需要通过电子邮件保持联系，这是驱动笔记本电脑市场快速发展的关键动力之一。但酒店中经常配置无法移动的大型家具，限制了可供笔记本电脑使用的电源和电话插座的数量，阻碍了笔记本电脑市场的发展。不过现在酒店已经改变了房间设施，使笔记本电脑的使用变得更加便捷，远程访问网络大众市场随之出现。

企业网络快速发展的同时，互联网市场也进入龙卷风暴阶段。同其他高科技行业一样，互联网行业也依赖于稳定的远程访问技术，为个人用户和公司用户提供服务。目前大型企业和忠实用户通过注册专用线路接入互联网，其他用户主要通过拨号上网。

总之，无论你采用哪种方式连入网络，无论你是从公路上拨入公司网络，还是从家庭、办公室或公路上连入互联网，你和网络供应商都需要使用远程访问设备。

远程访问设备

　　基本上所有的远程访问都使用传统的电话网络在不同的位置间进行通信，然而，由于电话网络最初仅用于处理语音呼叫，所以计算机需要一个特定设备来实现网络通信，该设备被称为"调制解调器"，远程访问的两端都需要调制解调器来实现计算机之间的电话呼叫。

　　尽管 20 世纪 60 年代末调制解调器就已经存在，但由于它们价格昂贵、运行速度慢，最初使用并不广泛。后来，调制解调器使用了集成电路，制造商也采取积极的营销策略，从 20 世纪 80 年代初开始，调制解调器的价格迅速下降，性能也得到显著提高。20 世纪 90 年代初，一台 14.4kbps 的调制解调器，成本约为 300 美元，而且能够很方便地连接到计算机上。在接下来的几年中，调制解调器售价不变，但速度翻倍，变成 28.8kbps。因此，无论在公司内部还是在互联网上，调制解调器还不能凭借性价比在远程访问市场中引发龙卷风暴。

　　调制解调器技术受行业标准控制，不属于某家公司专有。所有调制解调器在沟通时都采用标准语言或网络协议，并且都以标准速度（如 14.4kbps、28.8kbps 或 33.6kbps）运行。若调制解调器支持相同的标准语言或网络协议，支持相同的速度等级，即使它们来自不同的供应商，也可以实现交互操作。因此，直到 1996 年，调制解调器市场中一直在上演王族游戏（包括"国王公司""王子公司"和"农奴公司"），所有公司都无法实现专有架构控制。然而，1997 年，相互竞争的调制解调器制造商开始引进下一代技术，使调制解调器的运行速度接近 56kbps，性能再次几乎翻倍。这一次市场中出现了专有架构，王族游戏转变为"猩猩游戏"，第 10 章和第 12 章将进一步探讨这一情况，并特别介绍 1997 年互联网行业中的投资机会。

20世纪90年代初，拥有快速调制解调器和电话线的计算机用户数量开始增加，支持所有用户成为网络管理者的噩梦，这是因为调制解调器之间必须能够相互沟通，提供远程访问技术的公司需要在一个房间里准备大量的计算机，使其与调制解调器相连，同时把调制解调器连接到电话线上，当计算机用户拨入网络时，这些计算机就可以"接听电话"。如果你有机会进入这样的房间，就会感叹：房间里面简直就是丛林，到处杂乱无章。

互联网中也存在同样的问题，而且情况更为复杂。随着电子邮件变得日益流行，个人用户对拨号访问的需求开始增长。若公司希望提供拨号访问以接入自己的服务，也需要准备一个专门的房间，来放置调制解调器，使调制解调器与终端服务器相连（终端服务器用来"终止"调制解调器呼叫，以将远程计算机的数据直接传送到网络中）。过了一段时间，尤其当一些调制解调器不能正常工作时，调制解调器的数量就会变得异常庞大，以至于无法管理。

远程访问集中器

在这种情况下，奥升德公司和美国机器人技术公司的工程师想到了一个巧妙的解决方法：如果分散的调制解调器可以集成到一个设备中，就能够配置更多的调制解调器，而且也方便管理所有的机架和调制解调器。这种集成设备最初被称为"调制解调器集中器"。

当一些用户部署了调制解调器集中器后，他们如果在该设备中添加更多服务功能和有效的网络管理方式，网络管理和客户支持将变得更加便捷。于是领先的调制解调器集中器供应商在自己的设备中添加了其他应用软件，并将新设备定位为"远程访问集中器"，调制解调器集中器不复存在。这一改变推动了互联网远程接入技术的快速发展。

表9-6展示了远程访问集中器市场的早期发展情况。

表 9-6　远程访问集中器的季度收入

	1993.3	1993.6	1993.9	1993.12	1994.3	1994.6	1994.9	1994.12
远程访问集中器市场总额	20.3	18.3	19.1	23.4	22.3	30.6	50.5	64.1
季度增长率		−9.8%	4.0%	22.5%	−4.4%	37.1%	64.9%	27.0%
年度增长率					9.9%	67.1%	164.8%	174.4%
奥升德公司	3.1	3.8	4.0	5.3	6.8	8.2	10.3	14.0
市场份额	15.5%	20.5%	21.1%	22.6%	30.5%	26.9%	20.4%	21.8%
季度增长率		19.5%	7.3%	31.2%	28.9%	20.8%	24.9%	36.1%
年度增长率					116.9%	119.3%	155.3%	164.8%
希瓦公司（Shiva Corporation）	16.9	13.9	13.8	16.2	7.6	8.0	11.5	17.7
市场份额	83.0%	75.9%	72.5%	69.4%	34.0%	26.1%	22.7%	27.6%
季度增长率		−17.5%	−0.6%	17.2%	−53.1%	5.3%	43.1%	54.5%
年度增长率					−54.9%	−42.5%	−17.2%	9.1%
美国机器人技术公司（后来被 3COM 公司收购）					6.0	12.0	17.0	23.0
市场份额					26.9%	39.2%	33.7%	35.9%
季度增长率						100.0%	41.7%	35.3%

资料来源：公司报告。

　　根据行业收入增长规律，远程访问集中器市场在 1994 年第二季度末进入龙卷风暴阶段。我们将选择 1994 年 7 月 15 日作为龙卷风暴正式开始日期，一周前奥升德公司报告了第二季度的财务业绩。

　　如表 9-6 所示，早期的远程访问集中器市场最初由希瓦公司主导，该公司主要服务企业用户，而且其技术架构具有专有控制特点，如果远程访问集中器市场在这个阶段进入龙卷风暴，希瓦公司很可能会成为"猩猩公司"。同时，奥升德公司以互联网服务提供商（ISP）为主要顾客，不能施加架构控制，但它在互联网接入设备的利基市场中占据了主导地位，成为实力雄厚的"王子公司"。在市场竞争结果确定之前，美国机器人技术公司也进入到远程访问集中器市场中，该公司为企业用户提供一种非专有的、低成本的解决方案，其产品体积小，易扩展，价格低，性能好，因此抢占了希瓦公司一半的市场份额。另外，希瓦公司将一部分远程访问软件技术授权给微软公司，使该技术被纳入 Windows 95 系统中，结果所有的远程访问软件都无法再与客户端软件区分开来。这种局面对希瓦公司的股价产生了毁灭性的打击，1996 年该公司重新定位，试图替代奥升德公司，成为互联网服务提供商的主要合作伙伴，其股价大幅回升，但前景仍然不容乐观。相反，在市场变化过程中，奥升德公司所受的影响较小，这是因为它正日益主导互联网接入设备市场，这一市场地位使该公司实现了规模经济，并在已有技术的基础上降低了转换成本。最终，奥升德公司成为大型互联网服务提供商的首选合作伙伴，美国机器人技术公司则凭借模拟技术，成为小型互联网服务提供商和企业用户的主要合作伙伴。

到了 1995 年，奥升德公司和美国机器人技术公司迅速崛起为实力雄厚的"王子公司"，而且它们都不具备足够实力击退对方，成为"国王公司"，同时，它们都相当满足于各自在互联网服务提供商市场和公司用户市场中的主导地位。这时，本章读者甚至整个行业或许都会感到好奇：在此过程中，思科公司在做什么呢？

尽管思科公司宣布了进入并最终主导远程访问集中器市场的计划，但迄今为止，它还没有实现这一目标，只取得了初步成功。思科公司开展了小规模的企业收购，以此改善自己的特定远程访问技术和高速调制解调器技术，然后推出了自己的远程访问集中器产品，开始与实力雄厚的奥升德公司和美国机器人技术公司展开竞争。尽管思科公司付出如此大的努力，获得的市场份额却一直未超过 15%。1997 年中期，美国机器人公司与 3COM 公司合并，奥升德公司收购了加德通信公司，后者主要研发帧中继技术、制造 ATM 交换机，目标顾客为互联网服务提供商和电话运营商。这两次企业并购扩大了美国机器人公司和奥升德公司的市场规模，增强了其竞争优势，使思科对远程访问集中器市场的进攻变得更加困难。尽管如此，鉴于思科之前取得的成功，大多数观察家预计，在竞争最终结束前，思科将向该市场发起更多挑战。

　　若投资者投入 1 000 美元，购买这三家主要远程访问集中器供应商的股票，投资回报情况如图 9-3 所示。

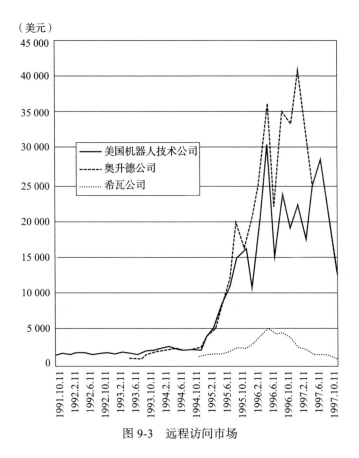

图 9-3　远程访问市场

　　请注意，奥升德公司和希瓦公司于 1994 年上市，同年该市场中龙卷风暴开始。如图 9-3 所示，投资者从对美国机器人技术公司和奥升德公司的投资中获得了丰厚的回报，但收益变化幅度较大，不具有持续性。这是因为这两个投资属于王族游戏，并非猩猩游戏，当领军企业无法实现架构控制时，其他竞争对手就会进入市场，压低价格和产品收益，缩短竞争优势持续期，这一切都会降低产品的经济附加值，股价随之下跌。

正因如此，我们建议投资者不要过多买入"国王公司"和"王子公司"的股票，并在市场超高速增长开始减速时卖掉这两类公司的股票。虽然这些公司具备巨大的回报潜力，但这种潜力持续的时间较短。换言之，在一段时间内领军企业具有较大的竞争优势，从市场中获得的收益几乎达到市场垄断者的水平，但它们无法设置可持续的市场进入壁垒，以长期保持这一竞争优势。

根据猩猩游戏规则进行投资

在第 7 章我们介绍了猩猩游戏的十大规则，下面我们将回顾这些规则，并分析它们是否适用于对网络硬件设备股市的投资。

规则 1：在保龄球道阶段购买应用软件类股票。

不适用。

规则 2：在龙卷风暴初期买入使能硬件或使能软件品类的股票。

网络硬件设备属于使能硬件，因此投资者应当在龙卷风暴形成之后再购买该品类的股票。如前所示，各类网络硬件设备市场中龙卷风暴开始的时间分别为：

智能集线器	1990 年第二季度
网络路由器	1990 年第二季度
局域网交换机	1994 年第一季度
远程访问集中器	1994 年第二季度

投资者本应该被这四个市场吸引并进行投资，然而，在接下来的几年里，这四个市场进入龙卷风暴阶段之后，虽然投资者会获得丰厚的投资回报，但只有网络路由器市场中出现了"猩猩公司"，即思科公司，其他三个

市场中则出现了"国王公司""王子公司"和"农奴公司"，详情如下文所示。

- 智能集线器市场中出现了两家实力雄厚的"王子公司"：SynOptics Communications Inc. 和凯创系统公司。

- 局域网交换机市场中出现了一家"国王公司"——思科公司（完成三次并购，并利用"猩猩公司"的权力获得这个地位），一家强大的"王子公司"—— 3COM 公司。

- 远程访问集中器市场中出现了两家强大的"王子公司"，即奥升德公司和美国机器人技术公司，与此同时，一家"黑猩猩公司"（希瓦公司）日渐衰退。

我们从远程访问集中器市场了解到，在龙卷风暴初期，投资者很难判定在某个特定市场中，领军企业将凭借高转换成本的专有架构发展成为"猩猩公司"，还是凭借出色的执行力发展成为"国王公司"或"王子公司"。每个市场都有出现专有架构控制的可能，但领军企业的竞争者对这种控制的后果日益敏感，它们会尽力阻止这种情况的出现。因此，个人投资者会发现，在这个阶段很难准确判断市场的发展前景，虽然随着市场的发展，情况会日益明朗，但投资者无法等待，他们必须在龙卷风暴初期就做出投资决策。

因此，鉴于猩猩游戏投资者无法在这个阶段区分"国王公司"和"猩猩公司"，我们建议投资者不加区分地买进所有"候选的猩猩公司"的股票。

规则 3：将所有"候选的猩猩公司"的股票纳入投资组合中，"候选的猩猩公司"最少包括两家公司，有时三家，通常不超过四家。

猩猩游戏投资者的投资组合应当包括以下股票：

- 在网络路由器的市场中，投资组合包括思科和韦尔弗利特公司的股票。尽管韦尔弗利特公司直到 1991 年 7 月 30 日才上市，其股票仍然值得持有。

- 在智能集线器市场中，投资组合包括 SynOptics Communications Inc.、凯创系统公司和奇普康公司这三家公司的股票。

- 在局域网交换机市场，投资者需要关注思科和 3COM 这两家公司的股票。鉴于投资组合中已经包括了思科公司股票，投资者只需考虑 3COM 公司。由于局域网交换机产品的收入在 3COM 公司的总收入中仅占很小的一部分，所以在局域网交换机市场，我们建议投资者不要将 3COM 公司的股票纳入投资组合中，继续加持思科公司的股票即可。

- 在远程访问集中器市场中，投资组合包括奥升德公司和美国机器人技术公司的股票。编写本书时，希瓦公司的发展已经变得步履维艰，投资者就不要投资该公司股票了。

规则 4：长期持有"猩猩公司"的股票，只有当替代威胁被证实时，才出售这些股票。

如前所示，思科在这些公司中是唯一的"猩猩公司"，根据第 4 条规则，无论出现什么情况，投资者一直持有其股票即可。然而，这条规则在 1994 年遭遇了严峻的考验，当时进入龙卷风暴的智能集线器市场凭借局域网分段技术，与处在龙卷风暴的路由器市场展开了竞争，然后大举进攻路由器市场，几乎将其替代。

然而，在同一时期，局域网交换机也进入大众视野，整个网络行业陷入短暂的混乱中，业内人士纷纷猜测这些交换机是否会替代路由器和智能集线器。受其影响，1994 年中期思科公司的季度财务报告没能达到投资者的预期，其股价在几个月内下跌了 50%，投资者都遭受了亏损。但是如果冷静分析，我们就会发现，投资者只是担忧局域网交换机会取代路由器和智能集线器，这种取代其实并未发生，思科公司仍然拥有雄厚的实力。投资者经常会有这种担忧，但在做出投资决策时不能受其困扰，因此，即使思科的股价出现了下跌，猩猩游戏投资者仍然需要继续持有其股票。

规则 5：只要应用软件市场中"黑猩猩公司"有进一步扩张市场的潜力，就持有它们的股票。不要持有使能技术市场中"黑猩猩公司"的股票。

不适用。

规则 6：谨慎持有"国王公司"和"王子公司"的股票，在公司发展停滞、品类增速减慢时，抛售这些公司的股票。

以下公司最初被纳入猩猩游戏投资组合中，但后来被证实是"王子公司"：智能集线器市场中的 SynOptics Communications Inc.、凯创系统公司和奇普康公司；远程访问集中器市场中的奥升德公司和美国机器人技术公司。投资这类公司时，一旦其所在市场的整体收入增长开始放缓，就立刻抛售其股票，这样投资者既可以从处于龙卷风暴的市场中获得丰厚的回报，又不必依赖其中任何一家公司长期稳定的运营状况。

1994 年 3 月，智能集线器市场的超高速增长开始放缓。1996 年 9 月，远程访问集中器市场的发展开始放缓。

鉴于此，猩猩游戏投资者应当采取以下措施：

- 1994 年 3 月，售出 SynOptics Communications Inc. 股票（这是一家"王子公司"，所在市场的增长开始停止加速）。
- 1994 年 3 月，售出凯创系统公司股票（这是一家"王子公司"，所在市场的增长开始放缓）。
- 1994 年 3 月，售出奇普康公司股票（这是一家占据次要地位的"王子公司"，所在市场的增长开始放缓）。
- 1996 年 9 月，售出奥升德公司股票（这是一家"王子公司"，所在市场的增长开始放缓）。

● 1996 年 9 月，售出美国机器人技术公司股票（这是一家"王子公司"，所在市场的增长开始放缓）。

规则 7：一旦确定某家公司不会成为"猩猩公司"，马上抛售其股票。

在网络硬件设备领域，韦尔弗利特公司与思科公司直接展开竞争，失败后变成"黑猩猩公司"，后来被合并成海湾网络公司。所以，网络路由器市场遵循了猩猩游戏的博弈结构，思科公司在 1993 年中期成为"猩猩公司"。因此，投资者应当采取以下措施：

1993 年 6 月出售韦尔弗利特公司股票（该公司不是"猩猩公司"）。

毫无疑问，这个决定对很多人来说似乎难以接受，尤其是韦尔弗利特公司的管理层。因此，再次声明，我们并不主张该公司不值得投资，或者它不能产生丰厚的投资回报。我们在此想说明，它已经不属于猩猩游戏中数量有限的投资目标，而且，按照市场治理模式，"黑猩猩公司"永远不可能把"猩猩公司"赶下台。换言之，尽管韦尔弗利特公司实力雄厚，运营良好，但它成为"猩猩公司"的机会为零，根据猩猩游戏投资规则，投资者需要抛售其股票。

规则 8：从对非"猩猩公司"股票的投资中收回资金，并立刻将资金投资于剩下的"候选的猩猩公司"。

1994 年，投资者出售整个智能集线器类别的股票后，应将所收回的资金全部投给思科公司，这是因为思科公司在路由器市场中一直保持着主导地位，而且在局域网交换机市场的影响力也开始增大。同时，鉴于奥升德公司和美国机器人技术公司主导着新兴的远程访问集中器市场，投资者也要买进这两家公司的股票。

表 9-7 展示了网络硬件领域中猩猩游戏的全部投资结果，并专门标注思科股票的总持有量和估值，以揭示在股票整合过程中"猩猩公司"股票价值的发展情况。

表 9-7 猩猩游戏投资结果

行动	日期	每股价格 （美元）	股份	投入金额 （美元）	持股数	总股值 （美元）
买入 SynOptics Com-munications Inc. 的股票	1990.7.16	28.27	177	5 000		
买入凯创系统公司的股票	1990.7.16	20.16	248	5 000		
买入思科公司的股票	1990.8.15	23.75	211	5 000	211	5 000
买入奇普康公司的股票	1991.5.31	16.50	303	5 000		
买入韦尔弗利特公司的股票	1991.8.1	22.78	219	5 000		
售出韦尔弗利特公司的股票	1993.7.15	50.48	439	22 160		
买入思科公司的股票	1993.7.15	52.25	424	22 160	2 108	110 160
买入思科公司的股票	1994.4.15	30.25	165	5 000	4 382	132 554
售出 SynOptics Com-munications Inc. 的股票	1994.4.15	20.38	354	7 208		
售出奇普康公司的股票	1994.4.15	49.20	303	14 908		
售出凯创系统公司的股票	1994.4.15	103.28	248	25 620		
买入思科公司的股票	1994.4.15	30.25	1 340	40 528	5 722	173 082
买入奥升德公司的股票	1994.7.15	15.25	328	5 000		
买入美国机器人技术公司的股票	1994.7.15	28.31	177	5 000		
买入希瓦公司的股票	1994.11.18	31.50	159	5 000		
售出奥升德公司的股票	1996.10.15	64.75	2 623	169 836		
售出希瓦公司的股票	1996.10.15	45.38	317	14 405		
售出美国机器人技术公司的股票	1996.10.15	78.00	706	55 099		
买入思科公司的股票	1996.10.15	65.88	3 633	239 340	15 077	993 176
持有的思科公司股票总体情况	1997.8.29	75.38			15 077	1 136 404
最初的投资组合						45 000
投资组合总价值增长						24 倍

在配置好初始投资组合后，你采取的第一个行动是出售韦尔弗利特公司股票，增持思科公司股票，这时你会发现思科公司股票的持股数和估值都急剧上涨，持股数增长为原来的 10 倍左右。

1994 年 4 月，你不仅再次购买了思科公司股票，而且出售了其他公司的股票，并把收回的资金全部用来购买思科公司股票。这时你的思科股票持股数达到了 5 722，总估值几乎达到 175 000 美元。

同年，你开始投资远程访问集中器品类，但后来情况表明该市场中不存在猩猩游戏，只存在王族游戏，于是，1996 年你出售了所有远程访问集中器品类的股票，发现在对奥升德公司的投资中获得了较丰厚的回报，然后你把收回的资金再次全部用来投资思科公司股票。

1990 年你持有思科的股票总估值为 25 000 美元，1994 年增加了 20 000 美元，最后，1997 年 8 月末，总估值超过了 110 万美元，增长了约 24 倍，而且未来这只股票还有巨大的获利空间。

要注意，理论上讲，如果你只投资思科公司股票，估值增长倍数要远大于 24 倍，但实际情况并非如此，这准确反映了投资者实际经历的股票对冲和初始阶段常犯的错误，当然，实际投资结果与理论上的"正常投资"结果之间存在较大差距在所难免。

规则 9：当"猩猩公司"之间发生冲突时，最终结果出现之前，要一直持有"候选的猩猩公司"的股票。

上文在讨论猩猩游戏规则 4 时，我们了解到，1994 年初，局域网交换机的出现使得路由器和智能集线器之间的竞争变得更加复杂，所有网络硬件供应商的股票都受到重创，但在最终竞争结果出来之前，投资者仍需继续持有所购买的股票。

在这种情况下，我们经常会使用另一条投资规则，即先出售某个品类的股票，等竞争结果明确之后，再将其买回来。然而，即使这三个品类之间的竞争已经告一段落，投资者仍然无法判断何时出售，然后购买获胜者的股票，最后他们只好放弃了这条规则。

规则 10：大部分信息都与猩猩游戏无关，直接忽略即可。

整体来说，这条规则最为重要，但也最难遵守。投资者也是事后才了解到思科公司会成为网络行业的"猩猩公司"，其股票会有如此突出的表现。迄今为止，思科公司股票为投资者带来的回报与股票首次公开发行时的价值相比，增长了一百倍以上。尽管大部分投资者获得了丰厚的回报，他们大多是在中间阶段购买了这只股票，即买进股票的时间不是股票首次公开发行时，而是市场明确进入了龙卷风暴阶段时。这种情况完美地诠释了"亡羊补牢，犹未为晚"。

然而，在此过程中，思科公司经常被预言即将消亡。每当一种新品类被引入到市场中，新出现的竞争对手就预言这些新品类将导致思科公司的消亡。投资者多次听到这样的预言后，难免会相信其中一个品类将给思科公司带来致命打击。尤其当投资者有幸在思科公司的早期发展阶段就购买了其股票，就更难做到坐视不理、无视这些预言，他们会心存疑惑："我们是不是应该趁现在情况还好的时候，把思科公司股票抛售出去？"如果一家竞争对手的股票价值快速增长，对该公司的投资利润变得非常诱人，此时这种预言更是甚嚣尘上。

不过，在整个品类发展周期中，一直持有"猩猩公司"股票是猩猩游戏的关键策略。如果你想从对"猩猩公司"的投资中收回资金，就必须确保下一个投资目标要比"猩猩公司"更加优秀。按照猩猩游戏原则，市场中不存在这样的公司，所以对投资者来说第 10 条规则至关重要。

小结

作为本章小结，让我们回顾一下投资者的决策过程：1990 年至 1997 年期间，网络硬件领域中的猩猩游戏投资者，最初投入 45 000 美元，最后也许会上涨为 1 136 404 美元（见图 9-4）。这当然是所有成功投资故事中最精彩的部分，但不是本章的重点。猩猩游戏词典中不包括"也许会、或许、本应当"这类词语。

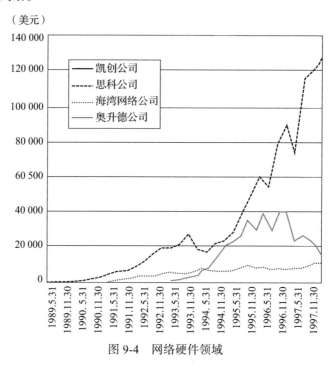

（美元）

图 9-4 网络硬件领域

与之相反，本章旨在证明猩猩游戏中投资者不需要施展魔法，我们提出的每一项决定都是遵循投资规则的结果，不是心血来潮的举动，而且多数以公司的季度业绩数据为基础。当然，我们分析这些数据时，依据的是行业知识，而不是内部消息。具体来说，我们主要分析相关公司是否拥有具有高转换成本的专有架构控制，如果相关公司缺乏这种控制，如智能集线器市场和远程访问集中器市场就存在这种情况，这时投资者参与的是王族游戏，而不是猩猩游戏。在这种游戏中，只要市场保持超高速增长的势头，投资者就需要一直持有整个品类的股票，当市场发展势头减弱时，则需要立刻抛售股票。

这就是我们采取的投资决策，它不是魔法，它是猩猩游戏。

234

第10章 案例3：客户关系管理软件

进行中的猩猩游戏

现在，我们离开华尔街分析师保罗·约翰逊对网络硬件市场中猩猩游戏的分析，转向高科技战略顾问和个人投资者汤姆·基波拉。作为个人投资者，汤姆早已对客户关系管理（CRM）软件市场中新出现的龙卷风暴产生了兴趣，该软件用于产品的销售、营销和客户服务组织。与前面两章的例子不同，这个猩猩游戏产生于应用软件领域，你可能仍然记得，在应用软件领域，"猩猩公司"比较温和，"黑猩猩公司"可以长期保持稳定的市场地位，所以客户关系管理软件领域的猩猩游戏非常不同，如下所示。

客户关系管理软件市场主要包括两类应用软件，它们最初独立发展，1996年相互融合，合二为一。从市场发展的角度看，这两类软件中，"客户服务应用软件"发展较为成熟，万蒂公司、斯高帕斯公司和柯莱菲公司这三家供应商已经占据了有利的市场地位。另外一类软件，即"销售自动化软件"（SFA），在技术采用生命周期方面表现不佳，主要供应商包括希柏系统软件有限公司和奥拉姆软件公司，后者于1997年被巴恩公司收购。除了以上公司，这两类应用软件还吸引了几十家其他公司，其中许多公司成为个人投资或公共投资的理想目标，不过市场领导者仍是万蒂公司、斯高帕斯公司、柯莱菲公司、希柏系统软件有限公司和奥拉姆软件公司这五家公司，它们也成为"候选的猩猩公司"。第三类应用软件，即"营销应用软件"，在1996年仍然非常年轻，而且这一类别中没有产生专营这类产品的上市公司，因此，本章案例研究中没有包括营销应用软件品类。最后，我们的案例研究也不包括第四类应用软件，即"服务台软件"，它经常与"客户服务应用软件"相混淆，到了1998年，它被归入到更大的系统管理软件套件中。

为了更清楚地说明这些软件供应商的情况，我们首先简要介绍企业应用软件。这些软件最初属于后台管理系统，近几年转变为前台管理系统，涉及营销、销售、顾客服务等关键领域，后文将详细介绍这一转变情况。然而，前台和后台这两类管理系统情况基本一致，它们之间可以互相借鉴经验教训，所以我们将把在后台管理系统中掌握的经验运用到前台管理系统，开展猩猩游戏投资。

与前两章中的猩猩游戏不同，用户服务软件市场中的猩猩游戏仍在进行中。撰写本文时，客户关系管理软件品类仍有巨大的增长空间，因此，我们将运用在前两个猩猩游戏中积累的经验，预测该市场的发展前景。

客户机/服务器龙卷风暴的背景

营销、销售和客户服务这三类应用软件属于"企业应用软件"类软件，如前所示，一些公司受益于后台应用软件市场的超高速增长，如思爱普、仁科、甲骨文和巴恩等公司。如今，在客户关系管理软件市场的猩猩游戏中，企业应用软件成为关键组成部分，所以我们需要认真分析其整体结构。

　　自计算机产业诞生以来，已经出现了五波计算机技术浪潮。第一波浪潮以大型主机为基础，最初致力于简化记录过程和计算过程，为大型公司和组织提供帮助，使其关键业务流程实现自动化，主要受益者是财务和会计部门，不过一段时间之后，计算机功能扩展到了订单输入、库存、制造和分销等领域。第二波浪潮为小型计算机的兴起。计算机功能扩展到了设计和工程领域，开始在工厂中广泛使用。与此同时，基于小型计算机的文字处理系统开始在销售和咨询领域运用。最后，专门为小规模公司和大规模公司的基层部门开发的应用软件也出现了，这些应用软件具备与大型主机相似的功能。然后，第三波计算机技术浪潮出现了，以个人计算机为主要产品，重新设计了个人和工作组之间交流信息和互相沟通的方式。个人计算机配置的应用软件高度标准化，不需要很多技术支持和技术培训，因此其数量迅速激增。目前市场中大型主机的数量达到了数万台，小型计算机达到了数十万台，而个人计算机达到了数千万台。

　　在第三波浪潮结束时，世界上出现了形状各异、大小不一的计算机，不过它们之间无法顺畅地通信，行业分析师把大型公司的计算机基础设施描述为"自动化孤岛"。1990 年，大多数公司意识到，若想在自己使用的不同类型的计算机之间实现交互操作，就需要一个新型的计算机模型。于是，客户机 / 服务器计算模型成为第四波浪潮。

　　这种新模型以一种新型的应用软件为基础，即客户机 / 服务器软件，其中包括两个或多个部分。客户机部分在个人计算机上运行，服务器则可以安装在所有类型的计算机中，包括高端的个人计算机、中端计算机（指小型计算机和安装了 Unix 操作系统的计算机）甚至大型主机。每个客户机 / 服务器软件系统可以包括多个类型的服务器，每类服务器可以提供特定服务，如管理数据库、运行应用软件、提供用户界面、管理网络等。客户机和服务器之间若要顺利地协同工作，需要依靠新型的系统软件和数据通信技术来实现基本连接。

这种大规模的架构变革具有两方面的优势。首先，整体上看，它将系统分解成可独立工作的部分，各部分可以沿着不同的路径、按照不同的速度同时运行。这有助于减轻控制过于集中给大型主机系统带来的巨大压力，一段时间以来这种压力一直阻碍着应用软件的广泛运用。同时，客户机／服务器架构允许系统将无序的个人用户和工作组系统集成到可管理的层次结构中，这样用户不仅可以访问本地数据，也可以访问公司数据。这些变化使信息系统能够对市场变化做出快速反应，从而促使管理团队重新设计业务流程，公司内部的 IT 部门跟上技术变化。正在快速重组的行业最初只是向往这种灵活性，但不久就不得不培养这种灵活反应能力，客户机／服务器市场随即进入龙卷风暴阶段。

第五波（也是最新的）计算机技术浪潮表现为互联网架构或零安装客户端计算模型。顾名思义，在这波浪潮中，终端用户只需在其计算机上安装浏览器这一种应用软件，他们借助个人计算机和浏览器，可以访问所有的网址，并运行网址服务器上配备的软件。虽然从技术上讲，这只是另一种形式的客户机／服务器系统，但它促使许多传统的客户机／服务器应用软件公司重新设计其产品，以应对这一波浪潮带来的竞争。

为了说明第四波和第五波浪潮的不同，我们以访问美国在线网址的两种方式为例。第一种方法是安装美国在线发行的磁盘，这些磁盘已经直接邮寄给你，或者装入了你最喜欢的杂志袋中，或者预装在你购买的新计算机上。当你以这种方式访问美国在线网址时，使用的就是客户机／服务器架构，即第四波浪潮。但是，如果你已经扔掉了这些磁盘，或者将它们用作玻璃杯垫，就可以通过零安装客户端方法（即第五波浪潮）访问美国在线网址，即只需要在浏览器中输入网址（www.aol.com）。这种架构也适用于雅虎在线、亚马逊等网站，其优势是，当软件或网站内容发生变化时，服务器相应调整即可，终端用户不需要在计算机上安装任何新软件。

今天，许多客户关系管理软件供应商正在构建零安装客户端架构，不过本章所关注的客户关系管理软件市场中的猩猩游戏始于客户机／服务器架构，因此，我们将首先展示客户机/服务器市场中的案例，然后展示零安装客户端应用软件市场中发生的案例。应用软件的这种转变隐含着非连续性创新，现有企业将不遗余力地否定这一创新，挑战者则将尽力推动这一技术转变，所以投资者可能会面对市场权力的重新洗牌。

企业客户机/服务器应用软件：一个超级类别

当新架构取代旧架构时，首要需求是在新的环境中启动并运行旧架构中的应用软件，而且这种转换涉及面较广。在本案例中，新出现的客户机/服务器架构创建了一个被称为"企业客户端/服务器应用软件"的全新超级类别，然后所有旧系统——包括财务、库存、订单输入、分销、制造等——都必须移植到新架构中。这项工作过于繁重，公司内部员工无法承担如此大的工作量，更不要说他们也不能采用以前的移植方法。于是，一大批应用软件包供应商应运而生，他们涌进这个领域，承担了这项工作。

整体而言，1991 年，这些公司的客户机/服务器应用软件销售收入为1.87 亿美元，1995 年增长到 59 亿美元，在这个过程中，思爱普公司成为这个超级品类中的"猩猩公司"。在 1990 年之前，该公司在德国（公司所在国）之外的国家中几乎默默无闻，然而到 20 世纪 90 年代中期，一跃成为世界第四大独立软件公司。它新开辟了"企业资源计划（ERP）"领域，该领域是早先制造资源计划的延伸。

参考第 5 章中表 5-1 计算机系统领域，我们可以看到企业资源计划属于联机事务处理应用软件，该计划在 20 世纪 90 年代炙手可热，在多方面都获得了长足发展，可以对其进一步细分，如图 10-1 所示。

如图 10-1 的最上端所示，企业应用软件超级类别可以分为后台、前台和供应链三类应用软件。后台应用软件用于与客户非定期沟通的部门中，帮助它们实现工作流程的自动化，主要包括财务、制造、分销和人力资源这四类应用软件。与之相反，前台应用软件帮助定期与客户沟通的部门实现工作流程的自动化，主要包括顾客服务和销售自动化这两类应用软件。当制造商向供应商购买原料或半成品货物时，供应链应用软件自动处理相关货物的规划、调度和追踪。尽管本章主要关注前台应用软件市场中的猩猩游戏，但由于后台应用软件出现时间更早，而且我们可以从中吸收一些经验，所以我们将在后台应用软件市场稍作停留。

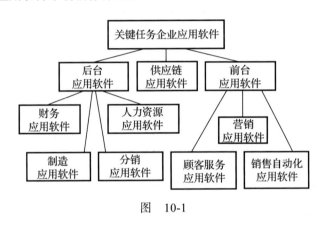

图　10-1

处于龙卷风暴阶段的后台应用软件市场

1990 年，当后台应用软件被安装在大型主机、小型计算机和个人计算机中时，该技术进入了主街阶段。但是，当该软件中加入了客户机 / 服务器架构之后，就又变成了非连续型创新，不得不重新证明自己的价值，因此，客户机 / 服务器软件为后台应用软件启动了新的技术采用生命周期。这意味着，如果这个品类能够跨越鸿沟，进入龙卷风暴阶段，市场中就可能形成一个全新的价值链，使其成为新的财富来源，创造出新的市场领导者体系。

最先跨越鸿沟的两类客户机 / 服务器软件是财务应用软件和人力资源应用软件，几年后制造应用软件和分销应用软件也做到了这一点。每类应用软件市场中都产生了各自的主要供应商。在财务应用软件市场，甲骨文公司和罗盛软件公司（一家私营公司）一起率先占据了领先地位，然而，在一年之内，思爱普公司也大踏步进入市场，带来了比原有市场同类产品更全面、更稳定的产品，而且该公司将产品优势与火热营销结合起来，很快成为后起之秀。虽然后来思爱普公司受到甲骨文公司和仁科公司的挑战，但最终还是占据了上风，成为"猩猩公司"。

人力资源应用软件市场几乎与财务应用软件市场同时进入龙卷风暴阶段，一开始该市场的领军企业就是仁科公司，它在早期的人力资源市场中占据了 50% 以上的市场份额，并且一直保持至今。仁科公司的成功是经典的使用保龄球道战略跨越鸿沟的例子，它最初只在人力资源应用软件市场内开发价值链，成为该市场的"猩猩公司"，然后利用这一地位优势，分别成为金融应用软件市场和制造业应用软件市场中的"候选的猩猩公司"。

制造应用软件市场最初由思爱普公司主导，但最近该市场中出现了两种情况，各公司的地位可能会发生变化。首先，一系列增值应用软件出现，随之产生大批新的供应商，包括供应链软件中的迈极集团（Manugistics）和 I2 科技公司（在该品类中，得利捷公司（Datalogix）被甲骨文公司收购，红椒公司（Red Pepper）被仁科公司收购），订单配置软件中的泰乐琪公司（Trilogy）和卡利科公司（Calico），以及产品数据管理软件中的夏尔巴公司（Sherp）和 Aspect Development 公司。以上各类应用软件都能在基本的企业资源计划系统上实现增值，它们在市场中的地位也模棱两可：它们将来会成为企业资源计划系统的合作伙伴呢，还是竞争对手？

到目前为止，这些新公司在软件功能方面都领先于现有的企业资源计划系统供应商；但是，将来当顾客决定要一站式购物时，主要的企业资源计划系统供应商很可能会收购一家或多家上述公司，然后自己提供被收购公司经营的业务，目前来看它们很容易就能做到这一点。尽管目前其销售渠道为企业资源计划系统供应商提供营销支持，收购后，这些供应商又会同自己的销售渠道发生冲突。不过，迄今为止，这两方之间的合作对彼此都有益，所以它们还会继续保持联盟关系，共同开发市场。然而，一个关键问题随之而来：这些增值应用软件供应商的竞争优势能持续多久呢？我们很快就会看到，前台管理系统也面临同样的问题。

企业资源计划系统品类中出现的第二个情况表现在复杂性方面。思爱普公司的软件使用起来非常复杂，这对大型公司来说或许不算什么问题，其他公司却对之望而却步。所以，当企业资源计划系统的主要顾客从大型公司转变为中型公司之后，其他供应商就获得了快速发展的机会，甲骨文、仁科、巴恩这三家公司就是利用这个机会重新树立了市场领导地位。同时，随着产品向低端市场扩展，美国大平原公司（Great Plains）等推出的基于个人电脑的应用软件已经扩展到了客户端/服务器领域，同时利用了日益成熟的Windows NT 操作系统。还有一些公司充分利用垂直营销策略，开发高端市场和低端市场之间的中端市场，包括 J.D.Edwards、罗软件、铂金软件（系统）、美国系统软件联合公司等。迄今为止，所有这些方法的最终目的只是为客户提供更多可供选择的产品，而且大多数执行良好的计划都可以获得充足的发展空间。但是，在未来，随着市场变得越来越拥挤，这些公司中，哪一家公司能够建立可持续竞争优势，将影响股市的走向。前台管理系统市场中也存在类似的竞争局面。

处在保龄球道阶段的前台管理系统

在采用客户机/服务器计算技术之前，前台管理系统市场从未进入龙卷风暴阶段——事实上，业内有人质疑它是否跨越了鸿沟阶段。虽然一些大公司已经安装了客户服务自动化系统或销售自动化系统等前台管理系统，但这些产品通常是全新定制产品。一些公司，如布洛克系统公司（Brock Systems），提供预打包的销售自动化应用软件，但由于笔记本电脑的内部设置不够强劲，无法支持该软件，另外，由于销售自动化系统的销售人员有点像被放牧的猫群⊖，所以该品类劳而无功。

从 20 世纪 90 年代早期到中期，受一系列因素的影响，前台应用软件发生了变化，这些因素并非来自销售领域，而是来自服务领域。具体来说，计算机工业的巨大成功给计算机服务支持行业带来巨大压力：随着越来越多的计算机产品被生产出来，用户急需计算机支持中心提供更多的帮助。此外，由于计算机产品之间必须实现交互，所以每种新产品被推出时，所有用户的计算机中都要安装额外的程序软件，于是对硬件和软件供应商的技术支持需求也迅速上涨。相关公司最初雇用更多的专业技术支持人员，来应对不断上涨的需求，后来专业人员数量无法满足用户需求，公司就雇用非专业人员并对其进行培训，然而，这也没有解决问题。现在用户打电话给技术支持中心寻求帮助时，往往需要等待一个小时才能联系上技术支持代表。

这个有缺陷的关键业务流程驱动前台管理系统跨越鸿沟、进入保龄球道阶段。为了解决该问题，客户支持部门迫切需要客户机 / 服务器客户来支持应用软件，这时如果仅有一家供应商能够满足该需求，就能成为客户机 / 服务器客户支持应用软件市场中的"猩猩公司"，然而，现实中，三家供应商（柯莱菲、斯高帕斯和万蒂）几乎同时响应了用户的需求，同时进入该市场，都推出了极其出色的软件，因此没有一家公司能够获得与思爱普公司类似的市场主导地位，来压制其他两家公司的发展。尽管当时客户机 / 服务器客户支持应用软件市场进入了小型龙卷风暴阶段，但并没有出现一家小型的"猩猩公司"（即当时市场的主导者），而是出现了三家小型的"黑猩猩公司"。现在，该市场发展非常迅速，而且很有希望远远超出最初的小众市场，扩展到大众市场中，所以即使成为小型"黑猩猩公司"也不算很糟糕。但这种情况非常不稳定，市场正在密切关注这三家公司的发展动向。

前台管理系统顾客为了加快采购决策，会参考市场的等级结构，寻找其中的领军企业。如果市场中不存在明确的领导者，那么这些顾客就不得不进

⊖　原文使用的习语" herding cats"（放猫）意指试图去控制或管理一群无法控制或者处于混乱状态的个体。——译者注

行冗长的评估和衡量，这让每个人都不胜其烦——不仅包括前台管理系统供应商，还包括供应商的合作伙伴，这是因为其合作伙伴必须等供应商做出最终决定，才能赢得竞标。因此，我们预测一段时间之后，前台管理系统市场将产生我们更熟悉的"猩猩公司 / 黑猩猩公司 1/ 黑猩猩公司 2"模式，而且我们认为该市场中正在进行猩猩游戏。现在的问题是，猩猩游戏投资者如何得知这种情况？他们应该在什么时间采取行动？他们可以借助哪些信息做出正确判断？截至 1997 年 9 月，这些投资行为将产生怎样的结果？

客户服务应用软件市场中的猩猩游戏

到 1995 年底，高科技行业的业内刊物开始关注客户服务应用软件品类的发展，1996 年初，刊物开始纷纷刊登有关该品类的文章。1996 年 4 月，《商业周刊》（*BusinessWeek*）中一篇副标题为"客户支持软件正走向疯狂"的文章概述了客户服务应用软件的增长率、参与者及发展趋势等。1996 年 6 月，知名度较高的计算机行业杂志《信息周刊》（*InformationWeek*）发表了一份关于客户支持系统的特别报告。1996 年秋天，《华尔街日报》（*Wall Street Journal*）刊登了柯莱菲公司首席执行官戴夫·斯坦姆（Dave Stamm）的一篇文章，呼吁进一步关注这一品类的发展。越来越多的证据表明，客户服务应用软件已经到达保龄球道阶段，开始高速发展。

对这些证据加以分析，我们发现一些有趣的现象，如下文所示。

- 无论是技术行业的业内杂志，还是商业媒体，它们在对该品类的报道中都列出了市场中的主要顾客。快速浏览这些文章，然后查看三家主要供应商的网站，我们发现超过一半的顾客是高科技公司，主要分布在计算机行业和电信行业。这表明处于保龄球道阶段的利基市场正在形成。
- 不仅媒体广泛报道用户难以从高科技技术支持平台获得帮助的故事，所有试图给技术支持平台打电话的人都有令人不悦的经历。因此，客户服务应用软件的必要性正日益受到业内的认可，而这恰是推动新技术采用的一个必要因素。

- 1996 年 6 月，《信息周刊》杂志刊登的一篇文章援引了计算机科学公司（Computer Sciences Corporation）对北美 346 名信息系统管理人员的研究，研究发现，客户服务自动系统引领了新的系统开发工作，近 60% 的受访者目前已经安装并使用这类系统。相比之下，受访者还提到财务、库存、分销等许多传统的后台应用软件。这表明一部分务实派顾客对客户服务应用软件的态度正在发生改变。

- 该文章中，剑桥技术合作公司（Cambridge Technology Partners）（计算机行业历史上增长最快的专业计算机服务公司之一）指出"对新型的客户服务应用软件的需求如此之大，以至于它将 60% 的员工和营销工作都集中到了这一领域。尽管该品类还不成熟，但剑桥技术合作公司市场营销副总裁预计在未来五年内，其市场规模将增长 10 倍"。这表明另外一批务实派顾客也加入进来。

到 1996 年夏天，猩猩游戏投资者会对客户服务应用软件品类的发展做出如下预测。

（1）该品类已经发展到了保龄球道阶段。计算机类客户服务应用软件将率先跨越鸿沟，其次是电信类客户服务应用软件，金融服务类客户服务应用软件可能第三个跨越鸿沟。目前，客户服务应用软件尚未扩展到其他行业，因此仍有可能在更大的范围内被接受采用，最后进入龙卷风暴阶段。

（2）客户服务应用软件市场中出现了三家"候选的猩猩公司"，即万蒂、斯高帕斯和柯莱菲，而且这三家公司都未能形成足够强大的竞争优势，成为市场领导者。经过竞争，最终获胜的公司很可能会成为"猩猩公司"，另外两家公司将成为实力雄厚的"黑猩猩公司"。不过，如果出现下述两种情况，就可能导致不同的竞争结果。

（3）另一类快速增长的前台管理系统，即销售自动化系统，开始与客户服务应用软件融合，形成一种新模式，这一融合过程类似于后台管理系统中各软件融合到企业资源计划套件中的过程。比如，柯莱菲公司于1996年初以1 320万美元收购了大都会软件公司（Metropolis Software），后者是一家开发销售自动化系统的私营公司，这一收购就是典型的销售自动化系统与客户服务应用软件的融合案例。行业分析师使用不同的术语来描述融合形成的新前台管理系统，最终它被统一命名为"客户关系管理（CRM）系统"。业内纷纷猜测：此品类会取代已有品类，从而重构顾客购买决策模型吗？新出现的"猩猩公司"会"淘汰"市场中已有的"猩猩公司"吗？

（4）最后，企业资源计划系统供应商之前主要提供后台管理系统，现在也开始进军客户服务应用软件和销售自动化系统领域。不过，目前看来，万蒂、斯高帕斯和柯莱菲这三家公司具备强大的领先优势，能够经受住这种新挑战。这种变化可能带来的最坏结果是，企业资源计划供应商收购了你所投资的一家或几家公司，但价格低于或不高于被收购公司的当前价值，而且你所投资的其他公司受到冷落。

猩猩游戏投资者可以采用多种方法来应对这一情况，在讨论这些方法之前，我们需要进一步研究销售自动化系统对前台管理系统市场产生的影响。

销售自动化系统邂逅客户机／服务器应用软件

在与客户机/服务器应用软件合作之前，销售自动化系统主要用于两个领域：一个是帮助一线销售人员在大宗买卖的销售周期答复客户需求，另一个是在电话销售或服务中心应答顾客的咨询电话，进行电话销售。在发展初期，第一个领域中的销售自动化系统获得了较高知名度，这得益于第一代笔记本电脑的兴起和以下价值主张。

（1）销售人员在与客户会面、乘坐飞机及入住酒店房间后，可以很方便地获取信息。

（2）构建销售流程，以提高销售人员的工作效率。

（3）向上级管理层提供更及时、更可靠的销售报告和市场预测。

　　虽然第一代销售自动化系统取得了成功，但总体市场份额并不理想。首先，由于成熟的客户机 / 服务器架构尚未形成，销售自动化系统还存在诸多问题，许多终端用户的使用体验不佳。其次，许多成功的销售人员抵制结构化的流程，他们不但自己不接受销售自动化系统，还向同事施加压力，要求他们也加以拒绝。最后，受这些因素的影响，终端用户对销售自动化系统的总体采用程度不高，系统的合规性也一般，这又导致该系统无法做出及时、可靠的销售预测。

　　结果，部分销售自动化系统供应商重新退回利基市场，并取得成功，销售技术公司（Sales Technologies）就是一个典型例子。该公司专注于医药市场，在特定的销售周期内进行电话销售时，其顾客可以登录销售技术公司系统，使用笔记本电脑下载大量技术信息。此外，销售技术公司的销售自动化系统还可以提供医生之前所开的处方，该公司的一线销售团队可以借此制定更有效的销售计划。但是，当销售自动化系统行业试图将这种模式推广到计算机行业时，尽管后者同样具有知识密集型销售周期，这种尝试却遭遇了失败，原因是在计算机行业，销售主管通常不会使用笔记本电脑保存数据，系统工程师却有这个习惯。这一结果不会对笔记本电脑公司产生不利影响（它们仍然可以出售电脑），但对销售自动化系统供应商来说却是噩耗。

　　然而，随着客户机 / 服务器计算技术的日益成熟，情况发生了改变，现在很多销售人员都会随身携带笔记本电脑，通过电子邮件进行沟通。如今，用于登录企业以获取电子邮件的基础结构变得日益稳定、直接和快速。此外，笔记本电脑已经具备携带大型数据文件和演示图像的光盘只读存储（CD-ROM）功能，互联网也允许用户批量下载相同的信息。因此，终端用户采用销售自动化系统的障碍大幅度降低。

　　此外，销售人员需要做出更精准预测的压力也越来越大，其中一部分压力来自对"及时生产"[⊖]（just-in-time）供应链战略的支持。此外，在计算机行

　⊖　及时生产（just-in-time，JIT）最先由日本丰田汽车公司的副总裁大野耐一于 20 世纪 70 年代初期提出，它是一种生产管理哲学。JIT 要求物料供应部门只有在装配流程需要时才向组装厂提供零配件，从而减少浪费。——译者注

业，当一家公司的产品进入龙卷风暴阶段时，销售人员很难准确预测发展前景。在这种情况下，公司取得成功的关键因素不是销售人员的销售效率，而是资源管理和供应链管理的效率，而这也要依赖准确、及时的预测。综合来看，资源管理人员和供应链管理人员已经对销售自动化应用软件，组建流动性强、能提供有效咨询意见的销售团队恢复了兴趣。

与此同时，销售自动化应用的另一个领域（电话销售）快速发展，进一步增强了这种兴趣。在电话行业，客户服务呼叫中心被广泛运用并取得显著成效。随着客户服务呼叫中心业务日益成熟，通信公司逐渐意识到客户服务电话不仅仅是提供服务的机会，也是销售机会，"交叉销售"（cross-selling）和"追加销售"（upselling）的概念随之突显。最近，随着人们对"一对一营销"和"数据库营销"的兴趣不断增长，电话销售已成为公司向客户提供目标产品的重要销售渠道。因此，之前处于保龄球道阶段的销售自动化市场正迅速成为一个充满机会的广阔区域，换言之，龙卷风暴正在形成。

这些发展反过来吸引了客户服务应用软件供应商，包括斯高帕斯、万蒂和柯莱菲等公司，它们将业务扩展到了销售自动化市场。同时，对电话销售系统的需求也推动了销售自动化应用软件供应商的发展，如希柏系统软件有限公司和奥拉姆软件公司。这些供应商对在产品中增添客户服务功能的兴趣与日俱增，这意味着销售自动化和客户服务这两个领域日益趋同，也意味着这两个领域将来极有可能发生碰撞。

买进第一组股票

1996 年夏天，奥拉姆软件公司和希柏系统软件有限公司成为企业客户机 / 服务器客户服务系统品类中的领军企业。该品类仍处于早期市场阶段，布洛克系统公司和希柏系统软件有限公司的季度报告可以证明这一点。

- 布洛克系统公司是销售自动化系统市场中最大的独立公司，该公司在 13 年前即 1983 年就推出了第一款销售自动化系统，但过去六个月的收入仅为 1 300 万美元，目前处于亏损状态。

- 希柏系统软件有限公司成立不久，就公布了本季度 750 万美元的利润，拥有强劲的发展潜力。然而，虽然这一消息非常令人兴奋，但目前尚不清楚这一结果预示着该公司仅在发展早期取得了成功，还是已经得到主流市场的接受。

在这一阶段，猩猩游戏投资者可以做出以下选择。

（1）把客户服务系统类别视为独立类别，并进行猩猩游戏投资，买进万蒂、柯莱菲、斯高帕斯这三家"候选的猩猩公司"的股票。

（2）把销售自动化系统类别视为独立类别，并进行猩猩游戏投资，买进奥拉姆软件公司和希柏系统软件有限公司等"候选的猩猩公司"的股票。

（3）把销售自动化系统和客户服务系统的集成系统（CIS）视为独立类别，判断哪些公司最有可能成为"猩猩公司"，并买进这些公司的股票。投资者的投资组合需要包括一家或者多家销售自动化系统供应商的股票，同时投资者需要抛售三家主要客户服务系统供应商其中一家或多家公司的股票。

（4）因为担心企业资源计划系统供应商会进入市场，改变整体状况，所以先不进行投资。

猩猩游戏投资者面对这些选择时，可能会做如下思考：

选择 4——不进行投资。这种策略没有风险，但也没有回报。投资者在任何品类中都可以选择不进行投资，但这种选择要基于合理的判断。而且由于以下原因，投资者投资于前台管理系统时，获得的回报将大于企业资源计划系统加入市场竞争后可能带来的威胁。

- 企业资源计划系统可能永远不会加入市场竞争。
- 即使企业资源计划系统加入了竞争，也可能由于时间过晚，市场现有公司已经形成强大的实力，无法被取代。
- 如果企业资源计划系统加入时间不晚，该系统供应商可能会在当前股票价格的基础上支付一定的溢价，从而为投资者带来丰厚的投资回报。

以上情况都无法保证一定会出现，但它们可以防止相关股票价值的下跌，所以我们认为投资者可以继续进行猩猩游戏投资。

选择2——投资销售自动化系统类别。即使对专业投资者来说，这种投资也具有较高的风险，这是因为还没有证据能够证明该品类跨越了鸿沟，所以其发展仍有可能被延迟、阻塞，该品类也可能会被抛弃。猩猩游戏投资者应当密切关注该品类的发展状况，寻找它已经跨越鸿沟的证据，然后做出投资决策。

选择3——投资销售自动化系统和客户服务系统的集成系统。这种投资更具有投机性，不仅具有选择2中存在的不确定性，而且在投资销售自动化系统和客户服务系统的集成系统的过程中，不确定因素也很高。这种投资更适合资深的投资者，对于新手投资者来说，其中的风险有些过高。

选择1最适合猩猩游戏投资者，1996年夏季的股市情况能够说明这一点。

图10-2代表投资1 000美元时，客户服务系统类股票的业绩情况。

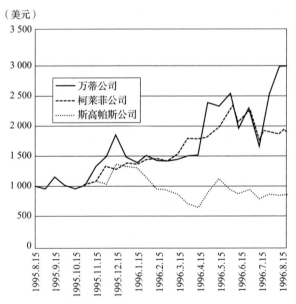

图10-2　1996年客户机/服务器客户服务系统股市

图 10-2 展示了在保龄球道阶段买进股票时股票价值的变化情况。由于龙卷风暴尚未形成，所以股票价值不会急剧上涨，另外，尽管斯高帕斯公司的股票看上去落后一些，但是这三家公司之间的差距并不太大。

根据图 10-2，你需要调整投资组合，如表 10-1 所示。

表 10-1　1996 年买进的客户服务系统股票

行动	日期	价格调整	股票分割	每股价格（美元）	股份	股值（美元）
买进柯莱菲公司股票	1996.7.1	24.75	2.000x	49.50	202	10 000
买进斯高帕斯公司股票	1996.7.1	10.83	1.500x	16.24	616	10 000
买进万蒂公司股票	1996.7.1	18.13	2.000x	36.25	276	10 000

1997 年秋季猩猩游戏升级

下面我们快进到 1997 年秋天，回顾一下自 1996 年夏天买进以上股票以来发生的变化。1997 年秋季出现了一些新情况，在客户服务前台系统中表现为以下方面：

- 希柏系统软件有限公司继续发展，获取了丰厚的收入，因此自我宣称为"客户机 / 服务器应用软件领域有史以来增长最快的公司"。
- 1997 年 5 月，巴恩公司收购了奥拉姆软件公司，这是首个企业资源计划系统供应商对前台系统供应商的大型收购案例。奥拉姆软件公司股票上市后，股价曾上涨到每股 35 美元左右，但后来又慢慢跌到 15 美元左右，最后以每股 21 美元的价格被巴恩公司收购。
- 1997 年 6 月，《VAR 商业杂志》（*VAR Business Magazine*）刊登的一篇文章指出，"销售自动化系统领域不适合弱者，这是因为多数系统会彻底失败并被废弃，而且在销售自动化系统中，软件的终端用户在客户站点内具有非常大的影响力，这一点与其他定制软件不同"。

● 1997年8月,《软件杂志》(*Software Magazine*)发表的一篇文章指出,"尽管公司在销售自动化系统上投入了大量的资金,但研究表明,约有60%的公司试图实现销售流程的自动化但没有成功"。

最后一则消息在媒体和其他渠道得到广泛传播,受其影响,从1996年夏季到1997年底,投资者投入1 000美元时,股价走向如图10-3所示。

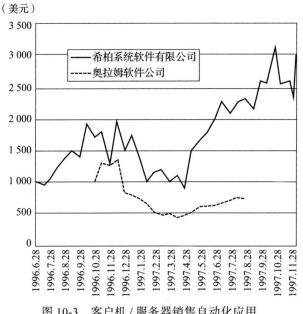

图10-3　客户机/服务器销售自动化应用

希柏系统软件有限公司似乎即将进入保龄球道阶段,这一点对投资者来说很有吸引力。自1996年6月股票基准价格公布以来,该公司的股票价值增长了近3倍。这时你可能会后悔去年夏天没有投资这只股票,同时仍然担心销售自动化系统无法获得主流行业的大力支持。

客户服务系统市场出现了以下情况。

● 柯莱菲公司和斯高帕斯公司都发布了一些令人失望的季度财务报告,这些报告本身并不会困扰猩猩游戏投资者,但这些信息可以帮助投资者探究导致业绩不佳的潜在问题。以斯高帕斯公司为例，报告显示该公司在两个季度业绩不佳，而且四个关键人员纷纷离职（辞职或解雇）。

- 万蒂公司和仁科公司进一步巩固了它们之间本已密切的合作伙伴关系。

- 万蒂公司似乎已经超过柯莱菲公司和斯高帕斯公司，成为客户服务系统品类中的宠儿。万蒂公司发布了全年最强劲的利润增幅，业内口碑也暗示该公司已经取得领先地位（投资者可以在网站 www.techstocks.com 上找到业内评价，第 9 章详细介绍了具体情况）。

- 最后，还出现了对即将发生的领域冲突所做的评论，如《软件杂志》关于企业资源计划供应商的评论：一段时间以来，企业应用软件供应商已经意识到，它们需要在其企业资源计划解决方案中增加销售自动化系统和其他客户管理功能。信息技术研究公司［欧维姆咨询顾问公司（Ovum）］的高级顾问邓肯·布朗（Duncan Brown）表示："购买巴恩系统和思爱普系统的公司拥有庞大的移动销售队伍，因此对使用移动计算技术的可高度扩展系统产生了需求。这些公司知道如何从 A 点到 B 点获取数据。"他预测在未来的 18 至 24 个月内，销售自动化系统将嵌入所有企业资源计划应用软件中，其功能可与目前销售自动化系统领先供应商提供的现有解决方案相媲美。

这些消息在业界传播的同时，你的最初投资组合在股市中的表现如图 10-4 所示。

整个 1997 年你的投资组合带来不错的回报，你感到很"激动"（不过我们发现，在投资领域，激动并不是件好事）。到了 1997 年底，你发现万蒂公司股票价值上涨较多，而柯莱菲公司股票价值下跌较多，斯高帕斯公司股票价值几乎没变。在这个阶段，股市没有太大变化，你也不需要采取特别行动，市场仍处在龙卷风暴到来之前的阶段，股票价值上下浮动非常正常。虽然万蒂公司似乎可能会成为领军企业，但现在还无法确定。

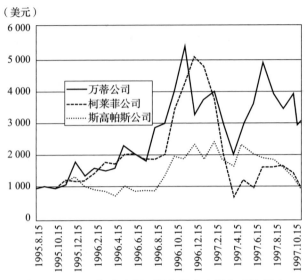

（美元）

图 10-4　1997 年客户机 / 服务器客户服务系统股市

那么，猩猩游戏投资者获悉了这些新信息后，应该采取哪些行动呢？

根据上述信息，猩猩游戏投资者应当继续持有万蒂公司、柯莱菲公司和斯高帕斯公司的股票，而且需要增持万蒂公司的股票。原因在于，虽然客户服务品类尚未进入龙卷风暴阶段，但是万蒂公司正日益成为"候选的猩猩公司"中的领导者。尽管在 1997 年柯莱菲公司和斯高帕斯公司经历了一些困难，但这两家公司仍在继续发展，所以投资者仍需持有其股票。而且，客户服务品类中各公司的市场地位尚未确定，无论在客户服务品类还是在前台软件集成套件品类中，柯莱菲公司和斯高帕斯公司都仍是"候选的猩猩公司"。

这些信息同时表明投资者应当停止对销售自动化系统的投资。如果有关销售自动化系统软件的负面报道不断涌现，希柏系统软件有限公司就会失去发展动力，股价也会随之下跌。与之相反，一些投资者可能会持有这个观点：如果希柏系统软件有限公司的利润能够继续快速增长，他们将能够像其他人一样，利用资产（股票和现金）向销售自动化 / 客户服务集成系统品类发起进攻。只有时间才能证明哪种观点能够成为现实。在销售自动化系统投资领域，不同于保守的猩猩游戏投资者，专业的投资者可以开展高风险投资，不过我们仍然坚持一贯的谨慎立场，退出这个投资领域，回到"安全的猩猩游戏"中。

最后，1997 年底，借助企业资源计划系统带来的发展机会，前台应用软件品类继续发展。巴恩公司收购了奥拉姆软件公司，进入前台应用软件市场，但其他主要企业资源计划供应商（即思爱普公司、甲骨文公司和仁科公司）却没有采取较大的举动。到了 1997 年底，业内预测企业资源计划类别的发展前景时，普遍认为领先的企业资源计划供应商最终会进入客户关系管理系统品类。1997 年持有的客户服务系统股票情况如表 10-2 所示。

表 10-2　1997 年持有的客户服务系统股票

行动	日期	价格调整	股票分割	股份	股值（美元）	投资回报率（%）
柯莱菲公司股票	1997.8.29	15.75	1.000x	404	6 364	−36
斯高帕斯公司股票	1997.8.29	24.75	1.000x	924	22 857	129
万蒂公司股票	1997.8.29	30.5	1.000x	552	16 828	68
					46 049	53

1999 年春季猩猩游戏升级

对客户关系管理系统市场来说，1998 年是非常有趣的一年。3 月初，希柏系统软件有限公司宣布收购斯高帕斯公司，并宣布合并后的公司（公司名仍为希柏系统软件有限公司）成为销售自动化 / 客户服务集成系统品类的领军企业。该事件永久改变了客户关系管理市场局势。两家领先的供应商合并为一家之后，希柏系统软件有限公司得以实现营业收入最大化，收获了最大的客户群。另外，此次收购给其他供应商带来了压力，它们不得不集中精力，开发销售自动化 / 客户服务集成系统。

那么，在这种情况下，猩猩游戏投资者该采取哪些行动呢？首先，希柏系统软件有限公司收购斯高帕斯公司之后，投资者持有的斯高帕斯公司股票将全部被转换为希柏系统软件有限公司股票。因此，起初客户服务品类投资组合包括万蒂、柯莱菲和斯高帕斯这三家公司，现在变为万蒂、柯莱菲和希柏系统软件三家公司。其次，此次收购将促使猩猩游戏投资者重新调整投资组合策略，重点关注在销售自动化 / 客户服务集成系统品类中可能胜出的"候选的猩猩公司"。据我们所知，有些猩猩游戏投资者立即认可希柏系统软件有限公司的"猩猩公司"地位，并开始抛售所持有的其他公司的股票；另一些投资者则采取观望策略，继续保持由万蒂、柯莱菲和希柏系统软件这三家公司股票组成的投资组合。在此次收购公告发布之时，市场发展趋势尚不明确，投资者很难衡量哪种策略更为合理。然而，根据之后两个季度中市场的发展状况，投资者最终可以在这两个策略中做出正确选择。

尽管万蒂公司多年来一直经营销售自动化系统产品，但市场从未真正将其视为销售自动化系统供应商。1997 年底和 1998 年初，为了在该品类中占据有利地位，万蒂公司采取了一系列重大举措，包括升级销售自动化系统产品，发动广告宣传闪电战，改变销售策略，将销售重点从客户服务系统转变为销售自动化系统等。万蒂公司在 1998 年公布了良好的第一季度业绩，但之后状况开始下滑：当年第二季度，营销副总裁和首席财务官双双辞职；7月，万蒂公司发布的第二季度财务报告远远低于分析师的预期。媒体将这种糟糕的结果归咎于"执行问题"，不过业界评论认为真正原因是万蒂公司的销售自动化系统表现不佳，拖累了整个公司。对于猩猩游戏投资者来说，这个局面将促使他们将投资重点定为希柏系统软件有限公司。

希柏系统软件有限公司的股票虽然公布了突出的业绩（见图 10-5），但表现只能说还不错，还不够出色。究其原因，虽然从 1997 年中期到 1998 年初，其股票价值稳步上涨，但 1998 年波动较大，1998 年底股票价值开始再次上升，直到 1999 年初才回到 1998 年股票价值的最高值。

希柏系统软件有限公司的股票之所以表现不够出色，是因为出现了许多潜在的挑战。首先，从 1998 年开始，实力雄厚的新竞争者向该公司发起了

挑战，如思爱普公司和甲骨文公司都宣布进客户关系管理系统市场，尽管这
两家公司在一段时间之后才能够推出真正有竞争力的产品，但它们能够延长
众多销售自动化系统产品的销售周期。

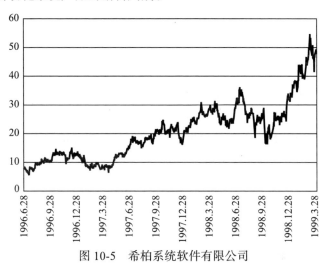

图 10-5　希柏系统软件有限公司

　　希柏系统软件有限公司除了在大型交易中面对强劲竞争对手的挑战，还
要在中型到大中型交易中与"中型企业"竞争，主要竞争对手包括萨拉托加
系统有限公司（Saratoga Systems）、毕威拓软件公司（Pivotal Software）、奥
尼克斯公司（Onyx）、赛欧斯逻际思有限公司（Saleslogix）这四家公司，而
且 1998 年这四家私人控股的公司完成了较大数量的中型和大中型交易，都
在积极上市。我们编写本书时，萨拉托加系统有限公司和奥尼克斯公司已经
成功上市，赛欧斯逻际思有限公司已经向美国证券交易委员会（SEC）提交
了上市申请，1999 年底，毕威拓软件公司和赛欧斯逻际思有限公司很有可
能成功上市。

　　互联网正在改变客户关系管理市场规则。之前产品主要以客户机 / 服务
器计算技术为基础，现在供应商不得不重组技术架构，改用零安装客户端计
算技术。由于希柏系统软件有限公司的软件产品规模更大，被竞争对手称
为"胖客户端"，所以同其他供应商相比，其重组技术架构任务更加繁重。

甲骨文公司等供应商进入客户关系管理软件市场的时间较晚，几乎绕过了整个客户机／服务器计算技术浪潮，可以从一开始就采用零安装客户端计算技术。

然而，有关"胖客户端与瘦客户端"的论点过度简化了市场形势。供应商正在重组可移动的销售自动化系统和／或现场服务自动化系统的架构，使其同时具备客户机／服务器计算技术和零安装客户端计算技术。采用这种混合架构的原因很简单：用户在移动环境中使用笔记本电脑时（无论是在飞机上、在室外，或者在别人的办公室里）可能无法访问互联网，因此零安装客户端计算技术对他们来说没有任何作用（即他们将无法访问自己的数据）。然而，在混合架构模型帮助下，即使网络断开，用户也能够使用客户机／服务器计算技术重新连接到互联网上，然后使用零安装客户端计算技术访问数据。

最后，互联网催生了一类新的客户关系管理软件，该软件的特点可以归纳为"面向客户"和"面向合作伙伴"。不同于本章前面介绍的"面向员工"的软件，这类软件的目标是让公司信任的客户和合作伙伴绕过处在中介地位的公司员工，直接获得与他们高度相关的信息。传统的客户关系管理软件只具有"面向员工"的特点，其潜在客户为了在销售竞争中获胜，向供应商提出新要求，希望它们在产品中添加"面向客户"和"面向合作伙伴"的特点。据此，传统客户关系管理软件供应商（包括希柏系统软件有限公司）积极响应客户要求，争相在整体产品中增添这两个特点。

具备"面向客户"和"面向合作伙伴"特点的客户关系管理软件品类充满活力，在未来几年内，在其内部将出现许多新子类。目前，已经出现了电子邮件自动响应软件［代表公司为卡纳软件公司（Kana）、伊根公司（Egain）等］、网络自助服务软件［代表公司为服务软件技术公司（Servicesoft）、推理公司（Inference）等公司］、用于服务和技术支持的交互式聊天软件［如苹果公司的Facetime视频聊天软件，代表公司包括锐度公司（Acuity）、网络对话公司（Netdialog）、服务软件技术公司等］、动态网络内容技术（代表公司为智能技术公司（Smart Technologies）［该公司于1999年4月被I2科技公司购买］、宏道资讯（Broadvision）、Vignette 等公司）和互联网营销自动化系统［代表公司为鲁布里克公司（Rubrick）、安娜西奥公司（Annuncio）、市场有限软件公司（Marketfirst）等］。

面向外部的客户关系管理技术（如互联网营销自动化技术和动态网页内容创建技术）是电子商务管理系统的核心部分，因此，在未来几年，该品类很可能会产生高额回报。互联网营销自动化技术能够吸引用户浏览电子商务网站，动态网页内容创建技术则有助于吸引用户重复浏览同一个网站，避免用户被竞争对手的网站吸引。在互联网行业，黏性是一种美德，所以以面向外部的客户关系管理技术供应商会有广阔的发展空间，后面章节中将深入探讨。

总之，第一轮销售自动化系统 / 客户服务猩猩游戏结束了，领头企业是希柏系统软件有限公司。然而，在今后的发展中，希柏系统软件有限公司需要应对来自三个领域的竞争。首先，它必须捍卫自己在大型企业销售自动化系统和客户服务品类中的领先地位，在这些品类中，其竞争者不仅包括万蒂公司和柯莱菲公司等快速增长的"黑猩猩公司"（1998 年，"猩猩公司"希柏系统软件有限公司的增长率为 89%，柯莱菲公司为 48%，万蒂公司为 39%)，还包括大型企业资源计划供应商，其中最著名的是甲骨文公司和思爱普公司。其次，"四大"中型企业客户关系管理供应商（即萨拉托加系统有限公司、毕威拓软件公司、奥尼克斯公司和赛欧斯逻际思有限公司）有可能继续赢得大量中型、大中型交易，甚至会赢得较大数量的大型系统交易，原因是它们的产品经过优化，安装速度更快，改进速度更快。最后，随着面向客户的客户关系管理技术的兴起，希柏系统软件有限公司和所有其他供应商必须构建"面向所有"的客户关系管理集成套件，以应对未来市场的需求。

关于这个正在进行猩猩游戏的品类，投资者最后要记住一点：正如本书前面章节所述，在高端商业应用软件的猩猩游戏中，"猩猩公司"一般不会获得巨大的市场份额。换言之，在使能技术领域，"猩猩公司"通常最终能获得 60%～90% 的市场份额，但在高端商业应用软件市场中，"猩猩公司"通常仅占有 25%～30% 的市场份额。因此，"黑猩猩公司"通常有很大的发展空间，在快速增长的市场中尤其如此。客户关系管理技术品类极具活力，未来 5～10 年内该品类里很有可能出现一批业绩良好的公司。

经验总结

从企业应用软件的发展历程中，我们可以吸取以下重要经验。

- 在财务、人力资源和制造业这三个独立的后台系统中，出现了三场龙卷风暴，进而推动了思爱普、甲骨文（在应用程序领域）、巴恩和仁科四家公司的兴起。

- 当我们编写本书时，供应链管理领域正在兴起龙卷风暴，I2 科技公司是实力最为雄厚的"候选的猩猩公司"，甚至可以说已经成为"猩猩公司"。

- 后台办公系统最初由供应商提供的单点解决方案构成，但后来演变成为企业资源计划套件系统。

- 当我们编写本书时，前台办公系统似乎已经进入龙卷风暴的早期阶段，客户服务和电话销售应用软件已经实现快速增长。移动销售自动化系统在技术方面和文化方面变得更加复杂，所以我们认为该品类仍处在保龄球道阶段。

- 销售自动化系统和客户服务系统正在集成为客户关系管理套件，希柏系统软件有限公司已成为该品类的领军企业。

- 一组被称为"中型企业"的客户关系管理软件供应商，正在中型和大中型市场中掀起波澜，而希柏系统软件有限公司在这些市场中没有占据太大优势。这些供应商的领军企业包括萨拉托加系统有限公司、毕威拓软件公司、奥尼克斯公司和赛欧斯逻际思有限公司，它们将相互竞争市场领导地位，也会向包括希柏系统软件有限公司在内的大型软件供应商发起挑战。

- 大量面向客户和面向合作伙伴的客户关系管理应用软件最初是由单个供应商提供单个解决方案。但随着时间的推移，客户关系管理软件的应用范围将继续扩展，这些新应用软件将成为客户关系管理集成套件的必要组成部分。

投资者从本章获得的最宝贵的经验为：鉴于面向员工、面向合作伙伴、面向客户三类客户关系管理软件供应商之间的竞争，以及这些供应商同企业资源计划供应商之间的竞争，投资者在做出决策前，需要全面评估相关公司情况、品类的竞争优势差距和竞争优势持续期。

案例分析结束

至此，我们结束了展示猩猩游戏投资原则的案例分析，相信你现在能够做出正确的投资决策。现在我们将把主动权移交给你，读者朋友，但在分别之前，我们还想邀请你一同进入最后两章，帮助你开始成功的投资之旅。

第四部分

权杖交接

THE
GORILLA
GAME

第 11 章　猩猩游戏投资工具及流程

在本书的最后部分，我们将把权杖移交给你，读者朋友。在高科技投资领域游览一番之后，我们又回到了本书前言中提到的问题：我们心中的"你"是怎样的呢？一直以来，我们都希望能够吸引对高科技领域和投资领域有所了解的读者朋友，而且无论他们的了解程度如何，我们都尽力给他们提供一些帮助。为了实现这一目标，我们没有提出任何不切实际的要求，然而，在就投资流程提出建议时，我们强烈地意识到一点：没有任何一个投资流程适合所有的投资者。

因此，下面我们将介绍统一的投资管理通用流程模型，该模型包括"浏览－假设－分析－回应－评价－加强"六部分（SHARES），并推荐三个层次的投资工具和信息来源，每个层次对应具备不同投入度和专业知识的猩猩游戏投资者，详情如下文所示。

认真的业余投资爱好者

认真的业余投资爱好者很重视投资活动，但平均每周只能在投资上投入2～3 个小时。可能投资新手认为这些时间已经不少了，但是我们认为在猩猩游戏中，这是投入时间的底线。此外，业余投资爱好者不会在信息收集中投入很多资金，除了订阅《华尔街日报》的费用和付给互联网服务提供商的费用，一年大概也就投入两三百美元。

希望这类投资者在开展猩猩游戏投资时，能够严格遵守本书提出的规则。

半专业投资者

半专业投资者介于认真的业余投资者和专业投资者之间，投入的时间为业余投资者的 2～3 倍，即每周至少投入 5～7 个小时，不过他们在投资上投入的精力远远少于专业投资者。此外，半专业投资者对信息收集的投入大于业余投资者，一年大概花费 1 000～2 000 美元来获取信息，但该费用仍然远远少于专业投资者。

我们希望这类投资者能够吸收猩猩游戏的投资原则，并根据个人情况加以实施，包括在非猩猩游戏领域的投资。

专业投资者

专业投资者是指以投资为职业的人士，因此可以把整个工作周都用于投资活动。他们通常会在信息来源和信息收集活动中投入至少五位数的预算，投资组合经理、基金管理者、资产经理人、行业分析师等都属于这一类投资者。

我们不期望这类投资者能够完全遵守猩猩游戏投资规则，除非他们创建并运营猩猩游戏投资基金。我们希望他们能够把猩猩游戏规则和其他投资原则结合起来，将之运用于更广阔的投资领域。

高科技行业的业内人士

在某种程度上，高科技行业的业内投资者超越了以上三类投资水平，他们主要投资"人力资产"，即购买自己就职的高科技公司的股票，也可能创建投资组合。他们通常会在正式的投资活动中花费较少的时间，我们不会向他们特别建议投资工具。然而，由于这类投资者就职于高科技行业，能够获得很多关于自己公司产品品类及其他品类的详细信息，所以他们往往有很棒的投资思路，因此本书将就投资流程给他们提供建议。

如果你属于这类投资者，在运用"浏览－假设－分析－回应－评价－加强"投资模型时，第一步"浏览"对你来说不太重要，你可以直接跳过，进入"假设"环节，这样适合你的投资模型就变为"假设－分析－回应－评价－加强"（HARES），鉴于你的起点高于其他三类投资者，我们认为这种模型很适合你。但与龟兔赛跑中的野兔[⊖]一样，你要谨慎行事，"乌龟们"[⊜]在朝着财务独立的目标努力时，进展虽然缓慢但很稳定，而你很可能会偏离航向，陷入各种荆棘丛中。

"浏览－假设－分析－回应－评价－加强"投资流程模型

在讨论高科技行业投资时，一旦有人提问，"我该如何着手呢"，我们

⊖ 原文中 HARES 模型也可汉译为"野兔"，所以作者借用龟兔赛跑的典故。——译者注
⊜ "乌龟们"指其他三类投资者。——译者注

就会给出答案：遵循"浏览 – 假设 – 分析 – 回应 – 评价 – 加强"（SHARES）模型。

"SHARES"一词有多重含义，可以指投资者购买的"股票"，可以指"市场份额"及其在公司估值中所起的作用，对于另外一些人来说，它也可能指风险、信息或投资见解的"分享"。在本章中，"SHARES"[一]指猩猩游戏投资的顺次过程，即：

- 浏览（S）;
- 假设（H）;
- 分析（A）;
- 回应（R）;
- 评价（E）;
- 加强（S）。

这些动词构成猩猩游戏投资中的实际行动，每一个行动代表一个步骤，每个步骤包括特定的工具和资源，可以帮助投资者掌握足够的信息、做出成功的决策。可以使用的辅助工具实际上数量众多，与其说我们要找到它们，不如说把它们精简成一套有用的集合工具。

浏览

浏览，从字面上看是一种速度超快的阅读、观看或聆听，旨在广泛调查情况，以发现值得进一步关注的异常情况。因此，它实际上是一种"探索"，同大多数探索一样，目标也是"发现情况"。在猩猩游戏中，我们通过浏览信息，以发现新的市场趋势、新兴的产品品类以及新品类中脱颖而出的公司。

我们准备编写本书时，采访了一些投资者，他们都是信息浏览高手，而

且坚持认为，所有的投资项目都始于发现别人忽视的方面，所以信息浏览是他们取得成功的一个关键环节。这种"可投资的例外情况"并不常见，如果把信息浏览比作开采金矿，那么开采者必须加工整批矿石，才可能得到1～2克黄金。

　　然而，当进入一个新的投资领域时，你要记住的关于信息浏览最重要的一点是：浏览过程是痛苦的，非常痛苦，身处该环节的人经常抱怨，如"真让人头痛、枯燥无味、令人沮丧、我想退出"等。出现这种情况的原因在于，你想轻快地浏览完材料，但不得不经常停下来，冥思苦想，却仍然百思不得其解，也就无法按照既定速度完成这个环节。然而，速度放慢意味着浏览结果的差强人意，所以无论你遇到怎样的挫折，都必须尽力加快速度，如同新手在学下棋时，需要不断加快落棋速度。

　　不幸的是，这种痛苦无可替代，你必须要经历这个环节。你可以把它视作一种进入壁垒，众多投资者因无法坚持下来而被拒之门外，而你因为持之以恒却可以进入市场。好的方面是，这种壁垒最终会消失，你浏览的信息越多，就越擅长发现有价值的内容，也就能进入下一个环节。正因如此，成功的投资者都非常重视信息浏览能力的培养，这也是他们能够超越其他投资者的关键竞争力所在。

　　当你擅长信息浏览后，就会把所有扫描的信息归为三类，就如同把物品扔到以下三个存物桶中：

- 信息确认；
- 例外情况；
- 无关信息。

　　一段时间之后，你会发现"信息确认"和"无关信息"两个桶里的信息越填越多，"例外情况"桶里的信息却越来越少。这说明你的世界观日益坚定，所以"信息确认"桶里的信息不断增多，同时，你对自己的观点更有信心，所以把更多的信息放到了"无关信息"桶里。尽管如此，"例外情况"

桶却最有价值，你从这个桶里才能学到东西，只有学习到新知识你才会修正自己的行为。相比之下，"信息确认"不会刺激新的行动，所以"再次正确"不会给你带来任何好处，但是"第一次正确"会给你带来诸多好处。因此，犯错并从中吸取教训，你就能取得成功。

具体来说，如果你按照以下方法处理所犯的错误，就可以在投资中取得成功。

（1）总体来说，你无意中吸收了一些错误的传统观点，因此犯错。

（2）发现所犯的错误，而且由自己独立发现。

（3）在其他投资者赶上之前，采取行动改正错误。

总之，浏览信息就是搜索你可能犯错的方面，浏览的重点是被认定为"例外情况"的信息。

在猩猩游戏中，浏览信息时要特别关注科技领域。当你开始浏览该领域时，首要目标是确定处于超高速增长市场或很快就会到达这个阶段的产品品类（即已经或即将拥有较大竞争优势差距和较长竞争优势持续期的品类），也要确定该品类中相关产品的供应商（即"候选的猩猩公司"）。根本上说，这是一个做减法的过程，而非加法过程。请记住，作为一个纯粹的猩猩游戏投资者，你应当把很多信息放到"无关信息"桶里，包括服务领域的所有品类，如计算机 2000 年问题的解决方案、互联网服务提供商、系统集成商等各类商家或销售商，也包括所有垂直市场品类，如生物医疗设备、航空电子系统等。只有被广阔的平行市场接受的产品才是猩猩游戏的候选产品，另外，已经进入主街阶段的品类也不在候选产品之列，如电脑、打印机、大型主机、关系型数据库等。总之，你只需关注已经处于或即将进入超高速增长阶段的品类。

当你开始探寻这些品类时，需要重点关注其中的产品供应商。在这个阶段，你希望能够收集到在特定品类中所有公司的信息，对公司排序，分析当前的竞争局势，甄别每家公司产品的独特之处。这些努力都有助于开展下一个步骤，即"假设"环节。

浏览信息的来源

我们将按照专业性逐步递增的顺序介绍信息源，先从综合性的报刊开始，然后一直升级到更高级别的行业杂志。对于认真的业余投资爱好者，我们推荐五个信息源，其中两个提供一般商业信息，另外三个提供特定的技术商业信息。

一般商业信息来源：

（1）《华尔街日报》，这是商界的基本读物，我们无须赘述，在此只介绍与猩猩游戏投资有关的部分。你需要浏览报纸首页四个与高科技市场有关的栏目，即"商业与金融"（"Business and Finance"）栏目、"今日内容"（"Today's Contents"）栏目、专栏一和专栏六。在这些板块中，你需要浏览所有与高科技行业相关的报道，仔细阅读所有与猩猩游戏相关的报道。最后，B部分第4页至第12页之间的"技术"（"Technology"）板块通常也会刊登与高科技相关的文章，也需要引起你的关注。

同时，我们不建议你立即翻到C部分，查看你持有的股票的最新价格变化。我们没有信心可以阻止你，就连我们自己也会忍不住这样做，但仍要特别提醒：这种做法对猩猩游戏来说没有任何价值，还可能会引起你的恐惧，进而做出不当的反应。

（2）在《福布斯》《财富》和《商业周刊》这三家期刊中选择一家，这三家杂志都在持续增加对高科技行业的报道，我们建议你先浏览目录，找到与科技相关的文章，然后快速阅读这些文章。

同时，我们建议你从头至尾通读一遍杂志，掌握行业整体发展趋势，在判断某个市场是否能够进入超高速增长的龙卷风暴阶段时，这些背景知识将给你提供很大帮助。

技术商业知识来源：

（1）在《信息周刊》《个人电脑周刊》（*PCWeek*）《信息世界》（*InfoWorld*）和《计算机世界》这四家期刊中选择一家，这四家行业周刊都刊登有关计算机系统的文章，涉及范围比较广泛。我们最想给投资者推荐《信息周刊》，它虽然是一本科技杂志，但能够从商业角度展开报道与分析，每一期封面上展示的格言就是最好的证明："为商业和技术管理者服务"。《信息周刊》将每周高科技行业新闻巧妙地融入特色报道和行业趋势分析中，《个人电脑周刊》《信息世界》和《计算机世界》这三家周刊虽然也报道类似信息，但更多以产品和行业为中心，你如果就职于计算机行业，可能会更喜欢这三家杂志。

　　无论你选择哪一家周刊，我们都建议你快速略读一遍，先浏览每一页的标题，当文章提到你感兴趣的品类时再仔细阅读。警告：对经验不足的猩猩游戏投资者来说，这是最令他们感到头疼的地方，如果他们搞不清楚这些标题背后的真正含义，就会觉得这些标题离奇古怪，完全不知所云，整个浏览过程也会变得痛苦无聊而且毫无意义。但是你一定要坚持下去。

　　（2）《上扬》杂志，该杂志为月刊，自己声称"科技精英专属的商业杂志"，主要刊登实用的专题文章、动态新闻和统计数据。此外，它还刊登对高科技行业高管的精彩访谈。《上扬》杂志主要关注高科技市场的权力变化，这一点与猩猩游戏相同，因此它在高科技行业投资者的必读杂志排行榜中名列前茅。

　　（3）《红鲱鱼》(*Red Herring*)，1993 年，《上扬》杂志的创始人和出版商成为《红鲱鱼》杂志的创始人、出版商和总编辑。《红鲱鱼》是一本月刊，杂志封面显示该月刊重点关注"科技行业"。其目标读者为高科技公司高管，主要刊登专题文章、动态新闻、统计数据和高管访谈，这四个板块与《上扬》杂志类似，但《红鲱鱼》还包括"行业简报"板块，这一点不同于《上扬》杂志。

　　每一期简报中至少有一半的篇幅会对特定的高科技领域进行深度报道。例如，上个月主要报道无线数据通信领域，下个月就可能重点关注互联网商务软件领域。行业简报包括来自知名行业分析师、行业高管和风险投资者等业内人士写的文章，还包括对特定领域中所有重要公司（包括上市公司和私营公司）的简短评论，内容涉及公司的历史经历、运营战略、财务业绩和股市业绩。

《红鲱鱼》可以说是高科技投资者最为关注的杂志，与《上扬》杂志相比，它更加注重数量分析，不过据我们了解，多数行业人士会定期阅读这两本杂志。如果我们被困在一个小岛上，只能阅读两种月刊来浏览高科技行业的状况，那么这两份杂志将是最佳选择。

适合半专业投资者的额外信息来源

对半专业投资者，我们除了推荐上述报纸和期刊，还推荐以下三个信息源。

（1）《投资者商业日报》（*Investor's Business Daily*），《投资者商业日报》每周出版四期"计算机与技术板块"（Computers & Technology Page），这部分内容对半专业投资者来说是极佳的信息来源，值得订阅。每期板块中都会刊登一篇对行业高管的专访、一些总结行业趋势的图表以及两三篇有关高科技行业的文章。我们建议半专业投资者浏览整个板块内容。

（2）*ComputerLetter*，*ComputerLetter* 是科技合伙人公司（Technology Partners）发行的高科技行业通讯，每年出版 40 期，其创始人兼编辑曾任《华尔街日报》科技编辑。*ComputerLetter* 对高科技行业的趋势和问题做的剖析非常好，重点关注风险投资者，而不是华尔街投资者，刊登的文章语言优美、通俗易懂，是我们所知的有助于预测长期龙卷风暴的最好信息来源。在我们推荐给半专业投资者的所有信息源中，该期刊的订阅费用虽然最高（每年约 600 美元），但它的确物有所值。

（3）《上扬》（*The Upside News*）杂志网站新闻板块，我们编写本书时，《上扬》杂志网站中的"新闻"板块（www.upside.com/news）已成为浏览高科技行业新闻和信息的最佳网站之一。该版块每日更新内容，通常会总结十篇高科技行业新闻，读者可以通过点击链接获得大部分新闻的完整版本。另外，该网站还提供以下三个非常有价值的信息来源的链接，读者同样可以从每个链接中获得约十个高科技新闻的总结报道，也可以阅读完整版本的新闻报道。

272

1）"早安，硅谷"网站（Good Morning Silicon Valley）。该网站为硅谷发行的日报《圣何塞水星报》（*The San Jose Mercury News*）的网络版，每日更新内容。《圣何塞水星报》以硅谷新闻报道闻名，其网络版则报道整个高科技行业的最新时讯。

2）"科技网络"网站（TechWeb）。该网站由 CMP 出版公司创办，每日更新内容。CMP 出版公司是主导高科技行业杂志业务的三大出版公司之一，它从旗下的几十本杂志中挑选出重要的科技新闻，进行汇编，然后刊登在"科技网络"网站上。

3）"连线时讯"网站（Wired Online）。该网站由《连线》（*Wired*）杂志创办，每日更新报道内容、发布两到三篇深度专题报道。

《上扬》杂志网站新闻板块（及链接网站）能够满足干劲十足的半专业投资者浏览信息的需要，使他们乐此不疲。

适合专业投资者的额外信息来源

专业投资者能够利用其他投资者较难获得的两个信息来源，即专业会议和人脉关系。

专业会议

科技展会

专业投资者可以利用许多技术会议来获得信息，比如 Comdex、Interop、Internet World 等展会，这些展会云集了数百家供应商，每家供应商都会分享大量信息。比较大众化的展会最适合获得信息，而专注于某一特定技术领域的展会更适合于分析和跟踪品类发展。《上扬》杂志网站（www.up-side.com）提供了数百种数据库，投资者可在其中搜索有关这两类展会的信息。

投资银行系统会议

拥有重大高科技投资业务的投资银行每年都会召开会议，为高科技公司和高科技投资者提供交流机会。这类会议通常持续 3～5 天，虽然参加人数不太多，但每天演讲展示的公司达100多家，展示时间通常为25分钟，展示者为各公司的首席执行官或首席财务官，或者两者合作展示。在这类会议上，每天同时进行大量的演讲展示，投资者一天内最多可以参加16场。

科技合伙人会议

科技合伙人公司（www.tpsite.com）不但出版了 *ComputerLetter* 杂志（及其他出版物），每年还举办四次会议，涉及领域分别为网络技术、互联网技术、企业商务技术和个人用户技术。这些会议通常持续两天，第一天与投资银行系统会议相同，大约100家公司进行25分钟左右的演讲展示，第二天的活动既包括小组讨论，也包括行业重量级人士的演讲。

人脉关系

最后但可能是最重要的一点：专业投资者有机会结识在高科技行业工作或与之有某种联系的业内人士，包括在高科技行业内工作的服务供应商，如风险投资者、投资顾问、投资银行家、投资分析师等，也包括大型公司的终端用户以及高科技公司高管（对投资者来说，他们可以说是最重要的人脉）。这些专业人士的见解可能根本不会在任何地方发表，在某种意义上，这些信息可以成为专业投资者最宝贵的资源。然而，与此同时，如果这些专业人士对某项技术抱有很高热情，他们不但自己坚信这项技术即将进入龙卷风暴阶段，还会影响听取他们意见的人，但实际上这项技术还没有跨越鸿沟阶段。

假设

假设的本意是形成想法，我们在生活中一直都在形成自己的观点。但在投资领域，"假设"的含义被延伸，特指关注重点问题。在猩猩游戏中，为了预测龙卷风暴，我们需要重点关注以下方面。

（1）哪个市场将兴起龙卷风暴？

（2）哪些产品品类将受到影响？

（3）会有新的品类脱颖而出吗？

好的方面是，产品供应商从来不会对这些信息保密，相反，为了引起市场中早期梦想家顾客的注意，他们会大声宣扬自己所在市场即将进入龙卷风暴阶段。当然，多数情况下他们都在夸大其词，但他们听上去坚定自信。因此，猩猩游戏投资者不断收到有关新兴龙卷风暴市场的假设，他们面临的问题不是想出一个新的假设，而是甄别现有的假设，去伪存真。

如第 4 章所示，我们最喜欢使用"价值链模型"来判断市场中是否发生了龙卷风暴。每当我们认为某个市场可能会进入龙卷风暴阶段，就取出整套"价值链积木"，试着把所有"积木"搭好，看能否搭建一个产品端到客户端的完整价值链。在此过程中，我们需要确定市场所需的产品或服务品类，并判断是否可以预测新品类的出现。新品类是猩猩游戏的天然场所，这是因为如果市场需求能够刺激超高速增长的实现，那么新品类就能够为超高速增长提供广阔的开放空间。

只有当猩猩游戏投资者能够确定并清晰地定义自己关注的品类时，前期假设工作才能完成，之后投资者将集中考察这个品类，形成投资决策。因此，明智选择并坚持关注目标品类是进行假设的关键一步。

若要剔除不合适的投资品类，最简单的方法是在构建的价值链中查出阻碍其成功的因素，然后标记和这些因素相关的问题，并且告诉自己：在找到这个问题的解决方法之前，我不会在这个价值链所在的领域投入任何时间和精力。与之相反，如果你发现一个价值链整体上非常合理（也许你之前试用过这个价值链，但是放弃了，现在发现之前的判断是错误的）就可以开始下一步的"分析"环节。

分析

分析环节以"兴起的龙卷风暴市场中的价值链模型"为基础，通常关注以下问题。

（1）是否有产品品类支持具有高转换成本的专有架构？

（2）该品类包括哪些公司？

（3）这些公司之间是否已经形成等级结构？

迄今为止，第一个问题最具挑战性，也可以显示卓越投资者与优秀投资者之间的不同之处。价值链组合时没有遵循任何规律，这意味着你无法预测竞争结果，只能预测哪些状况和变化可能会发生，或者能够避免发生。另外，价值链中的供应商对其他供应商获得专有架构控制权的可能性极其敏感，他们会不惜一切阻止这种情况发生，这意味着大多数市场会默认接受王族游戏（包括"国王公司""王子公司"和"农奴公司"），这本来没有什么问题，毕竟在这类游戏中公司也能获得最大的盈利，但它不是猩猩游戏，所以也不是我们关注的焦点。

无论何时，当你第一次调查某个市场时，很可能无法判断该市场中存在猩猩游戏还是王族游戏。这时你只能默默思考：这个市场中会出现猩猩游戏吗？如果会，其中的专有架构是什么？带着这个问题，你可以继续分析前文提到的问题 2 和问题 3。如果市场中不会出现猩猩游戏，那么你就转向分析另一个品类吧。

由于投资者现在可以借助互联网获得优质的信息来源，所以相比之下这两个问题比较容易回答。

支撑分析的信息来源

互联网提供了丰富的信息供投资者分析使用，在不久的将来，它将成为产品品类分析中不可或缺的一部分。我们为投资者选择了七个网站，作为分析品类时最主要的信息来源。这七个网站都具有收录功能，你可以使用内置的搜索引擎查询信息。

前三个网站最为全面：www.cmp.com（上文"浏览信息的来源"部分已做介绍）、www.idg.com 和 www.zdnet.com，它们分别由三家规模最大、实

力最强的高科技行业杂志出版商运营：CMP 出版公司、美国国际数据集团
（IDG）和齐夫 – 戴维斯出版公司（Ziff-Davis）。这三个网站收录了几十种高
科技行业杂志的内容，访问者能够搜索某种杂志、几种杂志甚至所有收录杂
志的内容。在任一网站的搜索引擎中输入品类名称，就会得到几十篇有用的
文章，里面包含你所分析的品类的详细信息。

我们还推荐以下四个网站：www.upside.com（《上扬》杂志网站），www.
redherring.com（《红鲱鱼》杂志网站），www.sentrytech.com（《软件》杂
志网站）和 www.ibd.com（《投资者商业日报》网站）。与前三个网站不同，
这四个网站不太重视新闻报道，而是更注重对高科技领域的分析和评论，因
此，它们对投资者具有一定的价值，可以作为前三个网站的补充信息源，但
无法替代它们。

为了使网页排版更有条理，这七个网站都对高科技领域进行了分类。有
些网站甚至将其细分为子类和次子类。它们采用的分类标准在某些方面比包
含的信息更重要，这是因为这些标准能够显示市场力量的发展轨迹。换言
之，分类即暗示着品类之间的影响范围、竞争与合作情况和估值的差距。因
此，这种分类行为本身就是一种假设，当你的观点与网站分类不一致时，就
需要进一步探索验证，而且很可能会获得重要的信息，进而做出成功的投资
决策。

最后，如果你确定了几家想进一步了解的公司，在做品类分析时，应
当浏览这几家公司的网站，原因是现在很多公司会在自己的网站上发布年度
报告。

业余投资者爱好者在进行品类分析时，除了利用网络信息，还可以参考
即将上市公司的首次公开募股情况，这类情况可以向投资银行查询。多数情
况下，这些公司所在的市场尚未进入龙卷风暴阶段，所以你不需要决定是否
对其投资，而是了解这些公司的情况。你可以从多方面展开调查，如竞争对
手是谁，目前公司市场份额是多少，公司面对哪些风险因素，哪些品类可能
会影响公司经营品类的未来发展等。因此，当你已经确定目标品类之后，可

以利用这种信息渠道，了解所有可能的竞争者的情况，并能够在市场发展的初期大致了解未来市场的格局。

适合半专业投资者的额外信息来源

半专业投资者时间比较宽裕，如果他们经常浏览技术行业分析公司的网站，就能够获益颇多。这类公司靠销售信息盈利，但为了宣传服务质量，它们也会在自己的网站上免费提供一些信息。与前文介绍的网站相比，投资者在这些网站上较难找到有关特定品类的免费文章或报告，但是一旦找到，这些信息就具有很高的价值。我们推荐的网站包括：www.gartnergroup.com、www.aberdeengroup.com、www.yankeegroup.com、www.metagroup.com、www.idc.com 和 www.forrester.com。

从事高科技投资业务的投资银行也通常在自己的网站上发布免费信息，同行业分析公司的网站一样，你需要花些时间来访问这些网站，这样找到有关目标品类的免费信息的机会会更大一些。我们推荐《红鲱鱼》杂志网站www.redherring.com，这个网站发布了比较全面的投资银行网站列表。

如果你时间比较有限，www.investools.com 网站也是一个不错的选择，该网站提供与数百个行业和公司有关的研究报告，但会收取费用，一般的报告收取 5～20 美元。如果半专业投资者和专业投资者想要快速深入研究某个品类，也可以浏览 www.investools.com 网站。

最后，硅谷投资者（Silicon Investor）网站（网址为 www.techstocks.com）上面发布了丰富的信息，涵盖计算机行业、电信行业和生物技术行业。该网站除了刊登与目标行业相关的新闻和信息，还提供公司简介和股票图表。另外，该网站还有一些非常活跃的讨论小组，多数讨论小组会重点关注特定的高科技公司。

登录该网站的用户都可以发布并分享自己的观察和评论，讨论小组的参与者通常是认真的业余投资者和半专业投资者，还有一些投资新手。虽然你可以在讨论小组的留言中找到一些有趣的信息，但我们认为很多观点过于注重短期结果，比如季度盈利等。因此，尽管我们建议你查看讨论组的留言，以获取有关运营良好的公司和品类的信息，但我们同时建议你要警惕信息中包含的短期分析视角，不要过分依赖这些信息。另外，虽然这个网站也比较适合业余投资者，但是我们发现，一旦他们登录网站，就会被这些讨论吸引，不知不觉间两个小时就过去了。虽然浏览这些信息比较有意义，但业余投资者可能无法在上面花费那么多的时间，而半专业投资者的时间比较宽裕，所以我们将其推荐给半专业投资者。

适合专业投资者的额外信息来源

专业投资者借助在金融行业的地位，可以随时利用一些额外信息渠道来进行品类分析，其中以下渠道最为重要。

- 定期发布的投资银行研究报告。
- 行业分析师的综合研究报告。投资者不但可以从中获得丰富信息，还可以联系上行业分析师，以便进一步咨询和讨论行业信息。
- 有业务往来的公司的高管组织的现场情况介绍会和问答环节。
- 与顾问、客户及其他投资者的日常沟通。

在这些互动中，专业投资者应重点关注如何完善市场模型、绘制公司实力对比图、了解竞争优势的来源、预测竞争动态变化等问题，对于最后一点，投资者有时需要关注品类内的动态变化，更要关注品类之间的竞争引起的变化。

我们没有推荐许多金融在线服务网站和技术研究报告，有些专业投资者可能对此表示异议。之所以这样做，是因为我们认为这些信息渠道并不适合猩猩游戏投资者，而是更适合从事其他类型投资（特别是技术分析和价值投资）的投资者。相比之下，猩猩游戏投资更注重品类的定性发展动态，而非财务比率和技术图表等详细信息。当然，这两类投资原则在某一点上会重合，但我们主张，如果股票追踪的结果已经比较明显，投资者就不需要再运用复杂的算法推导结果。

回应

作为投资者，你不能陷入分析中，变得优柔寡断，既然早晚都得买进股票，所以现在采取行动，开始"回应"吧。

不过，这一步要比你想象的困难。

在分析目标品类时，你永远无法获得足够的数据，对目标品类知之甚少，所以难免会进行猜测。猜测时，首先你内心会担忧不利因素，与别人分享想法之后，也会收到否定的信息，其次天生的拖延习惯也进一步阻碍你承担风险、果断地做出投资决策。

鉴于以上问题，我们建议你回想一下自己从事高科技投资的目的：为自己的家庭积累财富。你在这方面已经落后了，所以需要做一些额外工作。你必须马上行动起来。我们建议你采取以下行动。

（1）首先拨出一笔资金买入股票，每季度再增加一定的金额，将收获的投资收益也用于下一季度的投资。

（2）根据目标公司的最新季度报告结果购买股票。换言之，对于任何目标股票，买入次数限制为每年4次，并且以公司的季度报告作为行动依据，这是因为季度报告的内容才是最可靠的信息来源。这样做能够避免因为恐惧和兴奋而做出糟糕的投资决策。

（3）如果你确定某个品类符合猩猩游戏投资的标准，就买进该品类的一揽子股票。如果你还尚未发现合适的新品类，可以考虑买入一些仍处在龙卷风暴阶段的已知品类的股票。

（4）如果在过去一年中，目标市场的市场份额没有发生太大变化，你可以使用所投资公司的市场份额，衡量在买进的每一只股票上投入的资金量是否合适。但要小心，不要忽视购买一揽子股票所起到的降低风险作用，在这个阶段的猩猩游戏中，你仍然需要分散投资来降低风险。

（5）把准备的资金全部用于投资。如果你积累的投资资金数额过大，就会给下一季度的投资决策带来太大压力。

接下来好好生活吧。如果你不能建立长期愉快的家庭氛围，那么股票投资又有什么意义呢？

回应的工具

前文推荐给业余投资者用来分析品类的信息源，可以给你提供回应过程中需要的所有信息。

如果你想获得证券交易委员会（Securities and Exchange Commission）发布的有关特定股票的完整季度报告，可登录埃德加电子档案系统（Edgar）www.edgar-online.com 并下载报告。

若要购买股票，我们建议你使用在线证券经纪人。访问雅虎列表，就可以获得在线经纪人的完整列表，网址：www.yahoo.com/Business/Companies/Financial_Services/Investment_Services/Brokerages/Online_Trading/。

若要跟踪投资组合的股市行情，我们建议你使用免费的服务网站，这种网站数量众多，如《红鲱鱼》杂志网站 www.herring.com/direct。

评价

现在你已正式开始猩猩游戏了。你最初或许只投资了一个品类，也或许投资了几个品类。只要每个品类的发展符合猩猩游戏的标准，投资多样化是有益的，但也要注意，投资过多品类会带来繁重的工作，甚至超出你的承受能力。在猩猩游戏中，购买股票之后，你还要持续对股票进行"评估"，所以要把投资的品类数量控制在合理的范围内。

评价过程中"频率"最为重要。我们一再主张，猩猩游戏中投资者在任何时候都不需要做出快速反应。事实上我们已经暗示过，快速反应通常弊大于利。你可能会怀疑："你们真的这样认为吗？""那是当然了！"

在我们看来，作为猩猩游戏投资者，你所面临的最大风险是试图对投资进行盯梢式管理，进而把事情搞砸。猩猩游戏不适合盯得太紧，如果你一定要这样做，就不适合参加这个游戏。换言之，如果你确实想参与其中，就一定不要过于频繁地查看股市的变化。事情真的就这么简单。

现在我们回到投资频率问题。在猩猩游戏中，做出投资决定的正确频率是一年四次。如果你选择同在线证券经纪人合作，那么一年安排四次会面，可以进行电话联系，也可以见面交谈。如果你没有经纪人或投资顾问，就标记好买进股票的日期。无论属于哪种情况，你都要提前做好计划，这样才能保证良好的投资频率。

在评估股票时，我们建议你采取以下行动。

（1）以公司季度报告为基本评分卡。你所投资的公司可能会采用不同的财政年度节点，没有关系，你可以确定自己的个人财政年度节点，然后参考当前最新的季度报告来做出评价。

正如我们一直强调的（这一点也值得重复强调），猩猩游戏中，没有会突然发作的事情，所有的结果最早会在下一个季度才会显现。恰恰相反的是，在高科技行业，许多事情发生当天看上去会带来翻天覆地的变化，但几周以后，这种变化就被完全忽视，或者被视为无关紧要的变化。因此，猩猩游戏中，关键的一点是不要速战速决，等季度报告发布之后再做决定。

（2）为购买的所有股票组合建立一个简单的电子表格，每只股票包括以下信息：

1）可能的话，过去六个季度的收入和收益；

2）股价变动图；

3）当前市值；

4）市销率；

5）市盈率；

6）估计在该品类中所占的市场份额。

除了最后一条有关市场份额的信息之外，其他信息都可以从我们推荐的网站上获得。然而，市场份额是猩猩游戏的关键，所以你不但需要努力寻找这条信息，还要像记者一样，通过不同渠道确认其真实性。

（3）将已投资公司在目标品类内的业绩与在所有市场中的整体业绩区分开来。

这项工作也比较困难。如果所投资公司只经营一个品类，做到这一点很容易，但对于那些经营多个品类的成熟公司来说，将其在某个品类的业绩分离出来，是一个不小的挑战。这是因为公司不想让竞争对手知道它们的真正实力，有时当它们感到处境困难时，甚至会封锁至少一两个季度的业绩情况，向股东隐藏真正状况。因此，它们很少以你希望看到的方式发布公司业绩。

华尔街金融分析师的取财之道就来源于此，他们竭尽全力从相关公司的高管和财务人员那里获取真正的信息，然后给投资者提供很有价值的分析报告。同样因为股票经纪人能够广泛地获得这些分析报告，所以能够帮助你改善投资组合管理。另外，随着互联网的发展，个人投资者可以在聊天室中得到其他人分享的信息，进而了解所投资公司的业绩情况，而以前只有个别投资者能够获得这些信息，所以说互联网将改变个人投资者的地位。

然而，无论业绩区分工作如何困难，你都必须完成。区分的过程无疑会充满不实信息，你所能做的就是判断所购买股票的价格是否与公司在目标品类的业绩密切相关，是否需要把这只股票放在你的猩猩游戏投资组合中。例如，我们在讨论局域网交换机投资时，并没有包括 3COM 公司的股票，原因是该品类在 3COM 公司总收入中所占的比例很小，我们认为该公司局域网交换机品类的业绩不会影响其股价的变化。

在猩猩游戏投资中，你需要买进一揽子可比较股票，或者参考大量其他变量。如果大部分表现优异的公司都不符合你的标准，那么你最好放弃对该类别的投资。

（4）使用季度业绩报告评估以下关键点。

1）市场是否处在超高速增长阶段？

以所投资公司的季度和年度收入增长为主要指标，如果收入增长连续两个季度呈现同向变化，就表现出明显的发展动态，连续三个季度的同向变化则显示出公司的发展趋势。

这类指标可被视为市场进入后高速增长期的标志，在王族游戏中，你需要售出购买的所有股票；在猩猩游戏中，你需要售出其他公司的股票，增持"猩猩公司"的股票。

这类指标也可被视为超高速增长尚未开始的标志，这表明无论你采取任何投资行动，都为时过早，但应用软件品类除外。

2）公司盈利是否预示着实力的改变？

在超高速增长的市场中，收益本身并不是关键的绩效指标，市场份额才是。但是，如果一家公司既实现了超高速增长，又获得了比竞争对手高得多的收益，那么这家公司无疑就是一家"猩猩公司"。相反，如果一家公司的收益远远低于竞争对手，则表明这是一家"黑猩猩公司"，而且目前正在努力跟上市场的增长速度，并为此付出了较高的代价。

不过，在猩猩游戏和王族游戏中，当市场处在超高速增长阶段时，我们通常不会严格按照公司收益情况来做出投资决定（在很多情况下收益并不是正确的投资决策的决定性指标），而是使用收益来评估投资决策的合理性。

3）整个品类的总市值在上个季度是否发生了变化？

如果在目标品类中，你投资的所有股票的市值都实现了快速增长，表明该品类进入了龙卷风暴阶段，你可以据此确认自己的投资策略是正确的。这时你不需要采取任何行动，晚上也能睡个好觉。

相反，如果品类增长较慢或者市值减少，在猩猩游戏中，这个信号非常重要。如果品类处于主街阶段，在猩猩游戏中，这个信号意味着你需要将投资集中于"猩猩公司"；在王族游戏中，这个信号意味着投资者需要售出持有的所有股票。理想情况下，你越早采取行动，受益就越大。

如果市场看上去进入了超高速增长阶段，但在初期出现了增长放缓或者减弱的情况，或者你预测市场的超高速增长阶段能够持续多年，却在中期出现了增长变慢的情况，与此同时，整体经济与股市依旧保持高速发展，这表明市场的权力发生了根本性转变。这是投资者始料未及的，需要全员行动起来，做出及时有效的回应。你必须尽快弄清楚为什么会出现这种情况，并相应地改变投资策略。

4）上个季度是否有公司在该品类市值中的份额发生了变化？

公司在品类总市值的份额自身就能够表明它在市场竞争中的地位，换言之，从根本上说，市值能够衡量竞争优势，一家公司的市值超过竞争对手的市值越多，就被认为具有更大的竞争优势。这是猩猩游戏的根本参考点。

当领军企业的市值开始超过投资组合中的其他公司时，这就是你需要将投资集中于"猩猩公司"的信号。相反，当某个品类中所有公司的市值都开始下滑时，这意味着该品类中没有出现"猩猩公司"，具体而言，在应用软件领域，这个信号代表"黑猩猩公司的领地"，所有公司都能获得收益，但没有一家公司可以主导市场；在使能技术领域，这个信号代表王族游戏。无论哪种情况，都表明你迟早会将资金从该品类的投资中收回。

5）上个季度有没有公司的市场份额发生变化？

上文讨论业绩模型时曾指出，市场份额数据最难得到，即使能够得到，也非常不可靠。然而，在猩猩游戏中，市场份额是显示公司状态的最佳指标，你应该尽最大努力获取相关数据。

如果公司的市场份额连续两个季度呈现同向的变化，就说明你可以采取行动了，如果连续三个季度出现同向的变化，则意味着你必须要采取行动了。

综上所述，评估过程包括大量的工作，你需要投入足够的时间，通常需要投入一个季度的时间来准备下一个季度的决定。换言之，最近股价大跌或暴涨的时候，你没有多余的时间浪费在众多谣言之中。

可供评价使用的信息来源

大部分用于分析的信息来源也可用于跟踪某个品类和评估正在进行的投资行为，在此基础上，我们将介绍一些针对特定部门或产品的出版物、时事简讯或会议。

通常情况下，当品类在早期市场上初次出现时，就会有一至两个出版物专门介绍这个品类，这些出版物如同追踪新兴技术的热追踪导弹，但它们的报道对猩猩游戏投资者没有用处。不过，一旦该品类进入龙卷风暴阶段，就会出现第二波集中报道，最初在出版物中出现几篇介绍文章，在行业大会上成为分组讨论的主题，但最终会成为出版物讨论的专题，以及行业大会主会场讨论的主题。这些出版物和会议吸引了众多有识之士，使其关注进入龙卷风暴阶段的品类（及以后的发展状况），也可以为投资者提供有价值的信息和启示。

加强

一段时间之后，猩猩游戏投资组合中将积累多个品类的股票，投资者需要减少对新品类的投资，增加对已有股票的投资。也就是说，猩猩游戏投资者可以"加强"投资组合了。

加强投资主要表现为投资的多样化和集中化，这两者在投资组合管理中起到关键作用。在猩猩游戏中，投资加强的规则为：

（1）通过投资多元化，进入多个超高速增长市场。

（2）尽可能将投资集中于"猩猩公司"。

权衡投资的多样化，就是将新增资金投入资金不足的品类。为了实现这一目标，我们不建议大量出售和购买股票，而是按季度购买股票，随着时间的推移来平衡投资组合。不要着急做出决定，把按季度改变投资决策的频率作为标准投资程序的一部分。

与此相反，投资者在整合股票时要谨慎小心。从定义上讲，出售股票是通过整合加强投资组合的主要方式。在使能硬件品类和软件品类中，在"黑猩猩公司"受到竞争对手的攻击之前，投资者就需要售出其股票，做出这一决定的时机很重要。（我们已经多次强调，在应用软件领域，股票不会受到竞争的直接影响，所以投资者在出售股票方面有更大的自由。）如果你错过了出售时机，就失去了一个调整投资组合的重要机会，所以做决定时要当机立断。另外，当某个品类停止超高速增长时，投资者需要退出王族游戏投资，这个决定也需要及时执行。

以上就是我们要介绍的内容。

我们已经多次指出，猩猩游戏不是一种需要频繁改变投资策略的投资方式，不适合所有的投资者，也不会轻视大量不符合它的超级严格标准的投资实践。它旨在给个人投资者提供一个机会，帮助他们借助超高速增长的高科技市场，实现获得超过平均水平的投资回报的目标。

同所有的投资哲学一样，事后证明猩猩游戏的合理性更为容易。所以，在结束本书之前，我们认为应该给自己设定一个更严峻的挑战：展望未来。

第 12 章 　 互联网股票投资：哥斯拉游戏

自本书首次出版以来，互联网股票的升值速度达到了前所未有的水平。在我们编写第二版时，美国在线股票价值为 1 300 亿美元，亚马逊网站股票价值为 300 亿美元，雅虎股票价值为 380 亿美元，亿贝股票价值为 210 亿美元。正如埃弗雷特·德克森（Everett Dirksen）曾经描述的，"这里投资十亿，那里投资十亿，很快你就赚得盆满钵满。"然而，在互联网股票投资领域，没人能够在晚上睡个安稳觉。

互联网股票的非凡表现之所以让投资者如此不安，是因为它似乎违背了所有传统的股票估值原则，包括我们在前几章中努力总结的原则。这个特点把股市分析师分成两个阵营，一个阵营坚持以往的投资原则，并宣称互联网股票最终将崩溃（为纪念 17 世纪郁金香泡沫，他们自称为"郁金香球茎"⊖阵营)，另一个阵营完全接受了互联网股票，当互联网股票价值上升时，即使理由非常牵强，他们也会对其进行辩护（为了更形象地展示互联网股票的活力，他们自称为"吐故纳新"阵营）。

按照一贯立场，我们希望把自己定位在这两个阵营之间，提供一个能够兼顾各方的互联网股票估值理论，并将该理论同猩猩游戏投资原则融合起来。当然，要厘清当前互联网股票的发展动态还为时过早，股市发展动态通常事后才能够被分析出来，但我们需要在得出定论之前搭建一个临时平台，哪怕只是为了帮助投资者在决定是否投资某一特定股权时能够有所参考，而不必使用茶叶⊖来占卜运程。

简单来说，该平台的主要情况如下文所示。

（1）互联网作为一种软件产品，既有别于大型主机、小型计算机、个人计算机和客户机/服务器软件，也与这些产品展开竞争。互联网具有非凡的竞争优势持续期，也因此形成惊人的竞争优势差距。我们认为，这是互联网架构中"不断增加的回报"结构所固有的特点，传统竞争对手几乎都无法改变这一特点。因此，我们认为，互联网作为一个品类，其价值仍被低估，而且在未来的几年里这种情况会持续下去。

（2）然而，当本书付梓时，可供投资的互联网股票仍然相对较少，同时，更多投资者希望参与该品类的投资，这就造成了供不应求的问题，使得很多股票的估值超过了其真正价值。一旦市场上出现足够多的互联网股票来缓解供给问题，这种价格上行压力就会得到缓解，互联网品类中很多个股的价格会随之下跌。因此，我们认为，互联网市场中的个股，其价值暂时被高

⊖　"郁金香事件"是指 17 世纪中期时，郁金香从土耳其被引入西欧，由于量少价高，被上层阶级视为财富与荣耀的象征，投机商趁机囤积郁金香球茎，并推动价格上涨。1635 年，炒作郁金香的热潮蔓延为全民运动，人们期望其价格能无限上涨并因此获利。1637 年 2 月 4 日，郁金香市场突然崩溃，六个星期内，价格平均下跌了 90%。郁金香事件，是人类史上第一次有记载的金融泡沫经济，间接导致了当时欧洲金融中心荷兰的衰落。——译者注

⊖　自 16 世纪起，西方有茶叶占卜的习惯，喝茶之后，将杯子反转放在杯碟上，再把杯子正过来，根据杯中茶叶的形状预测未来。——译者注

估，但很快就会被纠正过来。

（3）每当市场进入上述的供应受限状态，投机投资者就会被吸引过来，他们通常被称为"超短线交易者"。超短线交易正好与猩猩游戏相反，在互联网板块中，这种投资行为会加剧股价上行压力，之后也会刺激股价的回落。更重要的是，超短线交易只关注股市的表面现象和股价的持续显著变化，而长期投资行为则通过分析品类的竞争优势差距和竞争优势持续期，透过股市表面现象，寻找价值创造的根本。于是猩猩游戏第10条投资规则（"大部分信息都与猩猩游戏无关，直接忽视即可"）同样适用于互联网股票投资。当然，目前即使最成功的投资者也无法做到这一点。

（4）此外，另外一个现象对互联网股票产生的影响甚至要大于前三个现象的影响之和。深究其根源，有一类互联网公司股票并不属于高科技投资范围，不过投资界已经将其归类为高科技股票。这类公司承诺重组整个行业，亚马逊公司就是一个典型例子，与其说它是一家科技公司，不如说是一个零售公司。换言之，它的未来收益并非来自在高科技领域竞争的胜利，即打败其他软件或硬件公司，而是来自在零售领域竞争的胜利，即打败巴诺公司和塔乐唱片公司（Tower Records）。目前尚不清楚互联网公司在零售业的盈利中占多大比例，但即使比例较小，也会给本已复杂的互联网股票估值工作火上浇油。

（5）最后，目前"占位符"效应或"期权"效应正在将更多的燃料注入这场大火中。这种效应同上文提到的供求效应一样，都是暂时现象，受其影响，随着互联网电子商务的发展，一家公司在未来有能力渗入多个领域。例如，之前投资者购买雅虎公司股票属于在搜索引擎商业领域投资，现在变成在网络门户领域投资，也许下个月或明年将变成在零售领域或交易处理领域投资。投资者现在持有雅虎公司股票，实际上是拥有该公司的期权，而且虽然在某种意义上该公司的业务很不固定，但它正在建立一个强大的品牌，该品牌能够保证它在未来可能出现的多个商业领域中占据有利的初始位置。我们现在已经认识到，期权理论会对投资决策产生较大影响，这种影响已经超出了所有股票的领域，扩展到了新领域中，而且我们相信互联网股票能够代表这些新领域。

考虑了这些高层次的问题之后，我们转向一个更为通俗的问题：在这种背景下，投资者（特别是猩猩游戏投资者）该怎么做呢？答案是不要放弃本书努力创建的投资机制，而且尽最大努力利用猩猩游戏投资思维。因此，虽然互联网服务股票与信息技术产品股票被划分为不同的类型，但两者也有共同点：内部存在等级划分；在网络效应的作用下，市场领导者纷纷出现；与竞争者相比，领军企业拥有更大的竞争优势差距和更长的竞争优势持续期。在了解领军企业优势地位的基本构成因素之后，我们可以据此设定标准，选择最佳投资目标。

我们将提供一个评分排名系统，梳理互联网领域中各公司实力情况。该系统的基础不是具有高转换成本的专有架构（这是确定"猩猩公司"的标准），而是基于一个类似的观点，即权力应当从客户和合作伙伴手中转移到占有优势地位的供应商的手中。我们将利用这个系统，根据"实力系数"对互联网公司进行排名，然后将之与"猩猩公司、黑猩猩公司、猴子公司"和"国王公司、王子公司、农奴公司"这两个等级进行对比，进而整理出值得长期持有的互联网股票。

当然，这些工作尚未完成，因此，我们鼓励投资者将所有互联网股票（包括最有把握的股票）归类于投资组合中高波动性、高风险部分，而且不要把家庭储备金用于这个投资领域。不过，如果投资者具备一定的风险承受能力，能够把一部分资产投资于高科技行业中有史以来最具活力的部分，就可以选择互联网股票，而且投资期限越长，投资就越安全。如前所示，互联网作为一个新领域，展现了前所未有的竞争优势差距和竞争优势持续期，所以我们预计互联网股票的价值也将呈现空前的上升趋势。

了解这些情况后，让我们步入正题吧。

互联网对信息技术市场产生了哪些影响

如前所述，互联网并不局限于信息技术领域，但它在其中也发挥着巨大的作用，代表一种引人注目的非连续性创新，而且过去这一创新难以想象，如下文所示：

所有的信息处理设备能够在将来通过网络上的通用联网协议进行链接，而且随着时间的推移，这链接最终将被免费提供。

互联网的这种性质对所有专有网络及所有为降低网络费用而优化的技术产生了巨大的负面影响，实际上它对其他一切技术都会产生反面影响。

- 互联网增加了信息技术咨询公司的股票价值，如安盛咨询公司、电子数据系统公司、五大投资公司（the big five）等，同样也增加了具有强大咨询能力的计算机系统公司的股票价值，如 IBM、康柏公司等，并在较小程度上增加了太阳微系统公司和惠普公司的股票价值。
- 互联网开放了企业客户端 / 服务器软件，使之采用了更实用的"零安装"使用和管理模式，因此，在计算机 2000 年问题结束之后，企业客户端 / 服务器领域将实现巨大增长。第 10 章介绍客户关系管理软件时已经提到，该品类中所有供应商都在竞相利用这个机会加速发展。
- 互联网正在构建和运行新的全球网络，在此过程中创造了对传统计算机硬件的巨大需求，同时提供了开发新型计算机硬件的巨大机会，这些新型硬件将用于网络内部和边界区域。与此同时，我们预计不久将出现众多的"信息应用软件商店"（你在互联网上很容易找到这些商店）。这种新形势不仅影响了所有传统计算机硬件公司的股票价值，也影响了索尼（Sony）和松下（Matsushita）等消费类电子产品公司的股票价值。
- 由于越来越多的流量通过互联网中的分布式服务器集群（web farms）

传播，巨大的网络管理类软件、系统和服务新市场得以成立，多家公司的股票价值得以上涨，如 IBM 的 Tivoli 管理组件产品、国际联合电脑公司、网络联盟公司等。"共同居住"⊖本意为共同生活，如今已经被理解为"协同定位"，并成为艾克赛达斯通信公司（Exodus）和通用电话电子公司（GTE）等互联网公司的主要商业模式，这些公司供应计算机应用软件，顾客不仅包括小公司，也包括《财富》500强企业。

- 互联网使交易服务外包业务重新兴起，以前的服务局模型被外包出去，顾客可以租赁使用应用软件，还不需要在公司内部设置技术工作小组。业界预测这个变化将为零安装客户机 / 服务器应用软件开辟一个中小型市场，其中安德普翰人力资源服务（ADP）占据着有利的市场地位，万诺电子（Vario）等风险资本支持的公司正在努力改变自己的市场地位。

- 第 9 章对思科及竞争对手的介绍表明，互联网为网络硬件类股票创造了巨大的价值，同时也为大型服务器公司创造了巨大的价值，尤其是太阳微系统公司、IBM、康柏公司以及正在迅速赶上的惠普公司。

- 互联网彻底重新定义了电信领域，将语音、数据和视频网络汇集到同一个产品中，促成了一系列的公司并购行动，并在此过程中威胁到了迄今为止高科技领域中最稳定的收入来源之一（长途电话特许经营权）的基础。

- 互联网彻底重新定义了多媒体软件，视频软件和音频软件都包括在内。由于缺乏分销渠道，专用播放器过于昂贵，多媒体软件市场几乎倒闭，但现在获得了新的发展机会。在此过程中，几乎所有现行的知识产权保护法都受到了严峻的挑战。

当然，互联网带来的影响不限于此，其中的关键点在于，这些公司的股

⊖ 原文中，Co-locating 可以汉译为两层意义，即"共同居住"和"协同定位"。——译者注

票并不属于人们心目中的互联网股票，它们只是受互联网影响的股票。惠普和太阳微系统公司就是典型例子，这两家公司对互联网做出了不同的反应，这种反应反过来影响了它们的股价：惠普公司股价下跌，而太阳微系统公司股价上涨。但是，这两家公司仍属于企业系统软件品类，它们的市销率最终很可能会回归到该品类的平均值。换言之，惠普做出一定努力之后，其股价会有所回升，而太阳微系统公司尽管一直在付出巨大的努力，但在某一时刻其股票估值也会下跌，这不是因为公司的失误，而是因为成熟的市场体系在波动中会在中间点恢复平衡。这种"回归平均值"规律是价值投资的基础，只要系统软件市场仍处在主街阶段，该规律就会起作用。

从"猩猩公司股票"到"哥斯拉公司股票"

当高科技市场进入龙卷风暴阶段后，其表现就会与处在主街阶段的成熟市场相反。具体而言，当市场中存在"猩猩公司、黑猩猩公司和猴子公司"时，股票估值不会回归平均值，而是走向两个极端。换言之，如果"猩猩公司"控制着价值较高的一端，"猴子公司"聚集在价值较低的一端，"黑猩猩公司"被排斥在中间地带以外，这时市场就会趋于稳定。这就是所谓的收益递增的网络效应模型，也是"猩猩公司"表现出非凡的竞争优势差距和竞争优势持续期的根本原因。

相比之下，当市场中存在"国王公司、王子公司和农奴公司"时，即使在龙卷风暴阶段，股票估值也会回归平均值。这是传统的收益递减经济模型，正是由于这个规律，戴尔公司的竞争实力尽管处在世界一流水平，却永远无法获得"猩猩公司"级别的市销率。

现在，结合以上两种情况，我们来分析一下互联网股票与众不同的动态特点。互联网股票处在"猩猩公司股票"和"国王公司股票"之间，原因如下。

- 如同"猩猩公司股票"，它们也遵循收益递增的网络效应模型。
- 如同"国王公司股票"，它们也缺乏架构控制，因此，互联网市场设置了较低的进入和退出壁垒，表现出收益递减的特点。

总之，领先的互联网股票为"猩猩公司兼国王公司股票"。

当然，这类公司并不存在，它本身就是一个悖论。但这一悖论是造成互联网股票估值波动的主要原因，如果这个局面不结束，互联网股票就会一直处在极不稳定的状态。为了使投资者始终密切关注这个悖论，我们把市场领先的互联网股票称为"哥斯拉公司股票"。

我们都爱哥斯拉。好吧，她也许是一个神话般的野兽，但看看她给华尔街带来多大的影响！你要相信她的实力！（我们听起来像不像互联网股票分析师？）既然现在我们已经形成了"哥斯拉公司股票"的概念，下面就继续分析这一类股票的特点吧。

内联网和外联网：悄悄发生的革命

当互联网的所有资源都集中于企业用户时，它们就能够彻底改变大量典型的已有业务流程，随之出现了"内联网"和"外联网"这两个概念。这两类网络连接代表能够提高公司生产力的信息高速公路，很可能会全面重构目前企业内部的大多数价值链和供应链。具体原因如下。

在过去几十年中，价值创造已经从基于资产的活动急剧转变为基于信息的活动，正如尼古拉斯·尼葛洛庞帝（Nicholas Negroponte）在《数字化生存》（*Being Digital*）中所倡导的转变——由原子的世界蜕变为字节世界。由于通信网络和物流网络的显著进步，对有形资产的占有已经不再是竞争优势的主要来源，为了满足现在市场发展的需求，企业不能仅仅占有实体商品，而是需要汇集能够创造价值的资产。事实上，公司的资金被搁置在资产上的时间越短，暴露于资产估值风险的时间就越短，在其他领域创造盈利的机会就越大。投资者好像从股票世界走到了充满选择机会的世界，时机已经取代金钱，成为关键货币及唯一不可补给的资源，对时机的把握成为竞争优势的核心组成部分，戴尔公司的商业模式就是最好的证明。

在互联网世界，信息为王。具体而言，有关资产定位和状况的及时信息甚至比资产本身更有价值，正如微软公司主张的，信息系统已发展为数字神经系统，已成为竞争优势的基础。当然，要实现收益，公司不仅需要安装硬件和软件，还需要大规模地重组整个公司系统，重新定义哪些业务可以保留、哪些业务需要外包出去。

根据技术采用模型，我们预测这些重组将一波接一波地发生，在鸿沟集团，我们已经构建了一个逐步阶梯模型，用来描述整个公司系统如何演变为基于互联网的系统，详情如下所示：

（1）**网站呈现**：可供浏览的文档材料和营销材料；

（2）**客户支持**：电子邮件通信和自助网页；

（3）**产品目录**：更新产品和服务信息，来提供下单支持；

（4）**简单交易**：在线购物车和信用卡订单处理；

（5）**客服**：自助查询在线账户信息；

（6）**复杂交易**：实时确认的采购订单处理；

（7）**目标营销**：基于客户订单历史记录的信息推送；

（8）**供应商集成**：无须纸媒的"系统到系统"订单处理；

（9）**供应链整合**："端到端"供需情况显示。

企业采用互联网技术时，可以一次完成一项重组任务，并在每一步整理出新创造的价值，因此，它可以中间暂停一下，分析具体情况后再继续重组活动。务实派喜欢这种操作。总的来说，这种重组遵循的市场理念是，这个模型整体上代表一系列可供投资的主题，每一个主题都可以在必要的时候支持自己的价值链，而且重组完成之前这些价值链将整合在一起。

我们编写本书时，第 1 步（营销信息的网页部署）可以说已经到达了主街阶段，第 2 步（基于互联网的客户支持）进入了龙卷风暴阶段，第 3 步至第 5 步（第一波基于互联网的客户交易）都已基本进入保龄球道阶段，其他各步尚未跨越鸿沟阶段。

从投资者的角度来看，这确实是一条通往天堂的阶梯。在这一愿景的影响下，进行系统重组后，公司可以从日常 B2B 商业流程中去除数十亿美元的非增值成本，这将促进市场的整体发展。因此，这些重组项目将带来丰厚的盈利，相关市场将在未来十多年里高速发展。

企业系统过去以大型主机为中心，现在以客户机 / 服务器架构为基础，这个转变很好地展示了系统重组趋势。总的说来，20 世纪 90 年代，客户机 / 服务器革命推动大部分企业重组了系统，当前的互联网互动浪潮只是填补了客户机 / 服务器未覆盖的区域。

然而，尽管企业系统重组带来了巨大的变化，但在某种意义上这将是一场静悄悄的革命。换言之，无论在采用新技术的客户服务领域，还是在提供新技术的信息技术领域，这种转变都不太可能对现有的行业等级排序造成影响。也许嘉信理财公司的业绩确实会超过美林公司（Merrill Lynch），也许联邦快递公司的业绩会超过敦豪快递公司（DHL），但这种变化将逐渐发生。在信息技术领域，也许太阳微系统公司、IBM 公司和甲骨文公司会表现得更好一些，也许惠普公司、微软公司和英特尔公司会失去部分市场地位，也许思爱普公司会变得不再令人敬畏，然而，这些变化最终都无法展示互联网商业领域可能出现的严重错位，下面我们将具体分析这种错位。

互联网商务：法国大革命

为什么要把互联网商务比作法国大革命呢？因为这次革命发明了断头台，而且随着革命推进，人头纷纷落地。当互联网不再被用来提高现有机构的效率，而是完全抛弃这些机构时，法国大革命的残酷场面就会出现，新的商业领域完全取代另一个商业领域，低效市场在全球范围内被重新改造。这场革命将同时冲击 B2C 和 B2B 商业领域，下面我们分别探讨具体情况。

B2C 电子商务

1998 年圣诞旺季，B2C 电子商务给零售业敲响了警钟，亚马逊网站对巴诺公司的挑战被视为典型案例，而且随后 B2C 电子商务又发起了一系列类似的挑战。目前已经受到这种挑战的行业包括：

- 图书出版；
- 音乐发行；
- 视频发行；
- 旅行社；
- 汽车经销商；
- 证券经纪人；
- 玩具店；
- 消费类电子产品专营店；
- 办公用品专营店；
- 时尚产品零售店。

令人肃然起敬的是，B2C 电子商务挑战的目标是各行业中实力最强的公司，例如，亚马逊的挑战目标并不是那些人气很旺的街角小店或精品店，而是巴诺公司和沃尔玛。几年前被称为"品类杀手"的公司现在已经收到电子商务公司的挑战书，它们很可能成为下一代"被消灭的品类"。

收到挑战书的公司名单在不断变长，这在一定程度上源于人类内部"购物者"和"购买者"之间的根本区别。当前消费商业系统的主要目标顾客是"购物者"，不管当天购物与否，他们都愿意逛商店浏览商品。但世界上同样存在大量的"购买者"，他们厌恶购物，所以视互联网为天赐良机，更加青睐在线购物。在线购物带来的最大便利是，购买者可以在自己方便的情况下购买商品，而且不用排队等候（更准确地说是极少需要排队，虽然在个别情况下购买者也需要等候，但至少他们可以舒适地坐着等待）。

由于互联网能够将"社区体验"与"购买交易"结合起来，这场革命也将逐步吸引更多的购物者，他们可以把每一个网站想象成一本杂志和一家商店，他们的个人需求得到满足，个人利益也能得到保障。玛莎·斯图尔特⊖发行了《生活》杂志，也创建了自己的网站 MarthaStewart.com。玛莎把这两个领域巧妙地结合起来，取得了商业成功。具体来说，她利用广播和电视节目宣传自己的网站，吸引更多的会员进入她开创的网络社区，而且这个社区没有地域限制，任何人可以随时随地浏览她的网店。顾客在网店里可以认识其他人，谈论共同感兴趣的话题。迄今为止，没有任何远程沟通能够在影响力和区域方面与电子商务相媲美，如果实体店试图封锁这个新型销售渠道，最终将在电子商务的发展过程中被驱除出市场。

当然，它们没有理由去阻止电子商务，它们能够接受这个销售渠道。事实上，一旦传统零售商不再做出否认、愤怒、讨价还价和沮丧等负面反应，而是积极接受电子商务，就能够把自己的有形资产转化为竞争优势。比如巴诺公司旗下有很棒的书店，消费者可以品尝咖啡、观赏人流、信步浏览，获得很好的休闲体验，其实大多数实体店都能够提供类似的购物环境，因此，这类公司可以将这种优势与电子商务结合，以一种崭新的方式改革商业模式，成为受互联网影响的公司。具体来说，它们可以利用 IT 系统提供产品和服务，更好地满足顾客的需求（即保持过去的购物体验，并利用 IT 系统改善产品和服务质量），就可以实现营业利润的急速上涨。从根本上讲，公司需要重组效率较低的运营系统，以便将更多的价值通过价值链传递给消费者，使他们乐于为之付款。

　　⊖　玛莎·斯图尔特是美国家喻户晓的商界女强人，白手起家创建了以自己姓名命名的家居用品企业，并成为美国的家居用品大王。玛莎还整合电视媒体与互联网电子商务打造全方位营销体系，建立了庞大的商业网络来推销其"完美生活方式"理念，扩张成为一个针对中产阶级的庞大商品流通王国。——译者注

B2B 电子商务

在 B2B 商业领域存在更多重组低效市场的机会。十多年前，该领域就开始使用电子数据交换（EDI）系统和电子资金转账（EFT）系统，这些系统取代了开立纸质购货单、发票和支票等文书工作。不过，这些系统所基于的技术本质上是"点对点"，换言之，使用系统的供应商都必须以两家为一组、一对一地连接起来。如果行业中存在几家规模很大、实力较强的公司，这种经营模式的效力就比较突出，例如通用汽车为领军企业的汽车领域和沃尔玛为领导者的零售领域，但若行业内部的公司实力相当，这种模式的效力就会大打折扣。

互联网改变了这个局面。它本身就是一种多对多的技术，也因此成为"业务交易平台"这个全新的商业机构的理想媒介。目前，最规范的交易平台是证券交易所，其中进行的都是多对多交易，其格言是"高效"。传统上，证券交易由人工完成，即主要依靠证券经纪人的工作。然而，随着亿创理财和嘉信理财等在线证券机构的兴起，一个开放的、低成本（甚至零成本）的交易系统正在从证券经纪人的手中夺走这项业务。目前，互联网正在把这种交易模式克隆到其他行业中，例如，亿贝公司是最早采用这种交易模式的上市公司之一，为小型企业和个体经营者提供优质的交易平台。私营公司较多采用了这种交易模式，比如提供化学品交易平台的 e 化学公司（eChemicals）、提供网络保单发放渠道的通道端点公司（Channelpoint）、将抵押贷款重新包装为证券的国际货币快递公司（IMXI），提供多余的电话网络带宽交易平台的阿比网络公司（Arbinet）和汇率交换有限公司（RateXchange）。

最后这四家公司都是老牌人际网络公司，已具有几十年的关系营销经验，借助业务交易平台，它们已经不需要中间服务机构的帮助，可以直接和顾客沟通。业务交易平台如今已广泛用于这四类业务中，即化学品营销、保险代理人在保险公司和独立代理人之间的调解、过户代理机构将抵押贷款转换为金融证券、电话行业贸易展上实现带宽的交换交易。另外，从做市的角度来看，以前中间服务机构效率很低，仅仅提供一种对接方式，却可以收取相对较高的佣金。

互联网业务交易平台就是使用这种方式获得利润，我们认为，在未来十年，它们将赢得上述领域甚至更多领域的所有交易。关系型经纪人不会消失，但它们将被迫离开交易量大的市场，进入利润高、交易量低的利基市场，在这些市场中，中介服务机构仍能增加实际价值，但"轻松赚钱"的日子将一去不复返。

因此，无论 B2B 还是 B2C 商业领域，电子商务带来的变化与法国大革命类似，即传统商业模式不再适用，全新商业模式实力增强，向整个高端市场发起挑战。最重要的是，在这种全新模式下，市场中尚未出现用来衡量公司实力的标准方法，我们只知道大量财富会从传统商业领域转移到新领域，但不清楚具体数目（实际上无人清楚，也无人能够知道）。正因如此，所有股市分析师和投资者都在尽量适应互联网股票的目前估值方式：他们不再挑剔地审视互联网公司的金融模式，然后评价说："前景不乐观啊！"而是关注互联网市场中的商机，然后感叹："前景大好啊！"

如前所示，我们尽量把自己定位在这两个极端之间，做出客观的评价。为了做到这一点，下面我们需要回答下一个问题：互联网板块中发生了什么？

互联网板块中发生了什么

事实上，只要你喜欢悖论，就比较容易理解互联网板块的特点。我们整理了一下互联网股票估值中复杂难解的问题，具体情况如下文所示。

- 作为一个品类，互联网股票的价值被严重低估；
- 作为个股，众多甚至所有互联网公司的股票价值被高估；
- 计算类股票价值被高估和低估的严重程度。

　　以上问题听起来很怪异，但实际上与前文的观点相符，即品类股票整体价值大于其中所有公司个股价值的总和。其具体工作原理如下所示。

　　前文已提到，互联网取代了信息技术领域的客户机／服务系统，电子商务给消费者带来了法国大革命般的变化，所以理论上互联网品类应该产生数万亿美元的收益，但事实上，即使把所有互联网股票的市值加起来，也只有几千亿美元，而且这个数字远远低于互联网的竞争优势差距和竞争优势持续期所对应的收益值。因此，作为一个品类，互联网股票价值被严重低估。

　　每当一个品类股票的价值被严重低估时，就会吸引到大量投资资本。然而，就互联网品类而言，目前可供投资的互联网股票非常匮乏，这是因为该品类包括的公司太少，而且每一家公司只发行少量的股票，这就产生了供小于求的问题，进而推高了个股的价格。但是，如果资本能够自由流动，资本市场中的供需失衡将只是暂时的问题，诱人的估值会吸引更多的公司选择互联网股票，接着更多的互联网股票会首次公开募股，直到供需失衡得以纠正。一旦这种不平衡局面得到缓解，根据业界广泛预测，互联网股票定价将会出现剧烈变化。

　　与此同时，市场会尽最大努力增加现有互联网股票的市值，来努力解决供需失衡问题。迄今为止，互联网公司的财务模型和业绩还不能为其股票带来额外市值，但互联网股票的稀缺性有助于提升股票市值。作为投资者，如果你不打算错过互联网股票升值浪潮，就不要在意现在股价如何，去购买一种或多种互联网股票吧。

　　向量数学有助于我们分析互联网股票的估值情况。我们在分析中添加了两个向量——一个是互联网品类股票估值向量，它笔直向上，而且正努力向上延伸，以达到自然高度。不过，它正被第二个向量牵制——互联网个股的"标准估值"，后者试图拉低股价，以展示互联网公司所有未来回报的风险调整净现值。你可以每天查看纳斯达克指数，分析这两个向量如何互相上下牵扯（每个向量不得不妥协于较量之后产生的最终估值）这种较量也导致互联网股票出现大幅度波动。但具有讽刺意味的是，这种波动代表了在更多的公司和更多的股份进入互联网行业之前，市场能够达到的最佳供需平衡。

"期权"效应：让情况变得复杂的因素

互联网个股无法回归到其适当的估值水平，这种情况在某种程度上可以归根于互联网商业模式发展的不成熟，而且目前无人能够确定最优的互联网商业模式。下列商业模式中，有些已经以某种形式被尝试、然后被拒绝，不过所有模式都可能不时以另一种形式重新出现。

- **互联网服务供应商订阅模式**：人们一度以为美国在线每月 19.99 美元的订阅价是临时的市场报价。好吧，他们已经重新将其定为每月 24.99 美元，保险费率还要另付。然而，鉴于互联网服务供应商除了每月收取订阅费之外，还以按次收取服务费，所以业界普遍认为网站运营商的利润很难回到互联网时代之前的水平。
- **内容订阅模式**：人们一度以为他们可以对通过互联网发布的内容收费。如今，这些内容必须具备专业化特点才能获得一定的费用，而将来大多数内容都将被免费提供（请彭博先生[⊖]原谅我们的这个观点）。
- **网络虚拟社区收费模式**：事实证明，网络虚拟社区具有很强的吸引力，但由于众多领域中出现了广告驱动和交易导向的商业模式，虚拟社区服务收费的可能性日益减少。
- **标题广告模式**：如今网络上仍然存在标题广告，但其点击率的下降速度几乎和互联网的增长速度一样快，针对性不强的标题广告更是如此。因此，随着时间的推移，如果广告没有进行目标顾客分析，只

⊖　指美国彭博新闻社的创始人。彭博新闻社是全球最大的金融信息服务供应商，该终端收取年费 2 万美元，全球 315 000 个用户每年为彭博贡献 79 亿美元的收入。——译者注

是靠随机吸引眼球、获得点击率（按照每千人收费），那么这种千人成本的计价方法将急剧商品化，广告定价将面临较大压力。

- **潜在客户推荐模式**：这一模式目前生命力很强，只要网站愿意同自己的顾客分享潜在客户及与之相关的信息，潜在客户推荐模式就能够继续发展。但是，如果网站选择自己与潜在客户合作、开辟新业务，会对这个模式产生怎样的影响呢？例如，亚马逊网站重新定位，从图书经销商转变为图书出版商（在此过程中，取消了大部分与曼哈顿地区中介机构的合作）；同样，众多向亚马逊网站提供图书信息的网站也可能会自行利用这些信息，或者将其发送到无品牌的信息分销商［如最近由巴诺公司收购的英格国际（Ingram Micro）］，以获得更大的利润。非中介化机制，就像核军备竞赛一样，可以吸引所有人加入，而且在这个过程中会把局面搞得一团糟。

- **零售商店模式**：目前这个模式是业界的宠儿。通过访问亚马逊网站，零售商店可以有效对比商品价格，直至将商品利润率降至为零，所以当人们展望零售商店模式的未来定价方式时，纷纷表示担忧。已经有一些网站以亏损商品销售利润的方式开拓客户关系，不过它们会在其他方面获取利润。

- **服务转销商模式**：在此书付梓时，该模式在投资领域产生的影响最大。例如，只要无线电信公司愿意为新客户支付额外费用，就可以利用互联网推行这种商业模式。保险、银行、经纪、租赁等行业皆是如此，这些行业假设新客户能够终身与公司合作，因此收取较高的佣金以实现转售经营的利润。另外，目前服务转销商模式的进入壁垒并不太高，所以随着更多的经销商加入，投资者必须考虑这个问题：这种模式的竞争优势能够持续多长时间呢？

- **品牌网站模式**：这个模式可以回答有关可持续竞争优势持续期的问题，即网站和电视节目一样，能够维持较稳定的访问量。因此，热门网站按照千人成本收取的费用要远远高于一般网站中标题广告的费用。当然，正如大量新的有线电视频道削弱了过去"电视三巨头"的市场地位一样，我们预计大批竞争网站的出现也会对品牌网站模式提出严峻挑战。

- **黏性网站模式**：前文在评论对竞争优势的侵蚀时，已经阐明转换成本是保持长期竞争优势差距的关键。黏性网站模式提供免费的电子邮件、数字传真或日历等服务，希望客户能够广泛运用这些免费的电子邮件地址、传真号码或数字日历等产品，从而不会轻易换用其他供应商提供的服务。因此，黏性网站模式能够提高转换成本，具有较好的发展前景。

- **拍卖模式**：亿贝采用了这个模式，现在亚马逊等网站也纷纷加入进来。如前文所述，借助交易交换技术，互联网成为一个理想的拍卖媒介。此外，拍卖商可以凭借独特的优势提高收费，如实现大宗货物拍卖、物品具有较高价值以及对大批客户有吸引力，等等。因此，拍卖模式也展现了较好的发展前景。

以上就是互联网商业模式情况。没有人知道哪种模式（更大的可能是，什么样的模式组合）将在成熟的互联网行业蓬勃发展，因此，我们看到目前上市公司和大量私营公司像青蛙一样从一个模式跳到另一个模式，不断寻找适合自己的商业模式。当然这只是暂时现象，商业模式迟早会稳定下来，但与此同时，它对我们称之为"期权效应"的估值方式产生了奇怪的影响。

若公司采用多个商业模式，其股票也就涉及多个商业模式，该公司就会从期权效应中获益——股票涉及的模式越多，获益就越大。其原因是公司参加了多个可能的期货，股票也就获得了额外的价值。在其他行业，这种情况通常会被认为是公司管理模式的摇摆不定，但在很快将产生龙卷风暴的互联网行业，商业规则截然不同。投资者感觉到（我们相信他们真的是凭感觉做出的判断）全新的商业模式将在这场风暴中出现，该模式在未来将产生数十亿美元的回报，而且我们今天甚至无法对这一商业模式加以界定。如果一些公司凭借在整个互联网市场中的先行者优势，发现并获取了新模式中存在的价值，它们的股票价值难道不会上涨？我们真正要讨论的问题恐怕不是其股票价值是否会上涨，而是会上涨多少。

如果这一切看起来不足以令人信服〔我们认为，即使《财富》500强公司董事会也会感觉商业模式问题相当棘手（因此，他们也许不会采用上述商业模式）〕那么我们不妨使用一个完全不同的领域来进行类比分析。现代医学对"干细胞"赋予了巨大的价值，这是一种尚未分化的生长细胞，相同的"干细胞"可以培育出手臂、腿、耳朵或眼球等身体部分。正是因为干细胞没有分化，所以它们获得了医学的高度重视，具体来说，它们的价值并非体现在细胞本身的属性，而是体现在分化形成其他类型细胞的能力。

我们认为，这个类比适用于目前几只互联网龙头股的估值情况，它们推动了整个互联网股价的上涨。这反映了一种双重估值，一个是已被采用的商业模式可能带来的回报，同时加上对尚未明确界定的商业模式进行的估值。我们同时认为，期权效应实际在降低那些坚定地采取单一商业模式的公司的价值。传统投资者更喜欢公司采用单一的商业模式，但这样做也意味着放弃期权效应，在单一商业模式下，公司将采用单一回报模式来进行股票估值，受到的大众监督也将比采用多模式的公司更加严格。这看似不公平，但可以用期权理论来进行解释：当公司采用单一商业模式时，投资者被暴露在更大的"错误模式风险"中，该风险会抑制股票估值的上升。

受期权效应影响，尽管采用单一商业模式的公司股票在股市中的估值仍然较高，但要逊色于采用期权效应的公司股票估值，结果，后者往往会积极收购前者，通过收购，采用期权效应的公司拓宽了自己的期权组合，为今后进入更多的商业领域做准备。同时，如果收购完成后，它们仍能聘用这些设计了更"明智"的商业模式的管理团队，就可能在合适的时机，借助这些具备出色商业模式执行能力的人才获利。

与此同时，期权效应延长了竞争优势持续期，所以它实际是一种真正的竞争优势策略。换言之，通过持有多领域股份，这些公司不大可能会被隔离在快速增长的未来互联网行业之外。或许有人抱怨说这些公司在耍花招，但自金本位制[⊖]被取消以来，哪一种金融投资方式不是如此呢？

未来发展前景如何

当本书出版时，书中关于互联网及发展前景的预测很可能已经变成了现实，好吧，这样做是挺蠢的，但我们能怎么办呢？我们只能尽最大努力，泰然自若地根据投资模型，预测互联网股票"未来"的回报情况。

首先，以下部分可被预测出来。

- 目前互联网股票的高额估值将吸引更多公司首次公开募股，这可以满足投资者对投资目标方面的过剩需求。

- 互联网公司数量日益增多，它们将开始"填补"空缺的商业模式，而从期权效应中获益的公司将不得不采用一套特定的商业模式，最终期权效应对股票估值的影响将慢慢减少，直至消失。

- 未来、当前的回报模式将日益成为对公司股票进行估值的基础，这将促使众多股票大幅降低估值，而唯一能够支撑股价上涨的因素是互联网板块中投资目标的缺乏。

- 随着更多公司降低股票估值，市场将出现巨大的震荡，很可能导致整个互联网行业"得到纠正"。但一段时间之后，互联网品类会努力实现公平的市场价值，我们预计，互联网股票的总体价值将继续上升。在这种情况下，互联网个股的价值会回归正常，达到与各自的竞争优势差距和竞争优势持续期相符的水平。

- 再继续发展，所有互联网个股和整个互联网品类的股票都会实现"合理的估值"，此时，金融分析师晚上可以睡个好觉了。

⊖　金本位制就是以黄金为本位币的货币制度。在金本位制下，每单位的货币价值等同于若干重量的黄金（即货币含金量）；当不同国家使用金本位时，国家之间的汇率由它们各自货币的含金量之比——金平价来决定。——译者注

当然，在互联网板块发展前景中也存在不可预测的部分：哪一方会受到股市震荡的影响？受到哪种影响？具体来说，哪类公司受到的冲击较大，市值较大的公司，还是市值较小的公司？这取决于哥斯拉游戏的运行情况。

如果它的运行轨迹像猩猩游戏一样，价格飞涨的"猩猩公司"股票无疑会在短期内受到打击，当品类处于低迷期时，这样的状况总会发生，但其股价会逐步开始上涨，最终到达更高的水平。而处于第二梯次的公司则恰恰相反，它们会在冲击中一蹶不振，最终瓦解倒闭，或者以较低价格被"猩猩公司"收购。1999年第一季度发生的并购活动表明，处于第二梯次的公司很清楚这种结果，而且会在市场动荡开始之前积极联系有收购意愿的公司。

但如果哥斯拉游戏的运行情况不同于猩猩游戏，而是更像王族游戏，结果如何呢？如果股票投资者在游戏后期投资于市值较大的公司（这类投资者通常是机构投资者），那么他们的利益就会受到损害。在这种情况下，哥斯拉游戏标题就成为："农奴公司赢得王族游戏。"接下来，我们会发现，互联网领域的"农奴公司"利用代理技术创造了日益有效的市场定价机制，将所有公司的利润率都降低到它们的水平，从而使横向品类实现了商品化，特别是网络零售品类。与此同时，"国王公司"和"王子公司"发现，它们在这个品类中甚至无法设置进入壁垒来抵御"农奴公司"的进攻；而"黑猩猩公司"已经深度开发了利基市场，并围绕整体产品设置了难以复制的可持续进入壁垒，所以最终它们将收获市场价值。

上述两种情况都有可能发生，我们甚至认为它们都会成为现实。那么现在的问题是，这两种结果分别会给哪些股票施加最大影响？要解决这个问题，我们需要更深入地研究哥斯拉游戏本身，分析其竞争优势差距和竞争优势持续期，从而预测哪些互联网股票的估值能够稳定持续较长时间。

建立互联网公司竞争优势模型

具体来说，"猩猩公司"与"哥斯拉公司"之间的另一个区别是前者拥有高转换成本的专有开放架构，而后者没有。这是哥斯拉游戏中的不利因素。为了分析该游戏中的积极因素，我们需要建立一个更广泛的竞争优势模型，因此我们和鸿沟集团的其他同事一起，讨论了亚德里安·斯莱沃斯基（Adrian J. Slywotsky）和大卫·莫里森（David J. Morrison）所著的《发现利润区》中的一些重要材料，这本书扼要介绍了 22 种运营模式或方法，帮助公司获得竞争优势、开展盈利性运营。随后我们利用这些模式建立了"互联网竞争优势评级体系"，如果你对希腊神话感兴趣，也可以把它简称为伊卡洛斯（Icarus）[⊖]。

　　在伊卡洛斯体系（即互联网竞争优势评级体系）中，我们将重点关注一类非常具体、争议最大的投资领域，即互联网交易服务领域。提供这类服务的公司似乎违背了技术采用生命周期，正以前所未有的速度快速扩张。由于在使用交易服务时，终端用户或消费者不需要承担风险或改变行为，承担的压力较小，所以在互联网交易服务品类中，价值链的客户端不会受到技术冲击，也没有投资风险，所有的冲击和风险都由交易服务供应商承担。交易服务的这个特点能够产生巨大的积极影响——该品类迅速实现了超高速增长。但同时也产生了可怕的负面影响——对该品类的高额投资蕴含着高风险，所以其股票波动性非常大，只有实力雄厚的公司才能够在这种动荡中存活下来。

　　为了帮助投资者确定哪些公司具备足够大的实力，我们将介绍并分析七个独立的竞争优势组成部分，互联网交易服务公司就是利用这七个部分打造了全面的竞争优势地位。我们将分析每一部分对竞争优势差距和竞争优势持续期可能产生的影响，然后集中分析相关品类，利用图标的方式为互联网股票的投资机会评分。评分标准包括以下三方面内容：

　　（1）在综合竞争优势评分中，每部分的权重是多少？

　　（2）这七个部分中，哪些适用于目标公司？

　　⊖　原文中"互联网竞争优势评级体系"所对应的英文短语的首字母组合为 Icars，与英文单词 Icarus 形似，后者可汉译为"伊卡洛斯"，是希腊神话中代达罗斯的儿子，他与代达罗斯使用蜡和羽毛做成的羽翼逃离克里特岛时，因飞得太高，双翼上的蜡被太阳融化，他跌落水中丧生，被埋葬在一个海岛上。——译者注

（3）目标公司每个部分的优势如何？七个部分的总体优势如何？

这个过程不需要做任何计算，都是定性分析。不过最后我们会用数字评定每只股票，从 1 到 10，数字越大，代表竞争优势越大，以此来判断目标公司在所有品类中的实力排名情况。（例如，公司评分为 8，代表第八个十分位数，即在所有公司中排前 20%。这个评级体系和《葡萄酒观察家》[○]中的评分体系相似，提醒我们在进行评定时一定要慎重。）分析完这三方面内容后，我们尝试将这个评级体系运用于猩猩游戏，大致分析"猩猩公司""黑猩猩公司""猴子公司""国王公司""王子公司"和"农奴公司"的得分情况，在本章结束部分，我们将根据分析结果，调整猩猩游戏投资原则，使其适用于互联网股票投资。

伊卡洛斯：带我飞向太阳

在正确评价互联网交易服务股票价值时，竞争优势的以下七个组成部分是关键参考标准。

（1）交换机／交易所。 当市场中众多公司寻求多家合作伙伴时，定位明确的交易经纪人公司承担了做市商的中间人角色，得以享有这个优势。在互联网行业中，交换机／交易所模式包括多种子模式，如门户、垂直门户、信息媒体、集线器、做市商和电子商务市场，等等。例如，价格在线公司（Priceline.com）就起到中间人的作用，在寻求低价旅行的旅行者与努力抛售即将过期的剩余产品的运输公司和住宿公司之间搭建沟通平台。亿贝是另一个成功连接买卖双方的互联网公司，而且业务涉及各个领域。在私营公司中，通道端点公司正在努力重组保单的发放业务，国际货币快递公司正在重组房屋抵押贷款证券化业务。总之，交易经纪人公司利用互联网创造了一个

独特的市场，一个在其他行业无法存在的市场。

互联网中间商的功能类似于实物市场中的分销商。借助互联网交易经纪人公司的销售网络平台，货物从公司仓库被发送到商店，或从商店被发送到仓库，门店顾客也可以了解库存货物情况，在交易过程中，交易经纪人公司通常能够提取约 4% 的佣金。互联网公司在创建的新型市场中也会收取类似的佣金，或者在已有市场中利用价格优势取代传统的市场中介，在这种情况下，即使它们收取的费用较低，仍能获得可观的利润（详见下文"低成本商业设计"部分）。

交换机模式也许是最令人激动的电子商务商业模式，尤其适合 B2B 电子商务。部分互联网交换机能够创造巨大的网络效应，创造超高速增长的业务，进而产生"不断增加的回报"，带来巨大利润。

另外一个 B2B 电子商务交换机的例子是阿比网络公司。该公司为国际电信运营商提供基于互联网的实时交易场所和基于交换机的数据清算网络，使国际电信运营商能够以较低价格将产品和服务发送到全球各地。电信运营商通常会把过剩的容量销售给其他运营商（有时也销售给竞争对手）。传统上，电信运营商完成过剩容量交易磋商、安装所需网络的过程持续三至六个月，正是由于过程过于缓慢，全球高达 50% 至 80% 的电信网络基础设施未得到充分利用。与此相反，阿比网络公司声称，它提供的实时交易环境和交换式集线器可以将谈判和互连的周期从几个月缩短到 15 分钟，而且它只收取少量的交易费用。

在这个例子中，网络效应发挥了作用。其内涵很简单：加入特定网络的公司（或用户）越多，网络提供给这些公司（或用户）的价值就越高，它们（或他们）弃用网络的可能性就越小。因此，如果阿比网络公司能够邀请数量足够多的电信运营商加入其网络，那么它就可能成为事实上的标准"枢纽"，实现网络效应。此外，阿比网络公司还能为加入其网络的电信运营商提供更广泛的服务，并 / 或吸引其他类型的客户加入。

（2）品牌。把品牌概念运用到互联网上有多种方法，在这一模式中，我们重点关注品牌在干扰较多、转换成本较低的市场中吸引新客户的能力。这种能力可以随着公司的网络声望变化而改变（指服务品牌），如亚马逊品牌，也可以随着消费品声誉变化而改变（指具有人口统计特征的品牌），如迪士尼品牌。

在互联网上，将服务品牌与具有人口统计特征的品牌区分开来至关重要。美国在线、雅虎、亚马逊、亿贝等服务品牌从先行者优势中受益良多，例如，雅虎公司很早就在搜索网站领域获得较高口碑，随后抑制了Excite、来科思、远景等搜索引擎公司的发展。现在，尽管其他互联网公司（特别是成立于斯坦福大学的谷歌）已经提出了更具优势的搜索技术，但由于众多浏览器已经将雅虎引擎设置为默认搜索引擎，所以这些公司仍将面临巨大的发展阻力。

相比之下，雅虎公司若要与迪士尼公司直接竞争，比如，为幼儿及其父母提供一个娱乐场所，那么它就不具备竞争优势，这是因为迪士尼公司凭借消费者忠诚度，已经形成了具有数十年历史的人口统计特征的品牌，迪士尼因而能够在互联网中较好地维系忠实顾客。但是，当迪士尼在自己的GO网络中与美国广播公司（ABC）和娱乐与体育节目网（ESPN）合作，试图建立互联网服务品牌时，其运营就处于劣势。

当互联网市场进入到这个发展阶段，一个不可估量的关键因素是哪种类型的品牌能持续更长时间——服务品牌还是具有人口统计特征的品牌。显然，两者都有继续发展的空间，但最终哪一方会占上风呢？虽然市值显示目前服务品牌更占优势，但是投资者在制定投资决策时需要认真考虑这个因素。

（3）价值链中的地位。利用这个优势，互联网公司可以通过控制对供应商或顾客的访问权限，从价值链的其他成员那里获得丰厚的回报。它是交换机/交易所模式中的固有部分，但又不限于这一模式，最常表现为"门户"中内含的竞争优势。

门户实际起到设定标准的作用，对有能力吸引并传送用户流量的站点赋予特殊地位。价值链中的每部分都依靠门户实现成本效益，所以，互联网能够利用门户向顾客收取广告和网站赞助费，也可以挑拨价值链中其他成员之间的矛盾关系。

在整个互联网大众市场中，雅虎和美国在线是迄今为止将门户优势利用得最为充分的公司。网景公司曾经在浏览器品类中位居榜首，但它忽视了门户优势，导致市场地位一再下跌，直至最后被美国在线收购。网景的遭遇不免让人唏嘘，同样，微软公司网站尽管享有巨大流量，但也未能利用早期领先者优势，成为行业标准制定者。不过目前这两家公司已经深刻了解了这个游戏规则，这时雅虎公司股东必须考虑：市场已经发展很长一段时间了，网景和微软这两家公司还能从雅虎公司手中收回多少市值呢？（我们将在下文"黏性"部分探讨这一问题）。

在垂直市场中，门户可以从特定市场的增值网站中产生。垂直网络公司（VerticalNet）的商业战略就以此为基础，它以特定的高度垂直市场为目标（见下文关于"专业化"的讨论），吸引用户首先登录自己的网站，然后向他们推荐广告客户和赞助商。

（4）专业化。当市场中顾客数量有限但又极其重视某个品类时，如果某家公司在该品类中做到了最好，那么该公司就能获得奖励，即实现专业化。这时市场进入壁垒必须极高，否则该市场中的高利润率将在竞争中被侵蚀。假设市场进入壁垒很高，竞争就会消失，市场会围绕一家领军企业迅速整合。尽管领军企业其实是一家"黑猩猩公司"，但会被当地市场视为"利基市场中的'猩猩公司'"。公司的专业化优势与猩猩游戏在保龄球道阶段采取的市场发展战略类似。

一种新形式的 B2C 商业专业化模式，即微型利基市场，在互联网中发展很快，因为互联网上没有地域距离限制，所以成本较低、高度分散但又高度专业化的市场很容易形成，比如玩具士兵、古董照片、夏威夷棉被或文艺复兴时期文学手稿的收藏家交换市场。如果一家互联网公司早于其他公司进入该领域，并深入开发市场，就可以建立先行者优势，从而在该领域的服务品牌竞争中获胜。然而，从投资者的角度来看，除非这种胜利不断被重复，并且能够带来很高的流量和营业收入，否则他们对这种胜利并不感兴趣。垂直网络公司网站就是采用了这种商业模式。它开发了数十个超专业网站，比如专门针对水文工程师的 water.com 网站，证明自己能够以极低的成本、以极快的速度进入并主导微型网络利基市场。进入到该市场后，垂直网络公司获得了微型社区的支持，随之"控制"了高度活跃的微型顾客群。互联网公司可以通过收取广告费、网站赞助费、推荐费和交易费等方式，把这种专业化实力转化为营业收入。

（5）**产品黏性**。根据互联网设计，用户从一个网站转换到另一个网站时，几乎没有任何转换成本。这对浏览器很有益，但投资者却不喜欢这个特点，他们希望自己投资的网站能够吸引越来越大的用户流量，因此非常关注互联网公司的"产品黏性"。

产品黏性就是保留顾客的能力，可以通过多种方式创建，其中以下三种方式在互联网交易服务公司的战略中日益重要。

1）免费个人服务。有些公司通过提供免费电子邮件获得黏性，例如，由于 Hotmail 网站用户把该网站的邮箱设为自己的特定电子邮件地址，所以 Hotmail 公司允许用户把 Hotmail 网站设定为他们的主页，使其可以随时便捷地登录邮箱。这种黏性有助于提升公司的价值，微软收购 Hotmail 时所支付的价格就是很好的证明。

2）客户信息。互联网公司通过了解并确认顾客的购物情况，实现这种黏性优势，最终目标是实现一对一营销。所有网站中都设立了"我的"部分，但这部分只能实现比较简单的黏性（有点像是假冒的一对一营销）。不过，亚马逊网站清楚记录了顾客的购物历史，并能够根据顾客的选择提出购物建议，这种能力已经接近了真正的一对一营销。等下一代面向客户的数据库被开发出来之后，一对一营销将充分发挥作用，到那时，互联网网站在利用客户信息方面将比其他渠道更具优势。

3）互联网用户社区。iVillage 和美国在线等网站都实现了这种黏性优势，前者主要刊登女性关注的题材，后者以聊天室闻名。由于用户信任这类网站，而且他们可以在网站中与志同道合的网友交流，所以会重复访问这些网站。这种形式的黏性最强，除了自身强大，它还具有"病毒式营销"的能力，即用户会主动为网站招募新用户，而且公司无须花费任何费用。

无论互联网公司采用哪种实现方式，黏性本身并不是它们的目标，而是创造更多收入、吸引更多忠实顾客的手段。因此，公司必须把黏性运用到一种或多种商业模式中，才能使市场价值持续上涨。

（6）**低成本的商业设计**。在成熟市场中，公司通过设计内在成本较低的竞争价值链，从现有供应商手中夺走顾客，就实现了这种优势。当市场还在发展时，由于务实派顾客更喜欢与市场领军企业合作，所以低成本不足以引起市场的急剧变化。但一旦市场成熟之后，行业标准也稳定下来，产品实现了商品化，"猩猩公司"就可以形成这种优势，顾客也很乐意从中分一杯羹。

低成本商业设计是电子零售业繁荣发展的根本驱动力，这是因为在电子零售业中，几乎所有产品都是成熟商品，例如，eToys、电讯购车（Auto-by-Tel）和价格在线等网站提供的产品，同时，亚马逊在与巴诺公司和塔乐唱片公司展开竞争时，也采用了这种竞争战略。

就其本身而言，低成本商业设计会导致产品普遍实现商品化，公司产生优越回报的能力会大大削弱，所以一段时间之后，"农奴公司"会在竞争中获胜。不过一旦低成本设计与上文介绍的价值提升模式结合起来，就可以为股东创造超额利润，或通过定价杠杆提高市场进入壁垒，进而提升公司价值。

（7）**经验曲线**。公司首先降低成本或增加新技术带来的收入，然后利用这类经验形成领先优势，最终获得竞争优势，这种能力就是经验曲线优势。在全球范围内，美国公司在互联网商务领域占据了领先地位，形成了一种能够持续数十年的经验曲线优势，这无疑会帮助美国金融市场在千禧年即将结束之际越发变得稳健。

互联网行业中存在诸多例子：亚马逊在收购了 Drugstore.com 公司的40% 股权后，将自己的网络系统和市场营销经验都传递给了这家公司，在这个过程中，亚马逊发挥了自己独特的经验曲线优势。亿创理财等建立时间较早的互联网公司也在积极利用经验曲线优势，来摆脱单一品类的限制。

综上所述，伊卡洛斯（即互联网竞争优势评级体系）的七个组成部分代表了互联网交易服务公司建立竞争优势差距和竞争优势持续期的机制。如前文案例所示，公司在企业战略中极有可能采用了多种机制，因此我们主张，投资者在选择互联网股票时，需要分析目标公司在这七方面的竞争优势，以预测目标股票的发展前景。为了做到这一点，我们需要准备一个计分卡。

建立伊卡洛斯计分卡

计分卡的考查项来自伊卡洛斯（即互联网竞争优势评级体系）的七个组成部分，首先考查各部分所占的权重是多少，根本上就是考查每部分可为公司的竞争优势差距和竞争优势持续期做出多大贡献。

我们使用高、中、低的评分系统，并对这些等级赋分，分别为 5 分、3分和 1 分，得出这七部分的权重如表 12-1 所示。

表 12-1　伊卡洛斯计分卡

伊卡洛斯组成部分	竞争优势差距	竞争优势持续期	总权重
交换机／交易所	高	高	10
品牌	高	中	8
价值链中的地位	中	高	8
专业化	高	中	8
产品黏性	低	高	6
低成本商业设计	中	高	4
经验曲线	高	中	4

从表 12-1 中我们可以得出以下信息："交换机／交易所"优势最有助于实现具有高转换成本的专有开放架构，有助于缩小竞争优势差距并延长竞争优势持续期。交易所本身会受到网络效应的影响，买卖双方都倾向于在领先的交易所交易，这就会增大交易所之间的竞争优势差距。（这会对股票交易

所产生巨大的影响，现实中大量股票交易所的竞争优势已经发生了变化，比如纳斯达克股票市场凭借在高科技行业的网络效应优势，以不可抗拒的力量将财富从纽约证券交易所吸引过来。）

"品牌""价值链中的地位"和"专业化"这三种优势以不同的方式为公司创造了专有地位，所以所占权重都比较高，不过它们受到一些限制因素的制约。品牌力量会衰弱（比如，如今电视剧《陆军野战医院》和《宋飞正传》（*Seinfeld*）中参演明星的知名度还高吗？），也会失去时尚度（比如，耐克和麦当劳最近做出的出乎意料的改变，都已失去了时尚力量）。"价值链中的地位"优势也可以被竞争对手回避，例如，当索尼的 Betamax 磁带格式在与日本胜利公司的 VHS 家用录像系统制式展开竞争时[⊖]，索尼的技术地位被规避了；在康柏与戴尔之间的竞争中，戴尔也避开了康柏在零售销售渠道中的优势。另一方面，"专业化"优势通常不能被绕过，它一般也不会衰退，但不容易扩展，因此其作用也会受到限制。尽管这三个优势有自身的限制因素，但总体来说仍然具有强大的影响力，可以提高公司的价值。

如前所述，"产品黏性"优势对竞争优势差距会产生较大影响，但不太会影响竞争优势持续期，但当它与"品牌"等优势结合起来时，就能够延长竞争优势持续期。"低成本商业设计"与"经验曲线"这两个优势自身并不能直接提高公司价值，但它们联手之后就能做到这一点。

利用计分卡进行评分

我们将参考计分卡中七个要素各自的权重，以此为标准，来评估领先

⊖　Betamax 是一种年份较早的磁带的格式，由索尼公司于 1975 年 4 月 16 日发布，同年 5 月 10 日上市。1976 年日本胜利公司（JVC）发布了 VHS 制式。最终 Betamax 在与更便宜的 VHS 设备竞争中失利，最终被淘汰出市场。Betamax 的失败已经成为一种经典的市场售销案例。口语化的英语表达"to Betamax"表示这种情形：一种具有独占性的科技，在对手格式允许多家厂商合作的情况下遭遇压倒性的失败。——译者注

的互联网交易服务股票的商业模式。我们相信，当你阅读本书时，互联网世界已经发生了巨大变化，在评估时你需要增加一些新条款，或者领先的互联网交易服务公司已经变成了其他公司，所以我们不会力求分析所有的领军企业，而是以美国在线、雅虎、亚马逊和亿贝为代表，对它们在 1999 年第二季度的表现进行评分，以帮助你在阅读本书时，能够把该评价机制运用于自己的投资实践，合理评价目标股票的表现。

我们仍使用"高""中"和"低"三个等级，分别赋予 5 分、3 分和 1 分，但这次将对目标公司的"战略重点"和"市场成功"进行评价。具体来说，互联网行业中，当前四大领军企业的伊卡洛斯评分情况如表 12-2、12-3、12-4、12-5 所示。

表 12-2　美国在线伊卡洛斯计分卡

美国在线	战略重点	市场成功	得分	权重	权重得分
交换机／交易所				10	
品牌	高	高	10	8	80
价值链中的地位	高	高	10	8	80
专业化				8	
产品黏性	高	高	10	6	60
低成本商业设计				4	
经验曲线	中	高	8	4	32
总得分					252

表 12-2 和下面三张表格肯定会引发大量讨论，因此，此处我们将再次说明，当你读到这段话时，我们提出的观点可能已经与实际情况不符，但有一点可以肯定，即不管各公司的最终得分如何，这些信息能够给你带来一些帮助。

表 12-3　雅虎伊卡洛斯计分卡

雅虎	战略重点	市场成功	得分	权重	权重得分
交换机／交易所				10	
品牌	高	高	10	8	80
价值链中的地位	高	中	8	8	64

（续）

雅虎	战略重点	市场成功	得分	权重	权重得分
专业化				8	
产品黏性	高	中	8	6	48
低成本商业设计				4	
经验曲线	中	高	8	4	32
总得分					224

注意，我们发现雅虎的商业模式和美国在线几乎一模一样。由于雅虎在"价值链中的地位"和"产品黏性"受到了来科思、Excite 等公司的挑战，所以我们略微调整了对雅虎的这两个优势的评分，使之低于美国在线的评分。

表 12-4　亚马逊伊卡洛斯计分卡

亚马逊	战略重点	市场成功	得分	权重	权重得分
交换机/交易所	低	中	4	10	40
品牌	高	高	10	8	80
价值链中的地位				8	
专业化				8	
产品黏性	高	中	8	6	48
低成本商业设计	高	中	8	4	32
经验曲线	高	中	8	4	32
总得分					232

请注意，如果亚马逊在 1999 年第二季度没有进入拍卖市场，它的整体得分将大大低于雅虎。这个例子展示了公司如何利用期权效应获利。

表 12-5　亿贝伊卡洛斯计分卡

亿贝	战略重点	市场成功	得分	权重	权重得分
交换机/交易所	高	高	10	10	100
品牌	中	高	8	8	64
价值链中的地位				8	
专业化				8	
产品黏性	低	高	6	6	36

（续）

亿贝	战略重点	市场成功	得分	权重	权重得分
低成本商业设计	高	高	10	4	40
经验曲线				4	
总得分					240

这里存在一个有趣的现象：根据我们回顾的信息，当亿贝更加关注"品牌"和"产品黏性"这两个优势时，就能够提高公司价值。投资者可以利用这个发现，跟踪目标公司未来几个季度的业绩。

最后，我们注意到，按照竞争优势差距和竞争优势持续期的综合实力，根据以上分析结果，这四家目标公司排序如下：美国在线、亿贝、亚马逊和雅虎。我们要讨论的首要问题不是这个排名"正确"与否，而是得出这个排名的过程。具体而言，在评分过程中，我们关注了美国在线在市场规模中的先行者优势、亿贝采用同"猩猩公司"相似的商业模式的能力，也注意到亚马逊和雅虎由于设定了较低的转换成本，长期遭受品牌侵蚀和商品化的影响。

什么时间扣动扳机

在本章结尾，我们将互联网投资与猩猩游戏结合在一起讨论。这两类投资拥有共同点，即市场发展由技术采纳生命周期决定，而且股票估值不会回归到中间值，而是向高低两个极端发展，这一点同成熟市场恰恰相反。

与此同时，这两者之间也存在诸多不同，基于这些不同点，我们总结互联网股票投资规律如下：

（1）**不要把哥斯拉游戏误认为猩猩游戏，前者风险更高。**我们编写本书时，互联网股票的估值受供求关系的暂时影响较大。随着更多股票上市，这种情况在一段时间之后就会得到修正，多数公司的股票估值将回归到真实的竞争优势差距和竞争优势持续期的水平，公司大量市值也将随之消失。因此，购买互联网股票远不如投资其他处在龙卷风暴阶段的高科技股票安全。

投资者若想投资互联网股票，就必须有效管理自己的投资组合，将资产一分为二，而且只选择互联网板块中承受风险能力较高的股票。

（2）**采用"购买并持有"的投资策略。**频繁买入并售出股票只能给投资者带来贫穷。在部分股市中，即使超短线交易看上去似乎很成功，购买并持有股票的投资策略实际上能带来更大回报。而在其他股市中，超短线交易只是一种纯粹的赌博。

（3）**根据伊卡洛斯评价体系挑选个股。**伊卡洛斯评价体系旨在帮助投资者重点关注目标互联网股票的竞争优势差距和竞争优势持续期，并确保投资者不只是"随波逐流"。当公司在评价中得分较高时，就意味着能够承受住超高速增长市场中经常发生的市场震荡。

（4）**不要购买一揽子股票。**根据"一揽子投资策略"，市场中公司之间的竞争会一直持续，直至领军企业出现，而互联网市场中领军企业出现的速度比其他市场更快一些。当互联网企业上市的时候，它们的市场已经初露端倪，因此，如果投资者不能购买一揽子股票，就应该根据股票的竞争优势差距和竞争优势持续期的基本情况来挑选个股。我们不喜欢这样的结果——我们希望投资时，有更多的机会可以犯错并纠正错误，不过情况发生变化了，投资策略也要相应调整。

本章内容到此结束，希望你从中了解了互联网股票的投资机会，而且能够区分猩猩游戏投资和哥斯拉游戏投资，并在它们之间保持平衡。最后希望你能认识到这一点：投资不是为了同其他投资者争夺最好的结果，而是实现你个人和家庭的财务收入目标。因此，不要把自己的投资结果与朋友和熟人相比较，遵守你自己和信任的投资顾问制定的财务计划，在股票投资的海洋里继续乘风破浪吧。

后记 | POSTSCRIPT

浏览高科技股票板块的旅程到此结束了。

回顾旅程，我们首先从"背景介绍"开始，它解释了引起高科技市场和高科技股票动荡的因素，简单来说就是"龙卷风暴"。我们同时了解到，在这些龙卷风暴的中心往往会诞生一家"猩猩公司"。这家"猩猩公司"注定享有优于其他所有公司的竞争优势，而这些竞争优势反过来又能产生无可比拟的股市投资回报。

在了解这一背景之后，我们探讨了"猩猩游戏规则"，并创建了实用性较强的投资模型。我们首先绘制了高科技行业的地形图，然后探讨如何追寻龙卷风暴，如何在风暴中捕捉"猩猩公司"。在此过程中，我们提出了"猩猩游戏的十大规则"。

第三部分为"案例研究"，这部分展示了三个猩猩游戏实例，一个发生在过去（关系数据库领域），一个正在进行（网络硬件领域），一个将在未来发生（客户关系管理软件领域）。在每一章我们都验证猩猩游戏投资原则的效力，同时坦诚面对其中存在的不确定性。第三部分包含的一个关键的信息是，在猩猩游戏投资中，你即使没有掌握完美的时机或做出完美的判断，也一样可以取得成功。

最后，在"权杖交接"部分，我们将向投资者推荐猩猩游戏中重要的信息来源，并深入探讨互联网股票投资中存在的机会和风险。

从现在起，成功就取决于你和市场了。

临别时，我们要庆幸自己多么幸运，可以利用资本市场给个人投资者提供的巨大支持，这一点在美国尤其突出。在前面一章中我们指出，只有当股市交易成本较低、能够广泛传播信息、具有高度法律诚信时，猩猩游戏投资策略才能发挥作用。尽管高科技板块在这三个方面已经建立了良好的制度，但在过去十年中，高科技板块仍坚持采取有力举措，使之更加完善，具体措施如下文所示：

- 如今，在嘉信理财和亿创理财等在线证券机构的帮助下，个人投资者享有历史上最低的股市交易成本。而且随着纳斯达克股市重组股票定价机制，竞价和询价之间的价差已经缩小，对个人投资者来说将更有利。

- 在信息传播方面，随着互联网的迅速崛起，专业投资者和个人投资者几乎能够同时快速获得相同的信息。本书第11章介绍的信息查阅工具库只是庞大信息冰山的一角，任何人都已无法阻止其他人获取这些信息。

- 最后，在行业道德和法律诚信方面，美国市场在公司管理方面处于世界领先水平，业界已经同意在纳斯达克股市设立新型监察职能部门，这表明美国商界接受了下一代监督机制。只要美国市场能够一直保持世界的信任，所有人就都会获利，所以我们要努力保护好市场的行业道德和法律诚信。

现在，我们需要反思所有高科技行业（包括计算机行业）的发展对半导体行业的依赖程度，特别是半导体行业不断满足摩尔定律的能力，即每18个月芯片上可容纳晶体管的数目就提高一倍。由于芯片性价比持续升高，而且不单独收取任何费用，高科技行业中才得以不断涌现非连续性创新，进而催生了龙卷风暴，造就了"猩猩公司"，为投资者带来巨大投资回报。我们应该铭记，摩尔定律本质上并不是一种定律，而是科学家和工程师的创造力和拼搏精神的见证。

最后，我们应当承认，财富创造的核心不是一套金融工具，而是一支庞大的团队，其中每个成员都努力创造新的价值链，把团队力量提升到全球市场能力水平的高度，为顾客和消费者提供新一代产品和服务。高科技行业代表了人类精神在商业活动中的一种新表现，这种精神以前所未有的方式跨越了组织和地域。高科技企业就像美国有线电视新闻网强大的传播能力一样，正在打破阻碍全球人才和资源充分发挥作用的障碍。众所周知，科技能够为人类的生活带来发生翻天覆地的变化，现在看来高科技行业的商业实践也能做到这一点。

祝你狩猎愉快。

杰弗里·摩尔，保罗·约翰逊，汤姆·基波拉　谨上

ACKNOWLEDGEMENTS | **致谢**

《猩猩游戏》由三位作者合作完成，少了其中任何一位，本书都无法付梓。与此同时，众多师友帮助验证观点、评论内容，并提供真知灼见，给予我们莫大帮助。

首先，杰弗里·摩尔要特别感谢帮助审阅初稿的各位挚友，得益于他们的远见卓识，我们才能够有效地修订、完善本书内容，最终顺利完成书稿。感谢 *Softletter* 杂志社的杰夫·塔特（Jeff Tarter）编辑，正是因为他的督促，我们才按时完成了初稿写作；感谢斯坦福大学商学院的吉姆·拉丁（Jim Lattin）教授，他仔细审阅了初稿，并提出很多中肯的意见，使我们可以有效地打磨内容、润色文字。其次，我们的新朋友比尔·米德（Bill Meade）对本书做了翔实的评价，我们从中获益良多，米德之前曾任密苏里大学商学院教授，如今就职于惠普公司；罗素·雷登博（Russell Redenbaugh）也提供了建设性的意见，他集哲学家与商人于一身，其独特的视角开阔了我们的写作思路。最后，在修订本书第 2 版的过程中，杰弗里在莫尔·达维多风险投资公司（Mohr Davidow Ventures）的诸多同事提供了很大的帮助，尤其是乔治·扎克里（George Zachary）、德里克·普劳迪安（Derek Proudian）、迈克·所罗门（Michael Solomon）、埃里克·斯特拉泽（Erik Straser）等，他们分享了自己对互联网市场发展的深刻见解，并推荐了业内专家关于互联网市场的观点，如标杆投资公司（Benchmark Capital）的合伙人比尔·柯尔利（Bill Gurley）、瑞士信贷第一波士顿银行（Credit Suisse First Boston）董事总经理迈克尔·莫布森（Michael Mauboussin）等的观点。

保罗·约翰逊特别感激以下师友。感谢阿拉·米兹拉克吉安（Ara Miz-rakjian），他帮我们梳理了本书章节和内容中的逻辑。感谢罗杰·麦克纳米（Roger McNamee），他对本书做了深刻的评论，在与他的合作中，我们度过了愉快的时光，也获得了莫大的支持。感谢比尔·柯尔利（Bill Gurley），我们在评价互联网市场时，借鉴了他的深知灼见。感谢史蒂文·谢伊尔（Steven Cheheyl）、鲍勃·达尔（Bob Dahl）和特里·埃格（Terry Eger），在写作第 9 章有关思科的案例的过程中，他们对我鼎力相助。感谢弗兰克·沃尔什（Frank Walsh）和克雷格·本森（Craig Benson），得益于他们，我的思考力得到快速提升。最重要的是，我对瑞士信贷第一波士顿银行的董事总经理迈克尔·莫布森感佩交并，他教会了我关于竞争优势持续期（CAP）的所有知识，成功可能孕育出一千个理论之父，但迈克尔绝对是真正且唯一的竞争优势持续期理论之父。

汤姆·基波拉要特别感谢以下师友。感谢沃克威尔健康安全系统公司（WorkWell Health & Safety Systems）总裁严·尼斯（Yan Ness）和瑞奇蒙公司（The Richmond Corporation）总裁乔治·瑞奇蒙（George Richmond），他们向我们提出了一个有关营销策略的核心问题："本书的读者是谁？"感谢毕威拓软件公司（Pivotal Software）的安东尼·伍滕（Anthony Wooten），在第 10 章探讨顾客服务软件股票和销售自动化软件股票时，他向我们提供了指导性的建议。感谢塔科特投资公司（Talkot Capital）的合伙人史蒂夫·卡内瓦（Steve Carnevale），在本书出版之前，他给我们提供了诸多宝贵的建议，同我多次深入探讨高科技行业股票，并对初稿做出建设性的评价，再次感谢挚友的大力支持。

汤姆还要感谢互联网资本集团（Internet Capital Group）的董事总经理道格·亚历山大（Doug Alexander），他向我们推荐了许多与互联网相关的重要信息来源，使我们得以充实第 11 章的内容。此外，在道格的帮助下，我们厘清了在互联网行业中间商创造竞争优势的方式。

最后，汤姆也要感谢埃默里克·麦克唐纳（Emeric McDonald），他在阿美林多投资咨询公司（Amerindo Investment Advisors）任股权研究中心总监。阿美林多投资咨询公司是一家非常成功的货币管理公司，管理资金达 35 亿美元。虽然该公司总体上是一家私营公司，但在过去几年中，它一直管理着一个公共互惠基金，1998 年该基金业绩在世界上排名第二。埃默里克总是乐于分享经验与心得，他在硅谷的巴克餐厅（Buck's）和伊尔弗纳奥餐厅（Il Fornaio）[○]吃早餐时，多次分享在亿贝公司（eBay）上市的那一周里，他为何建议公司投入 5 000 万美元购买亿贝股票。在埃默里克的帮助下，我们深刻理解了互联网股票的竞争优势，本书第 12 章中的一些观点实际上来源于他的见解，我们只是稍加补充。

还有众多挚友帮助我们审阅初稿、完善内容，或者在我们气馁的时候给予我们支持和鼓励，如诺姆·福格松（Norm Fogelsong）、理查德·弗斯（Richard Furse）、斯文·哈恩（Sven Hahr）、肯·福克斯（Ken Fox）、肖恩·麦克唐纳（Sean McDonald）、马特·马歇尔（Matt Marshall）、基思·本杰明（Keith Benjamin）、塞西莉亚·布兰卡托（Cecelia Brancato）、鲍勃·卡斯尔（Bob Castle）、尼克·科拉斯（Nick Colas）、汤姆·艾迪（Tom Eddy）、安德烈·德·鲍比尼（Andre de Baubigny）、鲍勃·希思（Bob Heath）、格雷格·库维拉斯（Greg Kouvelas）、克里斯·纳恩（Chris Nawn）、史蒂夫·尼尔（Steve Nill）、安迪·佩奇（Andy Page）、保罗·谢尔（Paul Sherer）、保罗·西尔弗斯坦（Paul Silverstein）、道格·范·多尔斯滕（Doug Van Dorsten）、马克·韦斯（Marc Weiss）、埃德·韦勒（Ed Weller）、艾琳·余（Irene Yu）、保罗·索金（Paul Sonkin）、迈克·坦纳（Mike Tanner）、保罗·韦费尔斯（Paul Wiefels）、菲利普·雷（Philip Lay）、马克·卡文德（Mark Cavender），等等。非常感谢他们所给予的耐心支持和体贴关心。

○ 在硅谷，创业者与投资者要正式约谈和见面，他们通常会选择在各种美食餐馆见面。网景、雅虎、Paypal、谷歌、特斯拉等多家传奇公司，都是在巴克餐厅获得风投资金，从而开始走向辉煌的。——译者注

在写作本书过程中，我们从诸多经典图书中汲取了灵感，包括查尔斯·弗格森（Charles Ferguson）和查尔斯·莫里斯（Charles Morris）合著的《计算机战争》(*Computer Wars*)、梅拉妮·米歇尔·沃尔德罗普（M. Mitchell Waldrop）所著的《复杂》(*Complexity*)、凯文·凯利（Kevin Kelly）所著的《失控》(*Out of Control*)、约翰·布尔·威廉姆斯（John Burr Williams）所著的《投资估值理论》(*The Theory of Investment Value*)、贝内特·思特三世（G. Bennett Stewart, Ⅲ）所著的《探寻价值》(*Quest for Value*)、阿尔弗洛德·拉帕波特（Alfred Rappaport）所著的《创造股东价值》(*Creating Shareholder Value*)、亚德里安·斯莱沃斯基（Adrian J. Slywotsky）和大卫·莫里森（David J. Morrison）所著的《发现利润区》(*The Profit Zone*)、迈克尔·波特（Michael Porter）所著的《竞争优势》(*Competitive Advantage*)和《竞争战略》(*Competitive Strategy*)，以及沃伦·巴菲特（Warren Buffet）发表的真知灼见。

与此同时，在本书的出版过程中，我们有幸得到 Harper Business 的大卫·康蒂（David Conti）和作品经纪人吉姆·莱文（Jim Levine）的大力帮助。作为一个写作团队，我们不擅长赶在期限之前完成写作任务，大卫和吉姆因此不得不承担一定压力，既要争取按时交付成果，又要努力提高书稿质量。在处理各种棘手问题的过程中，他们表现出了出色的工作能力和工作效率，在此，我们三人对他们所给予的支持和帮助表示真诚的感谢。

同样，我们也要感谢两个公关团队为推出本书所做的努力，它们分别来自 The Horn Group 和 Harper Business。首先，我们要特别感谢邦妮·哈里斯（Bonnie Harris）（目前就职于 B3 Communications），得益于她的坚定领导和大力支持，本书的宣传环节才如此卓有成效。其次，我们还要感谢凯瑞·麦加金（Kerry McGagin）和尼尔·托雷斯（Neil Torres），他们在本书第一版的宣传工作中投入了很大精力，并负责第二版的宣传工作。

另外，我们的三位同事对本书的日常写作提供了大力支持，他们分别是波士顿罗伯逊·史迪芬银行（BancBoston Robertson Stephens）的克莱尔·勒尤兹（Claire Le Juez）、鸿沟集团（The Chasm Group）的安吉林·汉利（Angelynn

Hanley)和詹妮弗·柯林斯（Jennifer Collins）。他们之间展开合作，有效掌控着整个写作过程，完美开展了跨平台稿件管理，并在需要的时候巧妙地"谎报"我们的行踪。图书作者十分懂得这种支持的意义，我们在此对他们深表感激。

本书的大部分写作任务在家里完成，因此我们的配偶或未婚妻也担负着巨大的压力。汤姆对未婚妻伊丽莎白·普卢姆（Elizabeth Plum）满怀感激，感谢她在整个写作过程中承担了众多职务，包括审稿人、写作障碍医生、词库、词典和语法检查师等。另外，她是汤姆的头号粉丝，积极满足他在写作过程中的所有需求。比如，当汤姆把整个周末都用来写作和研究，需要激励性的支持时，或者他需要在凌晨 2 点喝冲好的浓咖啡时，或者他需要和别人探讨新想法时，又或者他需要开心一笑来减轻压力时，随时可以从伊丽莎白那儿获得帮助。

杰弗里和玛丽（Marie）结婚已近 30 年，他清楚意识到自己以前给玛丽施加了很大的压力。然而，在这次的写作中，玛丽一如既往地给予他爱的力量，使他能够在凌晨 4 点起床工作，克服随时可能出现的干扰，在思路消失时重返写作状态，及时纠正不明确或者怪异的观点。在这个世界上，玛丽的观点对杰弗里产生了最强烈的吸引力，深刻影响了他的思想，并督促他不断完善自己。总之，他取得的所有成功都源于玛丽所传递的能量。

保罗同样感谢他的家人，他们今年替他分担了很多困难和压力，他非常感激家人的宽容、支持和理解。他因无法与家人在楠塔基特（Nantucket）海滩上欢度假日而感到抱歉，他保证明年夏天会努力做出补偿。保罗一直惊叹伴侣帕梅拉（Pamela）作为妻子和母亲所展现的卓越能力，她似乎每一天都在进步，但最重要的是，他永远庆幸帕梅拉出现在自己的生命中并成为他的生活伴侣。保罗坚信他的孩子们（夏洛特和亨利）是最棒的，一想到孩子们迫不及待地要读一读爸爸编写的关于"猩猩"的新书，他就禁不住眉开眼笑！

最后，反思本书的写作过程，我们三人也要互相表示感谢，感谢大家不吝分享经验，感谢大家在无数次电话交谈和数千封电子邮件中互相支持、探讨想法以及互相打趣，缺少任何一方的努力，本书都不可能成功出版。我们在这次合作中得到提升，会一直珍惜这份友谊。

秘密揭露

在写作本书时，三位作者都持有书中提到的数家公司的股票或股票期权。

汤姆持有阿比网络公司（Arbinet）(编写本书时，该公司为私人控股公司)和 I2 科技公司（I2）[已收购智能技术公司（Smart Technologies）] 的股票，也持有鲁布里克公司（Rubrick）(编写本书时，该公司为私人控股公司) 的期权。杰弗里持有垂直网络公司（VerticalNet）和关键路径软件公司（Critical Path）的股票。

汤姆和杰弗里也是互联网资本集团（Internet Capital Group）的股东，该集团持有 e 化学公司（eChemicals）、服务软件技术公司（ServiceSoft）、阿比网络公司、垂直网络公司和 I2 科技公司等公司的股票。杰弗里拥有莫尔·达维多风险投资公司的数只基金的附带权益，其中包括通道端点公司（Channelpoint）和国际货币快递公司（IMXI）的股票投资收益。

杰弗里和汤姆分别担任鸿沟集团的董事长和管理合伙人，而且本书中提到的众多公司已是该公司的忠实顾客，或者目前正在与其联系合作事宜，或者日后会成为合作伙伴。

保罗任波士顿罗伯逊·史迪芬银行的董事总经理。作为一家科技行业领先的投资银行，波士顿罗伯逊·史迪芬银行与本书提到的几家公司都有业务往来，最近几年会和更多的公司展开合作，因此保罗比较了解书中介绍的部分公司的情况。